Zimmer-pflanzen

Kennenlernen, erfolgreich
pflegen und vermehren

Zimmer-
pflanzen

Kennenlernen, erfolgreich pflegen
und vermehren

NEUER
KAISER
VERLAG

Inhalt

Einführung 6

■ Die Physiologie der Pflanzen 7

■ Die Morphologie der Pflanzen 8

■ Das Zubehör 12

■ Der richtige Standort 16

■ Die Kunst der Pflanzenpflege 17

■ Die Düngung 26

■ Komplikationen 29

■ Die Vermehrung 34

■ Hydrokultur 41

Der jahreszeitliche Arbeitskalender 43

Hinweise zur Benutzung des Nachschlageteils 51

Die Zimmerpflanzen 52

Glossar 218

Register 222

Einführung

Unter „Zimmerpflanzen" versteht man alle Arten und Sorten einer Gattung, die der Mensch im Laufe der Geschichte ausgewählt hat, um damit seine nähere Umgebung zu verschönern. Dabei konzentrierte sich der Erfolg vor allem auf Arten, die sich als besonders widerstandsfähig erwiesen. In der freien Natur existieren nämlich keine eigentlichen „Zimmerpflanzen", da keine Pflanze von Natur aus dafür geschaffen ist, eingepfercht in einem engen Blumentopf und in einem Zimmer von sich aus zu gedeihen. Oft bietet die Wohnung Lebensbedingungen, die geradezu konträr zu denen in der freien Natur

sind und folglich der Entwicklung der Pflanze eher schaden. Einige Arten, wie z. B. *Ficus benjamina* und *Ficus elastica*, entwickeln sich in ihrem ursprünglichen Habitat zu riesigen Bäumen. Als Zimmerpflanze müssen sie jedoch mit einem Bruchteil ihres Platzes in der Natur auskommen. Die meisten als Zimmerpflanzen kultivierten Arten sind also überaus robust und passen sich an die für sie mehr oder weniger extremen Bedingungen an. Als Beispiel dafür seien etwa die Zwergbäume erwähnt, die durch die japanische Kunst des „Bonsai" entstanden sind. Diese Technik gibt es bereits seit über tausend Jahren.

Eine Varietät des Ficus elastica *mit gesprenkelten (panaschierten) Blatträndern. Diese Art zählt zu den beliebtesten Zimmerpflanzen.*

Sie stammt aus dem Fernen Osten (China, Japan), von wo aus sie ihren Siegeszug um die ganze Welt angetreten hat. Dank dieser Kunstfertigkeit können die Bonsais, wie diese Miniaturbäume heißen, auch in geschlossenen Räumen mehrere hundert Jahre alt werden.

Ein Großteil der bei uns kultivierten Zimmerpflanzen hat ihren Ursprung in tropischen Gebieten, wo diese Arten in den Regenwäldern in einem feuchtwarmen Klima gedeihen. Die sogenannten Crassulaceae oder „Fettpflanzen" stammen hingegen aus heißen und trockenen Halbwüsten. Deshalb stellt die Bezeichnung „Zimmerpflanzen" nur eine sehr allgemeine Definition dar, da darunter Gattungen, Arten und Sorten unterschiedlichster Herkunft (Farne, Orchideen, Sukkulenten, Kletterpflanzen, Knollengewächse usw.) zusammengefasst werden, deren einzige Gemeinsamkeit darin besteht, in einem Blumentopf und in einer geschlossenen Umgebung längere Zeit überleben zu können.

Die Physiologie der Pflanzen

Will man eine Pflanze beschreiben oder definieren, so stößt man sofort auf gewisse Unterschiede, die es zwischen Tieren und Pflanzen gibt. Der Grund dafür liegt wohl darin, dass der Mensch, dessen Anatomie der der Säugetiere entspricht, seine eigene Morphologie und Physiologie mit pflanzlichen Organismen zu vergleichen pflegt. Als Allererstes fällt dem Betrachter natürlich auf, dass sich die wenigsten Pflanzen bewegen können und dass sie auch über keine speziellen Sinnesorgane verfügen. Der größte Unterschied zwischen Pflanze und Tier, die unterschiedliche Art der Ernährung, ist jedoch auf den ersten Blick nicht so offensichtlich. Grüne Pflanzen sind nämlich die einzigen Lebewesen, die mittels geringer Mengen an anorganischen Substanzen, die sie ihrer Umgebung entnehmen, organische Stoffe (Zucker, Fette, Proteine usw.) herstellen können. Diese synthetisierten Nährstoffe

dienen aber nicht nur ihrer eigenen Ernährung, sondern auch der von Tieren, die sie selbst nicht zu produzieren vermögen. Pflanzen benötigen als Ausgangsstoffe lediglich Wasser, Kohlendioxid und einige anorganische Salze sowie das Licht der Sonne, um die lebenswichtige **Photosynthese** durchführen zu können. Dieser für Pflanze, Tier und Mensch äußerst wichtige chemische Prozess spielt sich ausschließlich im Inneren grüner Pflanzenteile ab.

Im Gegensatz zu den meisten Tieren können sich Pflanzen daher ernähren, ohne dabei sehen, hören, sich bewegen, jagen oder sonstige Aktivitäten des Nahrungserwerbs durchführen zu müssen und entwickeln daher weder einen Bewegungsapparat, noch ein Nervensystem und auch keinen Verdauungsapparat. Die Anatomie einer Pflanze wirkt folglich viel einfacher als die eines Tieres, wobei dies aber nicht bedeutet, dass es sich bei Pflanzen um weniger hoch entwickelte Lebensformen handelt. Sie haben lediglich einen einfacheren Weg gefunden, um sich selbst mit lebenswichtigen Stoffen zu versorgen.

Diese Fähigkeit der Pflanzen, sich selbstständig und unabhängig von äußerer Nahrungszufuhr zu ernähren, nimmt in der Biologie eine besondere Stellung ein, und so nennt man all die Organismen, die sich nach Aufnahme von einfachen anorganischen Substanzen ausschließlich photosynthetisch ernähren, **autotroph**, von *autos* = selbst und *trophe* = Ernährung. **Heterotroph**, von *heteros* = der andere und *trophe* = Ernährung, sind all die Lebewesen, die sich von energiereichen organischen Stoffen anderer Lebewesen ernähren, etwa von solchen, die autotrophe Organismen synthetisiert bzw. produziert haben. Alle Grünpflanzen sowie die Blaualgen und bestimmte Bakterienarten sind autotroph. Zu den heterotrophen Lebewesen zählen hingegen der Mensch, alle Tiere, die Pilze sowie der Großteil der Bakterienarten.

Genau genommen ernähren sich alle Organismen, die zu keiner Photosynthese fähig sind, von pflanzlichen Nährstoffen, wobei die Nahrungsaufnahme direkt sein kann, wie bei den Pflanzenfressern, oder indirekt, wie bei den Fleischfressern, die sich bereits von Pflanzenfressern ernährten.

Die Morphologie der Pflanzen

Pflanzen bestehen, wie alle Lebewesen, aus **Zellen**. Hunderte bis Millionen solcher Zellen bilden, sofern sie diese Form und dieselbe Funktion haben, ein Gewebe. Zahlreiche unterschiedliche **Gewebe** wiederum formen gemeinsam ein **Organ**. Die drei Organe, aus denen ein Pflanzenorganismus besteht, sind **Wurzel**, **Stamm** und **Blatt**, wobei jedes von ihnen wichtige Funktionen erfüllt. **Blüten**, **Früchte** und **Samen** bilden sich aus Blättern, die für die Fortpflanzung verantwortlich sind. Es handelt sich dabei also um keine eigenständigen Organe.

Die Wurzel

Die Wurzel erfüllt zwei grundlegende Funktionen, nämlich die Stoffaufnahme aus dem Boden und die Verankerung darin. Sie absorbiert das Wasser und die darin gelösten Mineralsalze des Bodens und versorgt so die Pflanze mit Flüssigkeit, die sie für ihr Überleben und das Wachstum ständig benötigt. Es ist also wichtig, Zimmerpflanzen besonders in der heißen und trockenen Jahreszeit regelmäßig zu gießen, damit sie nicht verwelken oder gar absterben.

Das Wachstum der Wurzel findet ausschließlich an der Wurzelspitze statt, die sich im Mikroskop glatt und haarlos zeigt. Über der Spitze liegt eine dünne Schutzhaut, die Kalyptra oder Wurzelhaube. Diese erleichtert durch schleimige Zellen das Vordringen der Wurzelspitze in den Boden. An die Spitze schließt die Zone der Wurzelhaare an, die das Wasser und die Mineralsalze aus dem Erdreich absorbieren. Sie bilden einen dichten Flaum aus sehr dünnen einzelligen Wurzelhaaren. Neben ihrer Funktion, der Nährstoffaufnahme, dienen die Wurzeln aber vor allem als Halt für die Pflanze, indem sie diese fest im Boden verankern.

Form, Größe, Struktur und alle anderen Merkmale der Wurzel einer bestimmten Pflanze stehen immer in enger Beziehung zu diesen beiden Aufgaben, wobei natürlich die Umgebung, in der sie sich entwickelt, auch eine Rolle spielt. Üblicherweise wachsen Wurzeln unterirdisch, aber es gibt auch Pflanzen, die Wasser- oder Luftwurzeln entwickeln.

Die Entwicklung der Wurzellänge ist ebenfalls sehr unterschiedlich, und dies sogar bei Pflanzen ein und derselben Art. Die Länge hängt unter anderem von der Art des Bodens und der Wassermenge ab, die sich darin findet. Im Allgemeinen sind die Wurzeln jedoch länger als man annimmt, vor allem, wenn man auch die dünnen Wurzelhaare berücksichtigt, die das Wasser aufnehmen. Der Wurzelapparat kann dabei mehr Raum beanspruchen als die oberirdischen Teile der Pflanze.

Der Stamm

Der Stamm dient einerseits als Träger der Äste, Zweige und Blätter, andererseits als Organ der Stoffleitung zwischen Wurzeln und Blättern. Über ihn läuft die regelmäßige Verteilung von Nährstoffen, Wasser und Salzen in alle Teile der Pflanze. An der Stelle, wo die Blätter ansetzen, zeigen Stängel eine Verdickung, die sehr deutlich ausfallen kann. Sie werden Knoten oder Nodus genannt, wobei der Abstand zwischen zwei Knoten als Zwischenknoten oder Internodus bezeichnet wird.

Je nach Beschaffenheit gibt es verschiedene Arten von Stämmen:

- **Stängel**, wenn der Stamm nur schwach ausgebildet und unverholzt ist, wie beispielsweise bei den meisten Wiesenkräutern.
- **Halm**, wenn er hohl ist und deutliche Knoten aufweist, wie etwa bei den Gräsern und beim Getreide. In diesem Fall ist er reich an Silizium, das seine Festigkeit erhöht.
- **Strunk**, falls er verholzt und nicht verzweigt ist und sich nur an der Spitze Blätter entwickeln, wie etwa bei Palmen.

Abhängig von der Beschaffenheit ihres Stammes unterscheidet man folgende Pflanzen:

- **Krautige Pflanzen**, die über einen dünnen, nicht verholzten Stamm verfügen.
- **Halbsträucher**, deren Stängel nur an der Basis verholzt sind.

- **Sträucher,** deren Stämmchen völlig verholzt sind, sich aber in Form eines Strauches entwickeln, d. h. sich von der Basis aus verzweigen.
- **Bäume,** deren Stamm völlig verholzt ist und eine zentrale Achse (Stamm) bildet, die sich nur im oberen Bereich verzweigt.
  Hinsichtlich der Lebensdauer des Stammes, also seines Lebenszyklus, unterteilt man die krautigen Pflanzen nochmals in:
- **einjährige Pflanzen,** die nur ein Jahr lang eben und nach der Blüte, der Fruchtreife und dem Verteilen der Samen gänzlich absterben;
- **zweijährige Pflanzen,** die zwei Jahre leben, wobei sie im Allgemeinen im ersten Jahr nur Blätter produzieren und im zweiten blühen, Früchte bilden und dann absterben;
- **mehrjährige Pflanzen,** die älter als zwei Jahre werden, wobei sie im Allgemeinen jedes Jahr blühen und Früchte tragen; danach folgt in kalten oder trockenen Perioden eine Ruhephase, in welcher die oberirdischen Teile vertrocknen, die unterirdischen aber überleben.

Bei vielen Pflanzen verändert sich ein Teil des Stammes und bildet so eine Art Reserveorgan. Dieser Teil befindet sich im Allgemeinen unterhalb der Erde und dient entweder der ungeschlechtlichen Fortpflanzung oder sichert als Speicherorgan das Überleben der Pflanze bei für sie ungünstigen Lebensbedingungen. Die bekanntesten Beispiele dafür sind die unterirdischen Stammteile der Kartoffel, die Wurzelstöcke der Iris oder die Zwiebeln von Narzisse, Hyazinthe und Küchenzwiebel.

Die Hyazinthe ist eine besonders pflegeleichte Zwiebelpflanze. Speziell präparierte Zwiebeln bringen im Topf bereits um Weihnachten duftende Blüten hervor, normalerweise werden sie aber im Herbst gepflanzt und kommen dann im Frühling zur Blüte.

◼ Das Blatt

Blätter erfüllen unterschiedliche Aufgaben, wobei die wichtigste die bereits erwähnte Photosynthese ist, eine chemische Reaktion im Inneren des Blattgewebes, durch die neben organischen Substanzen auch Sauerstoff produziert und an die Atmosphäre abgegeben wird. Dieser stellt die Grundvoraussetzung dar, dass auf unserem Planeten überhaupt heterotrophes Leben möglich ist. Ein Blatt besteht im Allgemeinen aus einem Blattstiel und einer mehr oder weniger breiten Blattspreite (Blattfläche), die von den Blattnerven oder Blattadern durchzogen wird. Der Stiel verbindet das Blatt mit dem Stamm (falls der Stängel fehlt, werden die Blätter als sitzend bezeichnet) und in seinem Inneren verlaufen Stränge von Gefäßbündeln, die bis in die Blattspreite hinein reichen. Dort verzweigen sie sich zu einem dichten Netz von Adern und dienen so der Zirkulation der Pflanzensäfte. Darüber hinaus üben sie aber auch eine Stützfunktion aus, indem sie der Spreite Halt geben. Aufgrund der Anordnung der Blattnervatur unterscheidet man handnervige, fiedernervige, parallelnervige usw. Blätter. Je nach Beschaffenheit unterscheidet man z. B. lederartige oder fleischige usw. und nach ihrer Form z. B. rundliche oder elliptische usw. Blattspreiten. Auch die Form der Blattränder wird aufgrund ihrer speziellen Merkmale unterschiedlich bezeichnet, wie etwa ganzrandig, gezähnt, gesägt, gelappt usw. Ist die Lappung so tief, dass sie die zentrale Blattäderung erreicht, so erscheinen die Lappen als eigene kleine Blätter und man spricht von zusammengesetzten Blättern, die wiederum gefingert oder gefiedert usw. zusammengesetzt sein können.

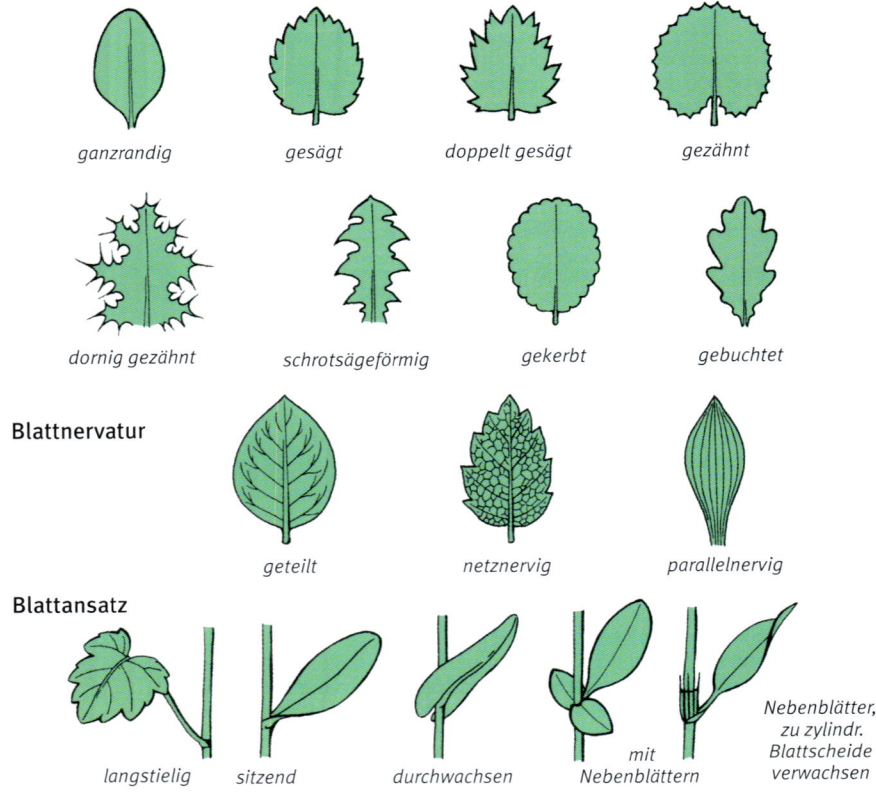

Blattrand

ganzrandig gesägt doppelt gesägt gezähnt

dornig gezähnt schrotsägeförmig gekerbt gebuchtet

Blattnervatur

geteilt netznervig parallelnervig

Blattansatz

langstielig sitzend durchwachsen mit Nebenblättern Nebenblätter, zu zylindr. Blattscheide verwachsen

Blattrand

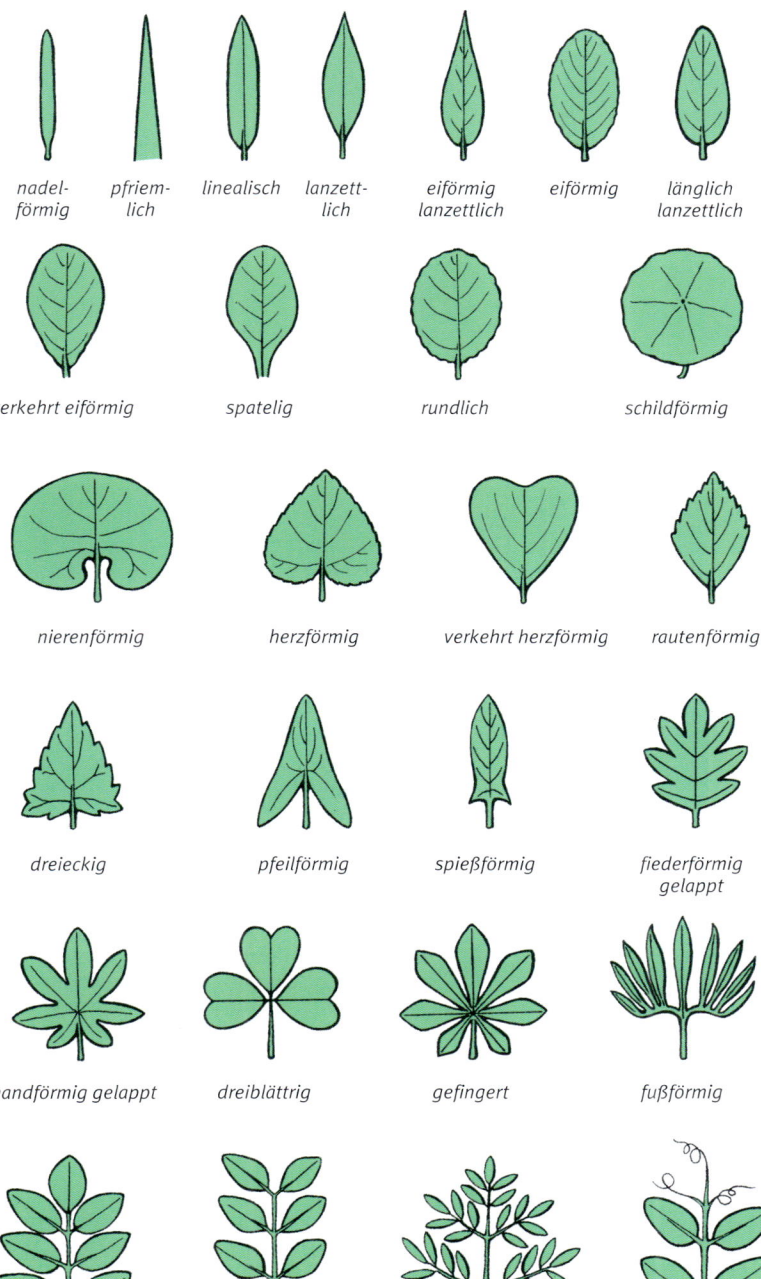

nadel-
förmig

pfriem-
lich

linealisch

lanzett-
lich

eiförmig
lanzettlich

eiförmig

länglich
lanzettlich

verkehrt eiförmig

spatelig

rundlich

schildförmig

nierenförmig

herzförmig

verkehrt herzförmig

rautenförmig

dreieckig

pfeilförmig

spießförmig

fiederförmig
gelappt

handförmig gelappt

dreiblättrig

gefingert

fußförmig

unpaarig gefiedert

paarig gefiedert

doppelt gefiedert

gefiedert mit Blattranken

Das Zubehör

Die Pflege der Pflanzen im Haus hat den Vorteil, dass man dazu nur wenige Geräte benötigt. Diese erleichtern dem Blumenfreund die Arbeit jedoch wesentlich.

■ Die notwendigen Geräte

Zum Gießen der Pflanzen sollte man sich eine handliche, geeignete Gießkanne zulegen. Dabei empfiehlt sich ein Modell mit einem langen und schmalen Schnabel, um damit auch Pflanzen problemlos erreichen zu können, die weiter oben oder im Hintergrund stehen. Darüber hinaus sollte die Gießkanne genügend Wasser fassen können, damit man nicht ständig Nachschub holen muss.

Auch eine gute Gartenschere oder Rosenschere ist nützlich, um überflüssige Ranken von Kletterpflanzen oder Zweige zu entfernen. Bei zarteren Pflanzen ist eine Gartenschere wohl etwas zu unhandlich. Dafür eignet sich eine spitze und scharfe Schere, um damit verwelkte Blätter und Blüten zu entfernen, ohne dabei andere Teile der Pflanze zu verletzen. Neben dem Gießen müssen viele Zimmerpflanzen regelmäßig besprüht werden, um ihre Blätter gesund und frisch zu erhalten, wobei dies vor allem in zentralbeheizten Wohnungen und insbesondere bei tropischen Arten überaus notwendig ist, weil gerade diese eine besonders hohe Luftfeuchtigkeit benötigen. Zu diesem Zweck empfiehlt sich eine Sprühflasche mit Wasser, mit dem die Blätter benetzt werden können. Bei einem zu kräftigen Strahl könnte man nämlich mehr Schaden als Nutzen anrichten. Eventuell nötiger Blumendünger lässt sich am besten mit einer kleinen Schaufel oder einem Spatel ins Erdreich untermischen. Zur Lockerung der Blumenerde, empfiehlt sich eine kleine Jäthacke. Lockerung ist vor allem dann notwendig, wenn ein Vermoosen des Untergrundes verhindert werden soll.

■ Düngemittel und Kletterhilfen

Um ein gesundes Wachstum und reichliche Blütenbildung bei Pflanzen zu gewährleisten, müssen sie im Frühjahr und Sommer, also während der Hauptvegetationszeit, durchschnittlich ein- bis zweimal im Monat gedüngt werden. Dafür werden verschiedene Düngerarten angeboten: einerseits konzentrierter Flüssigdünger, der ins Gießwasser gemischt wird; andererseits Dünger in Pulverform, der ebenfalls im Wasser aufgelöst wird, oder fester Dünger in Form von Stäbchen (Stick) oder Tabletten, die man einfach in die Erde steckt, wo sie sich auflösen.

Während starker Wachstumsphasen benötigen viele Pflanzen eine Stütze, auch wenn es sich nicht um Kletterpflanzen handelt. Zu diesem Zweck eignen sich verschieden lange und starke Bambusstäbe oder auch grün lackierte Kunststoff- oder Metallstäbe. Welche Stütze oder Kletterhilfe auch immer verwendet wird, sie muss ausreichend stabil sein, um der Pflanze genügend Halt zu geben. Die Triebe selbst können mit einem dünnen Faden, mit Raffiabast oder einem sehr weichen, kunststoffbeschichteten Draht an der Stütze befestigt werden. Manche tropische Arten bilden Wurzeln aus, die sich mit speziellen Haftorganen, z. B. Wurzelhaaren, fest an das Stützwerk klammern. Deshalb empfiehlt sich für diese Pflanzen eine mit Moos umwickelte Stütze, in welche die Wurzeln leicht eindringen können.

■ Behälter zum Umpflanzen

Die idealen Monate zum Umtopfen der Pflanzen sind März und April, wobei die Topfdurchmesser für kleine Pflanzen höchstens 7 cm, für mittlere Pflanzen bis zu 15 cm und für große Pflanzen mindestens 25 cm betragen sollten.

Die meisten Spezies wachsen am besten in einem Substrat auf Torfbasis. Dieses ist nicht nur sauber und leicht, es lässt sich auch problemlos befördern und eignet sich besonders gut für Hängepflanzen. Als Alternative dazu bietet sich eine Mischung aus Gartenerde, Blatthumus

Ein mit Moos verkleideter Stützstab eignet sich besonders für Pflanzen, die Luftwurzeln bilden, wie etwa Philodendron.

und Sand an, die im Mischungsverhältnis den jeweiligen Bedürfnissen der einzelnen Arten angepasst wird.

Stecklinge und keimende Samen müssen besonders vor Austrocknung geschützt werden, damit sie gut gedeihen können. Zu diesem Zweck stülpt man über die Töpfe mit Stecklingen oder keimenden Samen einen Kunststoffbeutel, der mit einem Gummiband am Topfrand befestigt wird. Das Substrat muss zuvor natürlich gut gewässert werden. Der so geschützte Topf wird am besten auf ein Fensterbrett gestellt, darf dabei aber nicht in der prallen Sonne stehen. Will man Stecklinge in größeren Mengen bewurzeln, so schafft man sich besser einen Vermehrungskasten an. Dabei handelt es sich um einen einfachen Kunststoffbehälter mit Blumenerde, auf den ein durchsichtiger Kunststoffdeckel aufgesetzt wird. Auch diese Vorrichtung wird auf ein Fensterbrett gestellt, um dort die Wärme im Inneren zu speichern. Dabei ist eine direkte Sonneneinstrahlung unbedingt zu vermeiden. Im Handel werden neuerdings sogar elektrisch beheizte Vermehrungskästen angeboten, bei denen die Wärme durch ein in das

Die Hedera helix *eignet sich für eine Blumenampel. Bei dieser Art von Behälter muss die Pflanze aber häufiger als üblich gegossen werden.*

Substrat eingearbeitetes Heizkabel kontrolliert abgegeben werden kann. Solche Spezialkästen bewähren sich dann, wenn man nicht über entsprechend ausgerichtete Fenster verfügt. Sie benötigen nur wenig Strom. Als Alternative dazu kann man den Vermehrungskasten etwa mit Frühlingssaat (z. B. *Coleus*) auch auf einen Heizkörper stellen.

■ Pestizide

Es empfiehlt sich für den Blumenfreund, rechtzeitig geeignete Pflanzenschutzmittel zu besorgen, um schon beim ersten Anzeichen einer Krankheit eingreifen zu können. Fast alle Pestizide sind wasserlöslich und lassen sich leicht auf die Pflanze aufsprühen. Es gibt aber auch Produkte, die in Form eines Aerosols angewendet werden. Dabei ist unbedingt darauf zu

achten, dass es sich dabei um Mittel speziell für Zimmerpflanzen handelt. Die Artikel für Gartenpflanzen enthalten chemisch-toxische Bestandteile, die sich bei Anwendung im geschlossenen Raum negativ auf die Gesundheit des Menschen auswirken können.

■ Die Wahl der Blumentöpfe

Blumentöpfe bestehen aus den verschiedensten Materialien und Formen. Man sollte nur wissen, welches Gefäß sich für welche Pflanze am besten eignet. Die richtige Wahl des Topfes, der sowohl für die Pflanze als auch für ihren vorgesehenen Standort geeignet sein sollte, trägt zur Entwicklung der Pflanze bei. Es ist also wichtig, sich im Handel über Qualität und eventuellen Nachteile der einzelnen Töpfe gut zu informieren.

◼ Die Materialien

Blumentöpfe für Zimmerpflanzen bestehen heute aus unterschiedlichen Materialien, wobei die aus Ton oder Kunststoff zu den häufigsten zählen. Diese große Bandbreite gibt dem Blumenfreund die Möglichkeit, bei der Auswahl sowohl die Bedürfnisse der Pflanze als auch seinen persönlichen Geschmack zu berücksichtigen.

Der am häufigsten verwendete Werkstoff für Blumentöpfe ist jedoch immer noch der „gute alte" Ton, wobei dieser maschinell oder manuell geformt und dann gebrannt wird. Zweifellos sind Gefäße von Handarbeit, die im Laufe der Zeit eine typische Patina und auch etwas gedämpftere Farben annehmen, am dekorativsten. Ihr einziger Nachteil ist jedoch ihr hoher Preis. Im Handel werden aber auch hervorragende Imitationen antiker Gefäße angeboten, die wesentlich weniger kosten. Bei den Formen der Blumentöpfe ist die Auswahl ebenso vielfältig, wobei die klassische Form nach wie vor rund ist. Daneben finden sich aber auch quadratische und rechteckige Modelle etwa für kleinere Dickblattgewächse usw. Zum Blumentopf gehört unbedingt ein Untersatz, um damit eventuell überschüssiges Gießwasser aufzufangen. Schöner als Untersatzschalen sind aber wasserundurchlässige Übertöpfe aus Kunststoff oder Keramik, die bedenkenlos auf empfindliche Möbel oder Holzböden gestellt werden können, ohne dass sie hässliche Wasserflecken verursachen.

Kunststoffgefäße, wie sie auch in Gärtnereien verwendet werden, sind günstig, praktisch und leicht. Vom ästhetischen Standpunkt aus betrachtet, eignen sie sich für die Wohnung jedoch nicht immer. Sollte man sich für Töpfe dieser Art entscheiden, dann sind auffällige grelle Farben zu vermeiden, da diese den Blick des Betrachters von der Pflanze ablenken. Grüne oder braune Exemplare sind wesentlich unauffälliger und daher empfehlenswert. Darüber hinaus gibt es die Möglichkeit, allzu auffällige Gefäße mit Krepppapier zu verkleiden, sie zu bemalen oder in eine Blumenwanne zu stellen. Das geringe Gewicht eines Kunststofftopfes hat Vorteile, verursacht gleichzeitig aber auch eine gewisse Instabilität und Zerbrechlichkeit. Im Gegensatz zu einem Tongefäß können die Wurzeln darin schlecht atmen und die Pflanzen erkranken häufiger an Wurzelschimmel und leiden unter anderen physiologischen Problemen, die durch Staunässe verursacht werden. Gefäße aus glasfaserverstärktem Kunststoff sind zwar etwas schwerer, aber wesentlich robuster und haltbarer, auch wenn sie nicht besonders schön aussehen und kalt wirken.

In letzter Zeit werden vermehrt Hängepflanzen in Blumenampeln angeboten. Bei diesem System sollte man nicht vergessen, dass die Pflanzen häufig gegossen werden müssen. Es ist ebenso darauf zu achten, dass man sie in einer leicht erreichbaren Höhe aufhängt.

Als Befestigung der Ampel eignet sich ein starker Draht ebenso gut wie eine Kette, die an einem gut verankerten Haken oder Bügel befestigt wird. Die idealen Räumlichkeiten für solche Arrangements sind vor allem Bad, Küche und andere geflieste Räume. Es kann leicht passieren, dass beim täglichen Gießen Wasser verschüttet wird und sich daraufhin unschöne Flecken am Boden oder an Möbelstücken bilden. Aus diesem Grund empfiehlt sich auch hier ein wasserdichter Untersatz, um damit überschüssiges Wasser aufzufangen. Blumentöpfe mit einem Wasserreservoir sind ideal für Blumenfreunde, denen es nicht möglich ist, ihre Blumen regelmäßig zu gießen. Solche Gefäße verfügen über einen Speicher, der das Wasser langsam an die Erde abgibt, sodass die Wurzeln dieses bei Bedarf absorbieren können. Im Allgemeinen haben solche Töpfe einen Wasserstandanzeiger, an dem sich die noch vorhandene Wassermenge ablesen lässt.

Der richtige Standort

Bei der Anordnung der verschiedenen Zimmerpflanzen in unseren Wohnräumen kommt es vor allem auf eine ausgewogene Mischung der Farben und Formen an. So sollten etwa größere Pflanzen, wie beispielsweise *Ficus elastica, Dieffenbachia picta* oder eine *Howeia forsteriana,* immer so im Hintergrund platziert werden, dass vor ihnen noch einige kleinere Exemplare mit vielleicht bunten Blättern Platz finden. Wer über eine entsprechende Wand verfügt, kann an ihr Kletterpflanzen, wie *Monstera deliciosa,* hochwachsen oder z. B. *Rhoicissus capensis* ranken lassen. Die Pflanzen sollten, wenn möglich, immer in Gruppen arrangiert und nicht unüberlegt irgendwo im Raum aufgestellt werden. Einerseits kommen sie dadurch wesentlich besser zur Geltung und andererseits profitieren die meisten Pflanzen dann zusätzlich von der dadurch entstehenden höheren Luftfeuchtigkeit. Bei solchen Arrangements dürfen natürlich nur Arten verwendet werden, die von

ihren Pflegebedürfnissen her sehr ähnlich sind, denn es versteht sich von selbst, dass etwa eine Sukkulente (Dickblattgewächs), welche aus einem Wüstenklima stammt, nicht mit einem feuchtigkeitsliebenden Farn oder mit einer tropischen Orchidee kombiniert werden kann. Auch eine einzeln stehende große Pflanze kann zum Blickfang und Mittelpunkt in einem Zimmer werden, dies vor allem dann, wenn es sich um ein gesundes und schönes Exemplar handelt.

Es ist eine gärtnerische Grundregel, Pflanzen in Gruppen so zu arrangieren, dass sie sowohl das Auge des Betrachters erfreuen als auch von der dadurch entstehenden höheren Luftfeuchtigkeit profitieren.

Die Kunst der Pflanzenpflege

▪ Licht

Im Gegensatz zum Menschen, der nur über den Gesichtssinn Licht aufnehmen kann, hängt die Pflanze durch den Photosynthesevorgang ihr ganzes Leben lang vom Licht ab. Ohne Licht kann die Pflanze nicht leben und bei zu wenig Licht erhält sie nicht genügend Energie, um damit ein ausreichendes Wachstum sicherzustellen. Pflanzen dürfen also nie an einem völlig dunklen Ort aufgestellt werden. Ein heller Standort bringt in der Regel gesunde und farbenprächtige Pflanzen mit prächtigen Blüten und Blättern hervor. Nicht alle Zimmerpflanzen benötigen aber gleich viel Licht. Ein Philodendron beispielsweise, der sein natürliches Habitat im Schatten des dichten tropischen Urwaldes hat und dort üppig wächst, benötigt kein besonders starkes Licht. An einer sehr hellen Stelle des Zimmers aufgestellt, besteht für diese Art vielmehr die Gefahr, dass die Blätter an den Rändern vertrocknen, weil sie über keinen natürlichen Schutz gegen allzu trockene Luft und Hitze verfügen.

Genau das Gegenteil gilt für Kakteen. Diese typischen Wüstenpflanzen können lange Trockenzeiten und große Hitze ertragen. Bei diesen Pflanzen haben sich im Laufe der Evolution die Blätter zu harten, spitzen Dornen umgewandelt, um einerseits eine allzu große Verdunstung von Wasser zu verhindern und andererseits zu schützen. Wer also seine Kakteen in der dunkelsten und schattigsten Ecke seiner Wohnung aufstellt, darf sich nicht wundern, wenn diese langsam sterben.

Beurteilung der Lichtverhältnisse

Jene Bereiche im Haus, in denen die Lichtverhältnisse für Zimmerpflanzen ideal sind oder die andererseits zu wenig Lichtangebot aufweisen und daher weniger gut geeignet sind, lassen sich leicht herausfinden. Abgesehen von den Verhältnissen auf einer Terrasse finden Pflanzen die besten und intensivsten Lichtverhältnisse natürlich am Fenster oder in dessen unmittelbarer Nähe etwa innerhalb eines Radius von 60 bis 90 cm, wobei sich bei großen Fenstern dieser Bereich sogar auf rund 2 m im Radius vergrößert. Der Platz direkt an den Fenstern oder auf dem Balkon sollte natürlich für Pflanzen reserviert sein, die das meiste Licht benötigen und direkte Sonnenbestrahlung ertragen können. Beim Kauf einer Zimmerpflanze sollte man sich daher unbedingt das Kennkärtchen zeigen lassen, das jeder Pflanze beigelegt werden muss und auf dem die Pflegehinweise sowie Angaben über die Lichtintensität stehen, die eine Pflanze benötigt.

Wie wird die Pflanze aufgestellt?

Nachdem der Standort der Pflanze gewählt wurde, muss sie dort stets zum Licht hin ausgerichtet werden. Dabei ist jedoch Vorsicht angebracht, denn die Intensität der Sonnenstrahlen wird durch die Fensterscheibe nur geringfügig gedämpft und bereitet dadurch den Blättern vieler Arten oft Probleme. Falls dies nicht ausdrücklich angegeben ist, sollte deshalb eine direkte Sonneneinstrahlung unbedingt vermieden werden. Neu erworbene Pflanzen dürfen ebenfalls niemals sofort einem direkten und intensiven Licht ausgesetzt werden. Sie sollten schrittweise (rund eine Woche) an die neuen Lichtverhältnisse gewöhnt werden. Dabei hilft ein durchsichtiger Vorhang, denn dieser filtert die Sonnenstrahlen, ohne das Licht komplett abzuhalten. Direkt dem Sonnenlicht ausgesetzte Pflanzen sollte man nicht besprühen, weil die Wassertröpfchen auf den Blättern wie kleine Lupen wirken und kleine Verbrennungen auf den Blättern verursachen.

Alle 3 bis 4 Tage ist die Pflanze um etwa 45° zu drehen, sodass das Licht an jede Stelle gelangen kann. Zimmerpflanzen neigen nämlich im Gegensatz zu Gartenpflanzen dazu, das Licht nur auf einer Seite aufzunehmen und wachsen dann einseitig. Viele Pflanzen, die Blüten entwickeln, dürfen jedoch nicht gedreht werden, während die Knospen wachsen, da diese sonst abgeworfen werden könnten. Dies kann bei *Schlumbergera truncata* und *Rhipsalidopsis gaertneri* der Fall sein.

Wie die Pflanzen das Licht nutzen

Im Allgemeinen verwenden die Pflanzen das Sonnenlicht, um über den komplexen Mechanismus der Photosynthese lebenswichtige Kohlenhydrate zu produzieren. Mit Hilfe des grünen Farbstoffs Chlorophyll, der den Blättern die grüne Farbe verleiht, wird die Lichtenergie in Form chemischer Energie gebunden. Diese chemische Energie wiederum ermöglicht es, das Kohlendioxid der Luft mit dem Wasser zu verbinden, um daraus Kohlenhydrate und andere organische Stoffe zu produzieren. Dieser Vorgang wird wie erwähnt Photosynthese genannt. Dabei entsteht auch Sauerstoff, der an die Atmosphäre abgegeben wird. Die dabei gebildeten Kohlenhydrate können unter Energiefreisetzung zerlegt und deren Teile mit anderen Substanzen von den Wurzeln absorbiert und zu Eiweißen oder Fetten oder anderen Substanzen, die für das Wachstum und die Entwicklung der Pflanze nötig sind, synthetisiert werden.

Bei Dunkelheit kehren die Pflanzen den chemischen Vorgang der Photosynthese um, indem sie den Sauerstoff aus der Luft aufnehmen und Kohlendioxid freisetzen, welches aus der Verbrennung von Kohlenhydraten entsteht. Dieses Phänomen wird ,,nächtliche Respiration'' genannt.

Ohne ausreichendes Licht reduziert sich die Menge an gespeicherter Energie bis zu dem Punkt, wo die Pflanze nicht mehr in der Lage ist, genügend Kohlenhydrate für ihr Wachstum zu produzieren. Die Pflanzen werden immer schwächer, ihre Stängel dünner und die Blätter bleicher, sie verkümmern.

Ein heller Raum, der vor direkter Sonneneinstrahlung geschützt ist, erweist sich als idealer Standort für die Kentiapalme (Howeia forsteriana).

Das Gießen

Von den verschiedenen Tätigkeiten bei der Pflanzenpflege zählt das Gießen wahrscheinlich zu jenen, welche für den Anfänger die meisten Probleme verursacht. Dieser im Grunde einfache Vorgang bedarf einer gewissen Erfahrung, um die jeweilige Wassermenge und den geeigneten Zeitpunkt des Gießens richtig abzuschätzen. Leider kann man immer wieder beobachten, dass die meisten Pflanzen eher durch ein zu großzügiges als zu sparsames Gießen sterben. Die mit Wasser durchtränkte Blumenerde schneidet die Wurzeln von der Sauerstoffversorgung ab und die kalte Staunässe fördert darüber hinaus die Wurzelfäule. Dies geschieht vor allem dann, wenn man den Pflanzen jeden Tag eine kleine Wassermenge verabreicht, ohne dabei die Temperatur oder die Jahreszeit zu berücksichtigen.

Eine gesunde Pflanze absorbiert über ihre Wurzelung das Wasser aus der Erde. Dieses steigt, dann gesättigt mit Mineralsalzen, über die Leitbündel zum Stamm und von dort über die Äste bis zu den Blättern hoch. Dort wird durch Transpiration viel Wasser an die Luft abgegeben. Das restliche Wasser befördert die von den Blättern produzierten Stoffe wie z. B. Kohlenhydrate wieder zu den anderen Teilen der Pflanze, wo sie zum Wachstum aller Pflanzenteile beitragen. Wasser wird aber auch bei der Photosynthese und anderen chemischen Prozessen verbraucht. Aus diesem Grund benötigt die Pflanze besonders in den Wachstumsphasen viel Wasser. Gießt man sie jedoch zu stark, kann es zu Wurzelfäule kommen, wobei die oberirdischen Pflanzenteile verwelken. Die mit Stauwasser gesättigte Blumenerde verhindert die Atmung der Wurzeln, wodurch diese absterben und von Bakterien und Pilzen zersetzt werden. Die Wurzeln nässegeschädigter Pflanzen müssen daher untersucht und verfaulte oder verschimmelte Teile dabei entfernt werden. Dieser Vorgang ist relativ einfach. Man nimmt die Pflanze aus dem Topf, entfernt vorsichtig das Erdreich und sucht nach faulen Wurzeln. Diese lassen sich leicht erkennen, denn man braucht nur leicht daran zu ziehen. Löst sich die „Außenhaut" leicht ab,

bedeutet dies, dass die Wurzel faul ist. Solche abgestorbenen Wurzeln und Wurzelteile werden dann einfach abgeschnitten und die Pflanze wird anschließend umgetopft, wobei dem Pfleger nur noch die Hoffnung bleibt, dass sich die Pflanze nach dieser Prozedur wieder erholt.

Das Wissen um den richtigen Zeitpunkt des Gießens kommt mit der Erfahrung, speziell nachdem man das Wachstum der Pflanze einige Zeit beobachtet hat. Im Prinzip handelt es sich dabei aber um eine keineswegs schwierige Angelegenheit, und es gibt einige einfache Regeln, die es stets zu berücksichtigen gilt. Wer diese einmal verstanden hat, wird mit dem Gießen keine Probleme mehr haben. Während der Wachstumsphase benötigen die Pflanzen viel Wasser. Dies trifft insbesondere im Frühling und im Sommer zu, wenn die ersten Knospen sprießen, bis die Pflanze schließlich blüht. Im Herbst und im Winter, wenn die Temperaturen sinken und die Pflanzen ruhen, brauchen sie nur spärlich Wasser. Zimmerpflanzen, die sich in einem sehr warmen Zimmer befinden, müssen auch in dieser Zeit häufig gegossen werden.

Eine große Pflanze, die mit ihren Wurzeln den Blumentopf schon ausfüllt, muss natürlich mehr Wasser erhalten als eine jüngere, bei der die Wurzeln noch wachsen müssen. Daneben spielt auch die Art der Blumenerde eine wichtige Rolle. Blumenerde auf Torfbasis trocknet nicht so schnell aus, weil sie humos ist und viel Wasser speichern kann. Lehmige Gartenerde bindet hingegen nur wenig Wasser und trocknet relativ schnell aus. Pflanzen in Tontöpfen benötigen etwa doppelt so viel Wasser wie solche in einem Kunststofftopf, da die Poren des Tonbehälters die Feuchtigkeit absorbieren und über die Wände nach außen abgeben.

Pflanzen sollten stets am Morgen gegossen werden, weil die Temperatur während des Tages ansteigt; geschieht dies nämlich am Abend, so bleiben sie die ganze Nacht über im Wasser. Im Frühling, zu Beginn der neuen Wachstumsphase, benötigen die Pflanzen zuerst einmal ausreichend Wasser. Man taucht zu diesem Zweck die Töpfe bis zum Rand in einen Kübel mit lauwarmem Wasser, so lange, bis die Erde gänzlich durchfeuchtet ist. Anschließend nimmt man die Töpfe wieder heraus und lässt sie abtropfen. Dieser Vorgang lässt sich etwa dann wiederholen, wenn eine Pflanze versehentlich zu trocken geworden ist.

Leitungswasser

Für den Großteil der Pflanzen genügt als Gießwasser normales Leitungswasser, auch wenn es hart und kalkhaltig ist. Azaleen, Erika oder *Aechmea fasciata* benötigen als Gießwasser hingegen Regenwasser, da diese Arten Kalk nicht vertragen. Leitungswasser sollte man immer etwas „stehen" lassen, bis es Zimmertemperatur erlangt. Hat man die Möglichkeit, Regenwasser zu sammeln, so kann dieses für alle Pflanzen verwendet werden. Besteht diese Möglichkeit nicht, so empfiehlt es sich, das Wasser speziell für Pflanzen, die kalkempfindlich sind, zu kochen und dann abkühlen zu lassen. Wenn man Leitungswasser für die Sprühflasche verwendet, bilden sich unschöne weiße Flecken auf den Blättern. Dabei handelt es sich um Kalkablagerungen, die leicht mit einem weichen Tuch oder einem feuchten Schwamm entfernt werden können.

Die Luftfeuchtigkeit

Viele tropische Pflanzen benötigen besonders feuchte Luft, vor allem wenn es im Raum sehr heiß ist. Aus diesem Grund muss für eine ausreichend hohe Luftfeuchtigkeit gesorgt werden. Dies geschieht etwa dadurch, dass die Blätter täglich mehrmals mit Wasser besprüht werden, wobei dieser Vorgang jedoch ohne Sonnenbestrahlung erfolgen muss. Die winzigen Tröpfchen wirken nämlich wie gesagt auf den Blättern wie kleine Linsen und können so unschöne Verbrennungen verursachen. Eine andere Befeuchtungsmethode besteht darin, die Blumentöpfe in einen Untersetzer zu stellen, der mit porösem Hydrokulturkies gefüllt ist und stets feucht gehalten werden muss. Als weitere Alternative bietet es sich an, den Topf mit der Pflanze in einen größeren Übertopf hineinzustellen und den Zwischenraum bis zum Rand mit Torf zu füllen, der ebenfalls ständig feucht zu halten ist.

Zimmerpflanzen während des Urlaubs

Ein Großteil unserer Freude an den Zimmerpflanzen besteht wohl darin, ihnen die bestmöglichen Wachstumsbedingungen zu schaffen. Wie müssen Umgebung und Licht beschaffen sein? Wie häufig sind die Pflanzen zu gießen, damit sie gesund bleiben? All unser Eifer scheint jedoch vergebens zu sein, wenn der Urlaub naht und wir nicht wissen, wie die Pflanzen diese Zeit überleben sollen.

Dennoch besteht kein Grund zur Sorge, denn mit Hilfe einiger einfacher Vorkehrungen können wir unseren Pflanzen auch während des Urlaubs die beste Pflege angedeihen lassen. Wie auch bei anderen Vorhaben, ist dabei eine gute Planung immer der Schlüssel zum Erfolg. Um unangenehme Überraschungen in Form von verdorrten oder verfaulten Pflanzen bei der Rückkehr zu vermeiden, bedarf es rechtzeitig schon vor der Abfahrt einiger sorgfältiger Maßnahmen.

Vor allem bei Hydrokulturen braucht man sich überhaupt keine Sorgen zu machen. Hier genügt es schon, dafür zu sorgen, dass der Wasserstand bei der Abreise ausreichend hoch ist. Die Pflanzen versorgen sich in diesem Fall nämlich selbst mit der

Azaleen vertragen kein kalkhaltiges Wasser. Anstelle von Leitungswasser sollte daher Regenwasser zum Gießen verwendet werden.

lebensnotwendigen Flüssigkeit, auch wenn man wochenlang weg ist. Hydrokulturgefäße sind eine Art selbstregulierendes System und so spielt es auch keine große Rolle, wenn man verreist oder einmal die Pflege seiner Pflanzen vergisst!

Wir verreisen übers Wochenende

Auch in diesem Fall hängen die Vorsorgemaßnahmen davon ab, wie lange man weg ist. Bei einem verlängerten Wochenende mit 3 bis 4 Tagen Abwesenheit genügt es wahrscheinlich, die Pflanzen vor der Abreise noch einmal kräftig zu gießen. Im Sommer sollte man darüber hinaus auch dafür sorgen, dass sie vor direkter Sonneneinstrahlung geschützt sind. Deshalb dürfen Pflanzen nicht auf Fensterbrettern in der Sonne stehen oder die Vorhänge an südexponierten Fenstern müssen etwa zur Hälfte zugezogen werden.

Im Winter benötigen unsere Pflanzen hingegen einen Schutz vor Kälte, wobei sich in diesem Fall der Platz auf dem Fensterbrett ebenfalls als ungeeignet erweist, weil die Temperaturen während der Nächte sehr stark absinken können. Es empfiehlt sich vielmehr, in dieser Zeit die Pflanzen in den wärmsten Raum zu stellen. Pflanzen, die sehr viel Wasser und eine hohe Luftfeuchtigkeit benötigen, erfordern sogar bei einer kurzen Abwesenheit spezielle Vorsorgemaßnahmen. So gibt es im Handel z. B. ,,Wasserspender" in Form eines Pilzes, wobei der Hut dieses Pilzes mit Wasser gefüllt wird, das dann langsam über den porösen Stiel, der in die Erde gesteckt wird, ins Erdreich abgegeben wird. Eine ähnliche Methode stellt der sogenannte ,,Bewässerungsdocht" dar. Ein mit Wasser gefülltes Gefäß steht dabei leicht erhöht neben der Pflanze. Mit Hilfe

Vorrichtungen zur Selbstbewässerung: Keramikpilze, deren Wasservorrat allmählich an die Erde abgegeben wird, und einfache Flaschen, deren Inhalt über einen dünnen Schlauch oder einen dicken Textilfaden in die Blumenerde geleitet wird.

eines dicken Textilfadens wird nun zwischen der Erde und dem Wasser eine leitende Verbindung hergestellt.

Je nach vorgegebener Wassermenge und Bedarf kann sich die Pflanze einige Tage lang auf diese Weise selbst mit der für sie lebensnotwendigen Feuchtigkeit versorgen. Mit feuchtem Torf oder Papier umwickelte Töpfe liefern ebenfalls ausreichend Flüssigkeit für mehrere Tage. Pflanzen, die nicht viel Wasser benötigen, können so auch für einen längeren Zeitraum allein gelassen werden.

Der Jahresurlaub

Diese Zeit des Jahres stellt wohl die größte Gefahr für die Pflanzen dar, da der Urlaub üblicherweise während der heißesten Jahreszeit, nämlich im Sommer, stattfindet. Gerade dann aber benötigen Pflanzen am meisten Wasser. Hier gilt, dass für eine Abwesenheit bis zu drei Wochen eine automatische Bewässerungsmethode ausreicht. Bei einem längeren Urlaub sollte man aber unbedingt Freunde oder Nachbarn mit der Pflege der Zimmerpflanzen beauftragen.

Dabei empfiehlt es sich, alle Pflanzen zusammenzustellen, da man dem Pfleger dadurch Zeit erspart und darüber hinaus sicherstellt, dass auch kein Exemplar vergessen wird. Ein idealer Platz dafür ist etwa die Badewanne oder die Küchenspüle, wobei die Wanne zuvor mit Papierservietten ausgelegt werden sollte, um mit den Töpfen keine Kratzer zu verursachen. Zeitschriften eignen sich für diesen Zweck jedoch nicht, da die Druckfarbe sich auflöst und hartnäckige Flecken hinterlässt, die sich vor allem bei Acrylwannen nicht mehr entfernen lassen. Bei Spülbecken aus Stahl kann man auch unbesorgt Zeitungspapier als Unterlage verwenden.

Der Wasserverbrauch von Zimmerpflanzen lässt sich dadurch verringern, dass man den Raum etwas abdunkelt, wobei es bereits genügt, die Vorhänge oder Rollläden ganz oder teilweise zu schließen, um den Lebensrhythmus der Pflanzen zu verlangsamen. Diese Methode eignet sich jedoch nur für einen Zeitraum von maximal 2 bis 3 Wochen, ohne dass die Pflanzen darunter zu leiden beginnen. Bei einer längeren Abwesenheit würde der Lichtmangel schließlich zu hochgeschossenen, dünnen und bleichen Pflanzen führen.

Systeme zur automatischen Bewässerung

Die einfachste Methode besteht darin, mittels einer großen Flasche oder eines Eimers eine bzw. mehrere Pflanzen zu bewässern. Diese dürfen in letzterem Fall aber nicht zu groß sein. Die Flasche oder der Kübel steht dabei etwas höher als die Blumentöpfe, d. h. mindestens 10 cm über dem Bodenniveau. In diese Gefäße kommt dann das Wasser, wobei sie nicht verschlossen werden dürfen. Dies würde nämlich die Verdunstung und damit eine entsprechende Luftfeuchtigkeit unterbinden. Der Abstand zwischen den Gefäßen und den Pflanzen sollte möglichst gering gehalten werden. Als Verbindungsstück zwischen Erde und Wasser eignen sich Öllampendochte oder Baumwollstreifen. Ein Ende des Dochtes wird etwa 2 bis 3 cm tief in die Erde gedrückt, während das andere im Wasserbehälter bis zum Boden hängt. Auch dünne Kunststoffschläuche erfüllen diesen Zweck. Man muss nur die Luft aus ihnen heraussaugen, während sich das eine Ende im Wasser befindet, der weitere Wassertransport erfolgt dann von selbst.

Töpfe mit Wasserreservoir

Wer mehrere große Pflanzen besitzt, sollte sich Töpfe mit einem Wassertank anschaffen. Diese bestehen entweder aus einem doppelten oder einfachen Topf mit einem entsprechenden Tank, in dem das Wasser gespeichert wird. Dieses gelangt dann über einen Docht oder eine poröse Membran in die Erde. In diesem Fall ist es notwendig, die Pflanzen in die neuen Behälter umzutopfen. Dies ist insbesondere deshalb empfehlenswert, weil man sich auch nach dem Urlaub nur mehr selten um die Pflanze zu kümmern braucht. Lediglich der Wasserstand muss ab und zu kontrolliert und hin und wieder der Zwischenraum oder der Tank der Töpfe bis zum Rand gefüllt werden. Dies ist jetzt natürlich wesentlich seltener nötig als das Gießen bei üblichen Töpfen.

Was zu vermeiden ist

• Die meisten Zimmerpflanzen dürfen niemals im Wasser stehen, weil die Wurzeln dann sogar im Sommer zu faulen beginnen.
• Die Pflanzen dürfen bei längerer Abwesenheit nicht einfach sich selbst überlassen werden, wobei dies einigen Arten vielleicht nicht viel ausmachen wird, aber immer ein Risiko darstellt, speziell im Sommer oder im Winter, wenn die Temperaturen extreme Werte erreichen.
• Eine verspätete Rückkehr vom Urlaub sollte für den Blumenfreund kein Grund sein, nervös zu werden, denn wer alles sorgfältig vorbereitet hat, wird die meisten seiner Schützlinge trotz allem wieder heil und in gutem Zustand vorfinden. Dennoch kann niemand unerwartete Ereignisse wie etwa eine Wetteränderung mit stark sinkenden oder steigenden Temperaturen voraussehen. Man sollte daher speziell bei besonders empfindlichen Pflanzen wohl besser einen Freund bitten, diese während einer längeren Abwesenheit zu betreuen.

■ Die Blumenerde

Auf den ersten Blick scheint es sich beim Substrat für Zimmerpflanzen um ganz normale Erde zu handeln, bei genauer Betrachtung bestehen jedoch große Unterschiede zu gewöhnlicher Gartenerde. Blumenerde ist nämlich vorwiegend aus Substanzen zusammengesetzt, die reich an Mineralsalzen und organischen Verbindungen sind, die wiederum jene Nährstoffe freisetzen, ohne die eine Pflanze nicht leben kann. Wenn man will, dass seine Pflanzen prächtig gedeihen, sollte man eine gute Blumenerde mit den entsprechenden Nährstoffen verwenden. Das Substrat ernährt die Pflanze nämlich nicht nur, sondern hält auch deren Wurzeln feucht, sorgt für Luft- und Sauerstoffzufuhr und gibt der Pflanze Halt.

Gartenzentren bieten heute eine reiche Auswahl verschiedener Substrate an, wobei man sich aber von der Vielfalt nicht verwirren lassen sollte, da die meisten der angebotenen Produkte in Wirklichkeit dasselbe Produkt darstellen und nur unter verschiedenen Markenzeichen angeboten werden. Aus diesem Grund werden in diesem Buch die verschiedenen Arten von Blumenerde ausführlich beschrieben, um immer die richtige Wahl treffen zu können. Darüber hinaus wird auch noch angegeben, welches Substrat für welche Art von Pflanzen am besten geeignet ist. Die meisten Substrate bestehen hauptsächlich aus Torf, vermischt mit Humus und mineralstoffreicher Erde. Dazu kommen meist noch mineralische Düngemittel und etwas Sand. Manche Arten gedeihen am besten in einem Substrat auf Basis von Komposterde, während andere Erde auf Torfbasis bevorzugen.

Substrat auf Humusbasis

Unter Humus versteht man ein an organischen Substanzen reiches Substrat, das zusätzlich mit Laubhumus vermischt sein kann. Humus, der für Pflanzenerde Verwendung findet, muss zuvor eine spezielle Behandlung erfahren, um die für Zimmerpflanzen schädlichen Organismen zu vernichten. Anschließend wird eine bestimmte Menge an Torf und Sand hinzugemischt und das Ganze mit etwas Dünger angereichert, welcher verschiedene Mineralsalze, im Besonderen Kalisalze und Phosphate enthält. Die verschiedenen im Handel angebotenen Substrate unterscheiden sich nur durch die Prozentanteile der vier Bestandteile Torf, Sand, Humus und Dünger. Die Zusammensetzung dieser Mischung ist spezifisch für jede Pflanzenart.

Humus bildet die Grundlage jeder Blumenerde und gibt nach dem Gießen die Nährstoffe langsam in das Bodenwasser ab. Der Torf speichert das Wasser wie ein Schwamm und hält die Wurzeln stets gut feucht und durchlüftet. Der Sand ist dafür verantwortlich, dass sich keine Staunässe bilden kann, sodass die Wurzeln nicht zu faulen beginnen. Der Mineraldünger wiederum ergänzt die Nährstoffe, welche die Pflanze für ein gutes, gesundes Wachstum benötigt.

Substrat auf Humusbasis gibt die Mineralsalze des Düngers über einen Zeitraum von ungefähr 12 Wochen ab, weshalb man die Pflanzen während der ersten drei Monate nach dem Eintopfen nicht mehr zu düngen braucht.

Substrat auf Torfbasis

Blumenerde auf Torfbasis stellt eine relativ neue Errungenschaft dar. Es ist ein Substrat, in dem üblicherweise junge Pflanzen gezogen werden. Gärtner verwenden es einerseits wegen seines geringen Gewichts und andererseits, weil es nicht viel kostet. Darüber hinaus lässt sich dieses Substrat einfach sterilisieren, enthält keine Unkrautsamen und auch keine krankheitserregenden Substanzen. Die meisten Substrate auf Torfbasis sind eine einfache Mischung aus Torf und Dünger. Halbsynthetische Produkte bestehen jedoch zusätzlich aus einer anorganischen Substanz, im Allgemeinen dem Mineral Vermiculit, vermischt mit Torf und Dünger. Vermiculit ist ein vulkanisches Mineral, das sich nach Erhitzen aufbläht, zu Granulat zerkleinert wird und dann völlig steril und sehr leicht ist. Die Mineralsalze des Düngers werden in dieser Substratart aber viel schneller an die Pflanze abgegeben als in Blumenerde auf Humusbasis. Deshalb müssen Pflanzen auf halbsynthetischem Substrat bereits sechs Wochen nach dem Eintopfen wieder gedüngt werden. Der größte Nachteil von Blumenerde auf Torfbasis besteht aber darin, dass sie so vollständig austrocknen kann, wenn man längere Zeit vergisst, die Pflanze zu gießen, und dass es dann nur schwer gelingt, das steinharte, geschrumpfte Substrat wieder anzufeuchten. Da hilft es nur noch, den Topf solange bis zum Rand in einen mit lauwarmem Wasser gefüllten Behälter zu stellen, bis die Blumenerde wieder vollständig durchfeuchtet ist. Im Übrigen kann man auch ein oder zwei Tropfen eines die Oberflächenspannung senkenden Mittels ins Gießwasser mischen, damit der Torf das Wasser leichter absorbieren kann.

Blumenerde auf Torfbasis eignet sich vor allem für Kunststofftöpfe, weil diese nicht porös sind. Die Feuchtigkeit bleibt also im Substrat und dieses trocknet nicht so schnell aus wie in einem Tongefäß.

Kakteen, wie etwa diese Schlumbergera, benötigen ein Substrat, bei dem das Wasser gut abrinnen kann.

Erneuerung des Substrats

Diese ist dann notwendig, wenn sich an der Oberfläche der Blumenerde eine Art Kruste bildet. Es werden dann nur die obersten 3 bis 5 cm des Substrats entfernt und durch frische, fruchtbare Erde ersetzt.

Granulate zur Speicherung des Wassers

Im Handel sind spezielle Granulate erhältlich, die man der Blumenerde beimengt, damit sie länger feucht bleibt. Meistens handelt es sich dabei um synthetische wasseraufnehmende Harze in Granulatform, die das gespeicherte Wasser über einen langen Zeitraum an die Pflanze abgeben, wobei diese natürlich nicht mehr so häufig gegossen werden sollte wie üblich.

Frisch ist besser

Jede Art von Blumenerde sollte sofort nach dem Kauf auch verwendet werden, denn Blumenerde, die offen aufbewahrt wird, verliert innerhalb weniger Monate wichtige Eigenschaften. Hat man festgestellt, dass eine Pflanze in einem bestimmten Substrat gut wächst, so sollte man bei dieser Sorte bleiben. Es genügt dann, diese von Zeit zu Zeit wie oben beschrieben auszutauschen und etwas Dünger hinzuzugeben. Pflanzen ähneln diesbezüglich Menschen, sie möchten dort bleiben, wo sie sich wohlfühlen und schätzen Veränderungen nicht.

Die Düngung

Wohl jeder Pflanzenfreund hat es schon erlebt, dass ihm eine Pflanze kümmerlich eingegangen ist, ohne dass er den eigentlichen Grund nennen könnte, denn er hat sie gut gepflegt und regelmäßig gedüngt. Dünger muss richtig verabreicht werden, denn es kann vorkommen, dass auch gedüngte Pflanzen zu wenig oder zu viel an Nährstoffen erhalten. Die meisten Menschen glauben nämlich, dass regelmäßiges Gießen für die Pflanze genügt, um sie mit den notwendigen Nährstoffen zu versorgen, wobei dies in den meisten Fällen ja auch stimmt. In speziellen Fällen reicht dies jedoch nicht aus. So kann eine prächtige, gesunde Pflanze schon im Verlauf weniger Wochen ihre Schönheit einbüßen, weil ihre Blumenerde praktisch ausgelaugt ist. Pflanzen, die schon vor der neuen Wachstumsphase in größere Töpfe umgetopft werden, benötigen z. B. alle 3 bis 6 Monate einen neuen Dünger. Frisch umgetopfte Pflanzen dürfen jedoch nicht sofort gedüngt werden, weil dadurch ihr empfindliches junges Wurzelsystem verätzt werden könnte. Im Übrigen benötigen Pflanzen während des Wachstums regelmäßiges Düngen, um stets genügend Nährstoffe zu erhalten.

Mit etwas Erfahrung und richtig eingesetzt, fördert Dünger die Nährstoffversorgung der Pflanze; diese gedeiht besser und speziell Blüten und Blätter wachsen kräftig und entwickeln sich prächtig.

Bei jeder Art von Düngung ist jedoch auch Vorsicht angebracht, denn permanente Überdüngung kann zu einer Vergiftung und zum Tod der Pflanze führen. Aus diesem Grund sollte jeder Blumenfreund beim Düngen eher sparsam vorgehen, weil gerade hier weniger mehr ist.

Darüber hinaus besteht auch für Mensch und Tier bei Überdüngung ein gewisses Risiko, weil alle Mineraldünger eine reizende Wirkung auf Haut, Augen und Schleimhäute ausüben. Vor allem synthetische Produkte enthalten häufig Substanzen, die für Allergiker schädlich sein können. Durch ihre Toxizität stellen Mineraldünger besonders dann eine Gefahr dar, wenn sie versehentlich verschluckt werden. Sie dürfen daher nie in die falschen Hände, z. B. von Kindern, geraten und müssen stets sorgsam aufbewahrt werden.

Wann düngen?

Ein Blumenfreund, der seine Pflanzen zum falschen Zeitpunkt düngt, begeht damit einen großen Fehler, er schadet ihnen sehr. Die goldene Regel des Düngens lautet: Pflanzen dürfen nur während der aktiven Wachstumsphase, im Allgemeinen von April bis September, gedüngt werden. Die restliche Zeit sollte man ausschließlich darauf achten, den Pflanzen ausreichend Wasser zuzuführen. Ein neues Wachstum der Pflanzen durch Düngung während ihrer Ruhephase anzuregen, hat zur Folge, dass sie dadurch rasch in die Höhe schießen und nur dünne Stängel und kümmerliche Blätter entwickeln. Die so verabreichten Nährstoffe gelangen zwar in die Wurzeln, aber zum falschen Zeitpunkt in den Wachstumsrhythmus der Pflanze.

Jede frisch umgetopfte Pflanze verfügt ebenfalls für eine bestimmte Zeit über ausreichend Nährstoffe, wobei als Faustregel gilt, dass eine Mischung auf Humusbasis etwa 12 Wochen lang fruchtbar bleibt, während eine auf Torfbasis schon nach ca. 6 bis 8 Wochen ausgelaugt ist. Erst nach Ablauf dieser Zeit darf dann mit dem Düngen begonnen werden. Bei frisch erworbenen Pflanzen kann es leicht vorkommen, dass sie schon bald nach dem Kauf eine Düngung benötigen, weil sie zumeist schon vor Wochen in den Gärtnereien zum Verkauf umgetopft wurden.

Auf jeden Fall sollte man bei den Pflanzen auf typische Anzeichen von Nährstoffmangel achten. Eine unterernährte Pflanze bildet nur kleine und blasse Blätter. Bei üblicherweise gefleckten, also panaschierten Blättern entwickeln sich diese typischen Merkmale nicht. Sollte man solche Symptome feststellen, so muss man sofort mit der Düngung beginnen.

Vor dem Düngen sind jedoch auch andere Ursachen für den Zustand der Pflanze zu untersuchen: Möglicherweise hat sie zu viel oder zu wenig Wasser erhalten? Passt ihr jetziger Standort? Ist die Pflanze vielleicht zu groß für den Topf?

Die richtige Wahl des Düngers

Für den Anfänger eignet sich am besten Standarddünger, also Mineraldünger. Es handelt sich um eine chemische Mischung aus den für das Pflanzenwachstum unbedingt nötigen Nährsalzen. Diese lösen sich im Gießwasser und gelangen dann über die Wurzeln in alle Teile der Pflanze.

Die drei wichtigsten darin enthaltenen Elemente sind: Stickstoff, Phosphor und Kalium, die gemäß den chemischen Elementsymbolen mit den Buchstaben N, P, K abgekürzt werden. Daneben gibt es noch drei andere Elemente, die für die Ernährung der Pflanzen große Bedeutung haben, nämlich Kalzium, Magnesium und Schwefel. Dazu kommen noch eine Vielzahl von sogenannten Mikronährstoffen oder Spurenelementen, welche nur in einer sehr geringen Menge benötigt werden, aber lebenswichtig für die Pflanzen sind.

Alle diese Stoffe sind auch in zahlreichen natürlichen, sogenannten organischen Düngerarten enthalten, wie z. B. Knochenmehl, Fischmehl, Hornmehl von Hufen und Hörnern, trockenes Blut, Meeresalgen usw. Diese organischen Dünger wirken langsam, da ihre chemischen Bestandteile erst durch die in der Erde lebenden Mikroorganismen freigesetzt werden müssen, ehe sie die Pflanze aufnehmen kann, doch sind sie zweifellos besser als alle synthetischen Produkte. Organische Dünger schädigen die Umwelt nicht und fördern das natürliche Wachstum der Pflanze, ihre Anwendung bedarf aber einiger Erfahrung. Synthetische Mineraldünger sind hingegen sowohl für den Menschen als auch für seine Umwelt gefährlich, zumal sie, in großen Mengen angewendet, das Grundwasser gefährden. Flüssigdünger ermöglichen Resultate, die sich mit natürlichen Düngerarten

Düngestäbchen sind für den Blumenfreund bequem zu handhaben, denn es genügt, eine angegebene Menge davon in die Erde zu stecken. Sie lösen sich von selbst auf, wobei die Mineralstoffe in die Erde gelangen.

Düngetabletten wirken ähnlich wie Stäbchen. Ihre Anwendung stellt ebenfalls keine großen Anforderungen, sofern die angegebenen Hinweise befolgt werden.

Die Flüssigdüngung stellt sicher die einfachste Art der Düngung dar und garantiert stets gute Resultate. Sie erfordert nur etwas Zeit, erlaubt es aber dafür, die Menge und Verteilung des Düngeguts im Substrat zu kontrollieren.

kaum erzielen lassen, da sie viel rascher wirken. Sie können mehr oder weniger direkt vom Wurzelwerk der Pflanze absorbiert werden. Neben den erwähnten Düngerarten werden aber auch preisgünstige Standarddünger in Granulatform angeboten, die über ein ausgewogenes Verhältnis an essenziellen Nährelementen für die Pflanzen verfügen.

Hinweise lesen!

In vielen Ländern ist es für den Erzeuger von Kunstdünger verpflichtend, auf den Produktetiketten für den Inhalt drei Zahlen anzugeben, die etwa wie folgt lauten können: 6 : 10 : 6. Diese Zahlen stehen für die enthaltenen Mengen an Stickstoff, Phosphor und Kalium, welche im Produkt enthalten sind, wobei jede Zahl den jeweiligen Prozentsatz angibt (in unserem Beispiel: Stickstoff und Kalium 6% und Phosphor 10%).

Die Bedeutung dieser Zahlenangaben sollte man kennen, vor allem dann, wenn es um die Auswirkung der einzelnen im Dünger enthaltenen Elemente auf die eigenen Pflanzen geht. Eine erhöhte Dosis an Phosphor empfiehlt sich beispielsweise bei Pflanzen, die noch wachsen müssen oder kurz vor der Blüte stehen. Kalium hingegen fördert die Entwicklung von Blüten und Früchten, da es das Gewebe der Pflanzen festigt. Stickstoff schließlich beeinflusst Wachstum und Entwicklung aller Pflanzen und vor allem von Blattpflanzen stark. Für Zimmerpflanzen ist zumeist ein Verhältnis von 4 : 1 : 1, d. h. vier Teile Stickstoff sowie je ein Teil Phosphor und Kalium, empfehlenswert.

Man muss jedoch unbedingt beachten, dass jede Pflanzengruppe ihre eigene besondere „Ernährung" erfordert. Im Handel gibt es dafür spezifische synthetische Dünger, nicht etwa nur für verwandte Pflanzengruppen, sondern sogar für einzelne Gattungen, wie beispielsweise Begonien oder Azaleen. Wer ein überaus üppiges Wachstum seiner Pflanzen erreichen will, kann sich in einer Gärtnerei erkundigen, welchen speziellen Dünger er einsetzen soll.

Spezielle Dünger

Herkömmliche Dünger reichen für den Großteil unserer Zimmerpflanzen üblicherweise vollkommen aus. Es gibt aber Arten, bei denen spezielle Dünger notwendig oder nützlich sind. Ein solcher spezieller Dünger ist z. B. der Tomatendünger. Man darf sich bei diesen Produkten nicht vom Namen täuschen lassen, denn der Tomatendünger erweist sich in ausreichender Verdünnung angewendet (wie auf der Packung angegeben) auch als überaus nützlich für viele Blütenpflanzen und Kakteen. So fördert er z. B. das Wachstum und die Entwicklung von schöneren Blüten. Bei Pflanzen, die kalziumarme Erde bevorzugen, wie etwa die Gardenie, empfiehlt sich ein Blumendünger auf Eisenbasis, der eine prächtige Blüte hervorruft.

Der alte Volksglaube, dass man dazu nur einen rostigen Nagel in die Erde stecken sollte, gehört jedoch wohl ins Reich der Märchen. Will man nämlich ein rasches Ergebnis erzielen, so muss das Eisen der Pflanze leichtlöslich verabreicht werden, sodass es leicht und schnell zu absorbieren ist.

Für bestimmte Pflanzen, welche saure Böden bevorzugen, eignen sich gewisse Naturdünger nicht. Zu diesen zählt beispielsweise Knochenmehl oder Superphosphat, die beide alkalische Salze enthalten und daher den Säurewert des Bodens neutralisieren. Bei Arten, die entschieden saure Böden bevorzugen, sollten unbedingt spezielle Dünger verwendet werden, die in der Erde etwaige alkalische Substanzen eliminieren können.

Komplikationen

Wie alle Lebewesen können auch Pflanzen von Parasiten oder Krankheiten befallen werden. Daher darf es niemanden wundern, wenn auch die eigenen Pfleglinge einmal erkranken. Man muss in diesem Fall nur rechtzeitig eingreifen und zwar ehe irreparable Schäden entstanden sind. Zuerst ist bei einer erkrankten Pflanze darauf zu achten, dass man die Krankheitssymptome nicht mit irgendwelchen physiologischen Problemen der Pflanze verwechselt. So können nämlich zu viel oder zu wenig Wasser, ein ungeeignetes Substrat, zu wenig Licht oder zu hohe oder zu niedere Raumtemperaturen usw. ähnliche Symptome hervorrufen wie durch pflanzliche (Pilze oder Bakterien) oder tierische Organismen (Insekten, Milben, Würmer) verursachte Erkrankungen. Eine richtige Diagnose ist dabei äußerst wichtig, weil von ihr die Art der Behandlung abhängt. Nur Erfahrung und Beobachtung können, gemeinsam mit dem Studium der Pflanzenkrankheiten, dem Blumenfreund dabei helfen, die richtige Entscheidung zu treffen.

Bei einer schweren, nicht diagnostizierbaren Erkrankung sollte man sich aber unbedingt an einen Experten wenden. Dort wird man nicht nur die Diagnose erfahren, sondern auch Informationen über richtige Gegenmaßnahmen erhalten. Es empfiehlt sich dabei, die „kranke" Pflanze genau zu untersuchen und die Symptome, aufgetretene Schäden und die davon betroffenen Organe (Blüten, Stiele, Blätter, Wurzeln) dem Fachmann genau zu beschreiben. Dennoch fällt eine telefonische Ferndiagnose auch dem besten Experten meist schwer. Deshalb sollte man besser persönlich erscheinen und dann ein möglichst vollständiges Schadbild (Blatt, Stiel) zur Untersuchung mitnehmen, wobei bei einem Insektenbefall sowohl eine Larve als auch ein erwachsenes Exemplar mitzunehmen ist.

Auf den folgenden Seiten findet sich eine kurze Beschreibung der häufigsten bei Zimmerpflanzen auftretenden Parasiten und Krankheiten sowie der wirksamsten Bekämpfungsmethoden.

■ Tierische Schädlinge und deren Schadbilder

Blattläuse

Diese einfach auch nur Läuse genannten Kleininsekten sind meist schwarz, gelb, rosa oder auch grün gefärbt und entwickeln sich bei fehlender Bekämpfung zu riesigen Kolonien. Besonders an jungen Trieben und Blättern, aber auch auf Zwiebeln, Knollen, Wurzelstöcken und Wurzeln schädigen sie die Pflanze durch Anstechen und Aussaugen von zuckerhaltigen Pflanzensäften. Ihre ebenfalls zuckerhaltigen und klebrigen Ausscheidungen (Honigtau), die auf die darunter liegenden Blätter fallen, fördern wiederum die Entwicklung des sogenannten schwarzen Schimmels. Dieser auch Rußtau genannte Pilz schädigt die befallene Pflanze ebenfalls. Die Stiche der Blattläuse lassen die befallenen Teile der Pflanze nicht nur verkümmern und schließlich absterben, sondern sind auch die Eintrittspforte für Viruserkrankungen. Bei speziellen Lausarten bilden sich fleischige Gallen, die in ihrem Inneren zahlreiche saugende Blattläuse, vermischt mit klebrigen Ausscheidungsprodukten, enthalten.

Bei schwachem Befall können die Blattläuse noch leicht mit lauwarmem Seifenwasser abgewischt werden. Bei Massenauftreten hilft jedoch nur eine Behandlung mit einem entsprechenden Pflanzenschutzmittel, etwa Pyrethrum.

Schildläuse

Schildläuse sind auf hartblättrigen Zimmerpflanzen wie z. B. Citrus und Lorbeer sehr häufig anzutreffen, befallen aber auch sehr viele Sukkulentenarten. Wie die Blattläuse stechen sie die Pflanze an und saugen dann Pflanzensäfte. Sie können dabei ebenso wie die Blattläuse Viruserkrankungen übertragen und die Entwicklung von Pilzen wie Rußtau fördern. Geschützt durch ihren lederartigen oder wachsüberzogenen Schild, lassen sich Schildläuse viel schwerer bekämpfen als Blattläuse, auch wenn man starke chemische Paraffinsubstanzen einsetzt. Am besten bewähren sich dabei immer noch Präparate auf Ölbasis, aber auch ein Besprühen mit Wasser und Alkohol liefert gute Ergebnisse. Dabei muss unbedingt die ganze Pflanze besprüht werden, da sich diese Schädlinge auch unter den Blättern und an der Rinde aufhalten. Üblicherweise sollten die Bekämpfungsmaßnahmen im Winter während der Ruhephase der Pflanze erfolgen, weil die Pflanze in dieser Zeit weniger darunter leidet und überdies eine geringere Oberfläche zu behandeln ist. Leider zeigen sich die Schildläuse gerade während dieser Phase meist am wenigsten angreifbar. Am effektivsten wirken selbst geringe Dosen von Insektiziden, jedenfalls zu jenem Zeitpunkt, wenn die Larven aus den Eiern schlüpfen. Bei einem massiven Befall ist die Pflanze meist schon so stark geschädigt, dass sie am besten vernichtet werden sollte.

Weiße Fliege

Diese winzigen Insekten gedeihen vorwiegend in einem trockenen und heißen Klima, können aber auch während der kalten Jahreszeit gefährlich werden. Sie legen ihre Eier auf die Unterseite der Blätter. Im jugendlichen Stadium verursacht die Weiße Fliege noch keine besonderen Schäden, auch wenn die Blätter allmählich weißfleckig werden. Erwachsene Tiere stellen hingegen eine große Gefahr dar, weil sie, wie die Blattläuse, eine klebrige Substanz absondern. Diese Substanz wird Honigtau genannt und fördert die Ausbreitung des Rußtaus, der in kurzer Zeit das Blatt zerstören kann. Zu den am häufigsten von der Weißen Fliege befallenen Pflanzen gehören Azaleen, Zyklamen und Begonien. Bei einem starken Befall kann man auch gelbe Karton- oder Plastikplättchen aufhängen, die mit Raupenleim oder einer anderen klebrigen Substanz bestrichen wurden. Die gelbe Farbe zieht nämlich die meisten Insekten magisch an und diese bleiben häufig daran kleben.

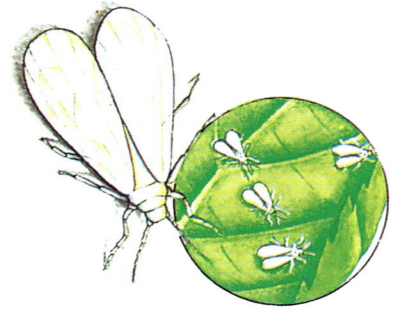

Blasenfüße

Diese auch Thripse genannten winzigen Insekten haben einen länglichen Körper und gedeihen vor allem in einer feuchtheißen Umgebung besonders gut. Daher halten sie sich bevorzugt in Gewächshäusern von Gärtnereien auf, wo Zimmerpflanzen in großen Mengen kultiviert werden. Thripse saugen üblicherweise auf der Blattunterseite und verursachen silbern schimmernde Pünktchen, die

später zu großen Flecken zusammenfließen. Daneben kommt es durch die Verletzungen an den Stichen immer wieder zu bakteriellen oder viralen Infektionen. Die am häufigsten davon betroffenen Pflanzen sind Azaleen, Zyklamen und Chrysanthemen. Als wirksamste Gegenmittel haben sich Präparate auf Pyrethrumbasis erwiesen.

Käfer

Diese Insekten sind leicht zu erkennen, weil sie über einen harten Panzer und kräftige Kauwerkzeuge verfügen. Die Larven einiger Käferarten leben im Boden und ernähren sich von Wurzeln, Zwiebeln und Knollen. Vor allem der Rüsselkäfer *Otiorhyncchus corruptor* stellt für einige Zierpflanzen wie Rhododendron, Azaleen, Efeu, Aralien, Zyklamen usw. eine große Gefahr dar. Diese Käferart findet sich vorwiegend im Garten und auf der Terrasse ein und meidet eher das Innere des Hauses. Gelegentlich finden sich seine Larven aber auch in der Blumenerde und können an Zimmerpflanzen Schäden anrichten. Die Käfer selbst verbringen den Tag zumeist verborgen in der Erde und kommen erst während der Nacht heraus, um an Blättern zu fressen. Hier hinterlassen sie dann ihre typischen halbkreisförmigen Fraßspuren an den Blatträndern. Ein wirksames Mittel gegen die Käfer besteht darin, Tücher auf dem Boden auszubreiten und die Pflanzen während der Nacht zu schütteln, die Tiere lassen sich dann fallen. Es gibt aber auch spezielle Insektizide, die am Boden verstreut werden, und man kann schließlich auch auf biologische Mittel zurückgreifen und Nematoden (Fadenwürmer) einsetzen, die die Larven dieser Käfer befallen und vernichten.

Spinnmilben

Diese auch Rote Spinnen genannten winzigen Milben können sehr viele Pflanzenarten befallen und schwer schädigen, wobei die Blätter durch ihre Stiche zuerst vergilben und später absterben und vertrocknen. Durch ihre geringe Größe können Spinnmilben mit bloßem Auge (besser ist eine Vergrößerungslupe) nur bei aufmerksamer Überprüfung der Blattunterseite entdeckt werden. Bei einem starken Befall lassen sich jedoch auffällige spinnwebenartige Milbengespinste feststellen. Spinnmilben lieben eine trockene und heiße Umgebung und bevorzugen Pflanzen, die zuvor mit chemischen Insektenschutzmitteln behandelt wurden, also etwas geschwächt sind. Bei stark befallenen Pflanzen kann man an den innen gelegenen Teilen der Blätter und den neuen Trieben sogar die Gewebetextur erkennen. Gegen Spinnmilben gibt es zwar spezielle Mittel, die jedoch schon nach wenigen Anwendungen unwirksam werden können. Aus diesem Grund sollten die Mittel öfter gewechselt werden.

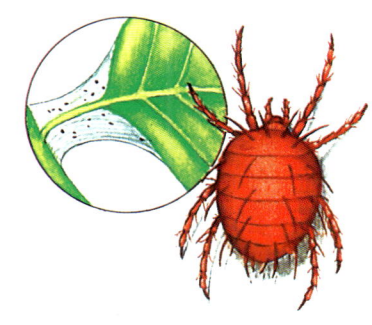

■ Pilzerkrankungen und deren Schadbilder

Mehltau

Diese Krankheit, auch *Oidium* genannt, zeigt sich speziell an den Blättern, aber auch an den Stängeln und Blüten, wobei sich als sichtbare und sofortige Folge weiße, mehlige Flecken bilden. Die befallenen Stellen wirken zuerst missgestaltet und trocknen dann aus. Viele Pflanzenarten können von dieser Pilzkrankheit befallen werden, wie z. B. Fuchsien, Chrysanthemen oder Begonien, wobei diese auch bei trockenen Klimabedingungen auftritt. Ein Vorbeugen oder Bekämpfen des Mehltaus ist meist nur durch die traditionelle Behandlung mit Schwefel möglich, ansonsten helfen ausschließlich chemische Fungizide, die überall im Fachhandel erhältlich sind.

Grauschimmel (Botrytis)

Bei den von diesem Pilz befallenen Kulturpflanzen, wie z. B. Zyklamen, Peperomia oder Usambaraveilchen, bildet sich auf den Blättern, Stängeln und Blütenknospen ein grauer, stäubender Belag. Häufig werden von ihm auch Zwiebeln, Knollen und Wurzelstöcke in der Erde und besonders in den Lagerregalen angegriffen. Die Pilzsporen entwickeln sich am besten bei feuchter und regnerischer Witterung, wobei es besser ist, dieser Krankheit vorzubeugen, als sie erst zu bekämpfen,

wenn sie einmal ausgebrochen ist. Die Umgebung muss dafür stets sauber gehalten und gut gelüftet werden. Betroffene Pflanzen sind sofort zu vernichten, um die weitere Ausbreitung dieser gefährlichen Pilzkrankheit zu verhindern. Bei einem Befall sind als Erstes alle vertrockneten Blätter und abgestorbenen Blüten mit einer Schere zu entfernen, wobei auf der Pflanze dabei keine befallenen Stängelreste zurückbleiben dürfen. Abgestorbene Blätter, Blüten und Stängel müssen dabei immer möglichst nahe an der Wurzel oder der Zwiebel entfernt werden. Anschließend ist die Pflanze mit einem entsprechenden Fungizid zu besprühen.

Rost

Die Rostkrankheit wird von verschiedenen Krankheitserregern verursacht und zeigt sich häufig an den Blättern zahlreicher Zierpflanzen, wie etwa der Chrysantheme. Typisch für das Krankheitsbild sind dabei die charakteristischen orangebraunen Pusteln. Im Allgemeinen verursachen sie keine großen Schäden und können ohne Schwierigkeit mit Fungiziden oder mit Mitteln auf Zinkbasis bekämpft werden. Die befallenen Teile sind zu sammeln und zu verbrennen.

Blattflecken und Missbildungen

Es gibt zahlreiche Parasiten unter den Pilzen, die im Inneren der Pflanze leben und für Missbildungen und Flecken an den Blättern verantwortlich sind, ohne dass es dabei zu einer Schimmelbildung kommt. Zu den davon am häufigsten betroffenen Pflanzen gehören Rosen, Azaleen, Nelken, Iris und Hortensien. Als eine typische Missbildung dieser Art wäre etwa die Bildung von Pusteln an Blättern zu erwähnen, wobei die betroffenen Teile im Lauf der Zeit meist vertrocknen. Auch dabei helfen Produkte auf Kupfer- oder Schwefelbasis und man sollte auch in diesem Fall alle betroffenen Pflanzenteile entfernen und vernichten, weil sich diese Krankheit sonst weiter ausbreiten könnte.

■ Andere Schadensursachen

Vielfach leiden Pflanzen auch an Folgen, die nicht durch biologische, tierische oder pflanzliche Krankheitserreger, sondern einfach durch ungünstige Witterungseinflüsse verursacht wurden. Besonders empfindliche Arten verfärben etwa bei zu hohen oder zu tiefen Temperaturen häufig ihre Blätter oder verlieren ihre Blätter und Blütenknospen.

Lichtmangel hingegen führt insbesondere bei Pflanzen in lichtarmen, warmen Räumen oder im beschatteten Treibhaus zu Wachstumsanomalien mit überlangen Stängeln und bleicheren Blättern (Wasserschösslinge).

Eine besonders wichtige Rolle spielt auch das Gießen. Steht zu wenig Wasser zur Verfügung, werden die Blätter gelb und fallen ab, die Triebspitzen vertrocknen, das Wachstum stoppt und die Pflanze stirbt. Doch auch zu viel Wasser ist schädlich, vor allem bei den Dickblattgewächsen oder Sukkulenten. Als direkte Folge davon fallen zuerst die Blätter ab, die Wurzeln verfaulen und die Pflanze geht schließlich ein.

Als weitere Ursache für ein Verkümmern der Pflanze ist häufig auch ein Mangel oder ein Übermaß an Mineralsalzen (Dünger) in der Erde zu beobachten. So kommt es immer wieder zu einem Stickstoffüberschuss durch falsches oder übertriebenes Düngen. Das Fehlen von bestimmten Spurenelementen wie Bor, Magnesium, Zink und Eisen äußert sich ebenfalls in Form bestimmter Krankheitssymptome. Ein sehr wichtiges Element, das Kalzium, ist hingegen für das Wachstum vieler Pflanzen unbedingt erforderlich. Bei bestimmten Arten, die saure Böden bevorzugen, wie z. B. Azaleen, Zyklamen, Efeu, Farnen, Gardenien und Rhododendren, verursacht gerade dieses Element im Übermaß große Schäden.

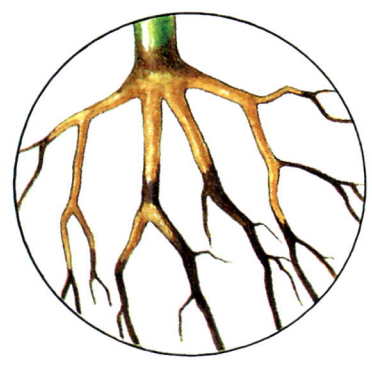

Die Vermehrung

Die Methoden der Vermehrung von Zimmerpflanzen sind vielfältig, am häufigsten kommt dabei jedoch ungeschlechtliche Vermehrung mittels Stecklingen, Ablegern, Absenkern oder durch Teilen zur Anwendung. Vermehrung durch Samen, d. h. geschlechtliche Vermehrung, wie sie häufig bei Gemüse- und Gartenpflanzen vorkommt, ist nicht so einfach durchzuführen, weil im Handel nur selten Samen von Zimmerpflanzen angeboten werden. Die meisten Arten unserer Zimmerpflanzen bilden überdies nur selten Früchte, und bei vielen davon handelt es sich auch um sterile Varietäten.

Um aber auch diese Art der Vermehrung nicht zu vernachlässigen, beschränken wir uns hier auf Zimmerpflanzen, deren Samen leicht erhältlich sind, wie etwa von *Calceolaria-, Coleus-* und *Capsicum*-Arten. Auch einige Fettpflanzen lassen sich auf diese Weise problemlos züchten, wobei deren Samen in Gärtnereien und Blumenfachgeschäften erhältlich sind. Es ist aber durchaus möglich, aus den Früchten, die sich eventuell nach der Blüte bilden, selbst Samen zu gewinnen. Zur Sicherung der Befruchtung empfiehlt es sich, während der Blüte mit einem feinen Pinsel über die Stempel zu streichen und dabei die Pollen von den Staubgefäßen auf die Narbe zu übertragen. Diese Aufgabe kommt in der Natur gewissen Insekten zu.

Es gibt aber noch andere Möglichkeiten, Samen von exotischen Pflanzen zu bekommen. Man kann diese beispielsweise im Rahmen einer Fernreise oder eines Urlaubs besorgen oder sich von jemandem schicken lassen, der sich gerade in den Tropen aufhält. Genauso gut eignen sich aber auch die Samen zahlreicher exotischer Früchte, die es heute im Handel zu kaufen gibt.

■ Die Vermehrung durch Aussaat

Wann und wo säen?

Die beste Zeit, Samen auszusäen, ist im Frühling, zwischen März und Mai, wobei der für die jeweiligen Samen beste Zeitpunkt natürlich auf den Tütchen angegeben ist. Man kann für die Saat verschiedene Behälter verwenden: z. B. Schalen aus Ton, PVC oder Styropor in unterschiedlichen Größen, zumeist mit kleinen quadratischen oder runden Abteilungen. Da das Saatgut sehr empfindlich und leicht anfällig für Pilzkrankheiten ist (Schimmel, Fäule), müssen die Behälter, wenn sie zuvor verwendet wurden, zuerst gut gereinigt und mit Wasser und Bleichlauge ausgewaschen werden. Im Handel sind auch verschiedene Arten von Saatgefäßen aus Torf erhältlich. Diese sind deshalb besonders praktisch, weil ein späteres Umtopfen wegfällt. Sie zerfallen nämlich allmählich im Erdreich, in welches sie nach dem Aufgehen der Saat eingesetzt wurden. Die richtige Aussaaterde kann man bereits gebrauchsfertig kaufen oder sich selbst zusammenmischen.

Üblicherweise mischt man dazu einen Teil fein zerkleinerten Torf, einen Teil Sand und zwei Teile gesiebter, steriler Gartenerde. Sämtliche Aussaatbehälter – und seien es leere Joghurtbecher – müssen im Boden unbedingt Löcher haben, auf die kleine Steine oder Tonstücke gelegt werden, weil dadurch das überflüssige Wasser gut abrinnen kann. Diese Gefäße werden dann bis ungefähr 1,5 bis 2 cm unter dem Rand mit Erde gefüllt, die anschließend leicht festgedrückt wird *(Abb. 1)*.

Abb. 1

Danach werden die Samen gleichmäßig und nicht zu eng gesät (Abb. 2). Bei zu knappen Abständen des Samens können die Pflänzchen nur unzureichend gedeihen und im Wurzelballen miteinander verwachsen. Sehr kleine Samen, beispielsweise von Begonien, lassen sich gleichmäßiger verteilen, wenn man sie zuvor mit etwas Sand vermischt, große Samen kann man hingegen einzeln in die Erde stecken. Kleine Samen dürfen anschließend nicht mit Erde bedeckt, sondern nur leicht mit einem flachen Stück Holz hineingedrückt werden. Über die größeren Samen kommt hingegen am besten eine dünne Schicht fein gesiebter Komposterde, die dann ebenfalls leicht angedrückt wird. Zum Abschluss wird die Aussaat mit einer Sprühflasche oder einer Gießkanne mit sehr feinem Brausekopf vorsichtig eingegossen. Man kann statt dem Eingießen die Saatschale aber auch solange in ein Becken mit Wasser stellen, bis sich die Erde damit vollgesogen hat. Auf den Saatbehälter kommt nun eine Abdeckung aus

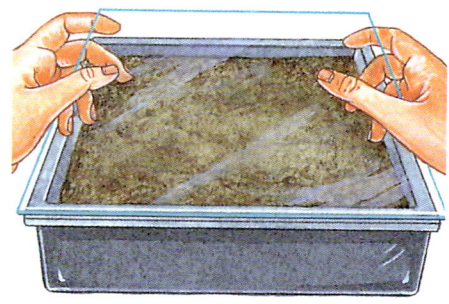

Abb. 3

Die Dauer des Keimens bewegt sich zwischen wenigen Tagen und etwa drei Wochen und hängt sowohl von der Pflanzenart als auch vom Alter des Samens und von den allgemeinen Umweltbedingungen ab. Aus diesen Gründen sollte man ab dem dritten oder vierten Tag regelmäßig nach den Behältern sehen und die Scheiben bzw. Folien entfernen, sobald die ersten kleinen Pflänzchen emporsprießen und sich Kondenswasser an Folien oder Scheiben bildet, weil dieses zur Bildung von Schimmel führen kann. Vor dem Umtopfen (Abb. 4 und folgende Seite) sollte man die Jungpflanzen für eine gewisse Zeit an einen Ort geben, wo sie hell stehen, jedoch vor direkter Sonneneinstrahlung geschützt sind.

Abb. 2

Glas oder aus durchsichtigen Kunststofffolien. Um die Samen stets feucht und warm zu halten (Abb. 3), werden die Aussaatgefäße schließlich an einen warmen Ort gestellt, der aber nicht dem direkten Sonnenlicht ausgesetzt sein darf.

Abb. 4

Das Umtopfen

Sobald die Pflanzen dann die ersten kleinen Blätter ausgebildet und damit eine gewisse Größe erreicht haben, können sie einzeln in einen Topf eingesetzt werden. Mit einer kleinen Schaufel oder mit einem alten Messer wird zu diesem Zweck ein Büschel der Jungpflanzen mitsamt Wurzeln und Erdreich herausgestochen und die einzelnen Pflanzen werden dann sorgfältig getrennt (*Abb. 5*).

Abb. 5

Bei diesem Vorgang sind die Pflänzchen stets an den Blättern und nie am Stängel zu halten. Anschließend kommen sie einzeln in die bereits vorgeformten Höhlungen in der Erde, die dann mit den Fingern seitwärts leicht angedrückt werden, damit die Wurzeln sich gut darin verankern können (*Abb. 6*). Nun ist nur noch für die richtige Feuchtigkeit zu sorgen und erst wenn die Pflanzen sich kräftig entwickelt haben und die Wurzeln den Topf schon zur Gänze ausfüllen, sollten sie in ein größeres Gefäß umgetopft werden.

Abb. 6

■ Die vegetative Vermehrung

Stecklinge

Die Vermehrung von Pflanzen mittels Stecklingsbewurzelung zählt für den Blumenfreund sicherlich zu den interessantesten Tätigkeiten. Sie ist leicht zu erlernen und bietet den Vorteil, älter gewordene Exemplare einfach durch vitale Jungpflanzen ersetzen zu können, ohne dafür viel Geld ausgeben zu müssen. Häufig besitzen Freunde oder Bekannte Pflanzenarten, die man selbst auch gerne haben möchte. Was hindert uns also daran, sich einen solchen Steckling schenken zu lassen und ihn dann selbst zu bewurzeln?

Unter Steckling versteht man einen Teil der Pflanze: ein Stück Stamm (*Abb. 7*), einen Zweig (*Abb. 8 und 9*), eine Knolle, einen Wurzelstock (*Abb. 10*) oder ein Blatt, die unter bestimmten Voraussetzungen eigene Wurzeln ausbilden können und so eine neue Pflanze entstehen lassen, die ihrer Mutterpflanze im Erbgut völlig gleicht. Dabei ist unbedingt darauf zu achten, dass alle genannten Pflanzenteile über zumindest ein Auge (Knospe) verfügen, da sich nur aus diesen eine neue Pflanze bilden kann. Viele Pflanzenarten lassen sich so vermehren, wobei die Methode der Stecklingsentnahme von Art zu Art verschieden ist. Ein sehr scharfes Messer oder eine Rasierklinge sorgen dabei für einen glatten und präzisen Schnitt.

Abb. 7

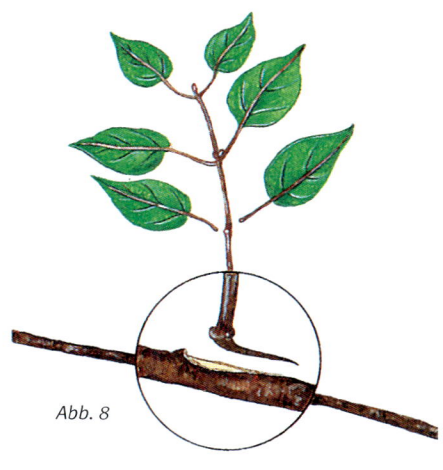

Abb. 8

Als Stecklinge sollten stets gesunde junge Triebe genommen werden, die möglichst noch keine Blüten oder Früchte tragen. Diese werden dann in rund 8 bis 12 cm lange Stücke geschnitten. Dabei sind von jenem Teil, der in die Erde gesteckt wird, sämtliche Blätter zu entfernen. Die restlichen Blättchen sollten auf ein Mindestmaß reduziert werden, um die Transpiration der Stecklinge möglichst einzuschränken.

Grünholzstecklinge können nämlich sehr rasch austrocknen und benötigen optimale Bedingungen, damit sie Zeit haben, ihre Wurzeln ausbilden zu können.

Drei oder vier solcher Stecklinge kommen in einen Topf. Bei einer größeren Anzahl empfiehlt sich jedoch eine Aussaatschale, in der die Stecklinge sorgfältig in die bereits vorbereiteten Pflanzlöcher gesteckt werden und die Erde mit den Fingern festgedrückt wird. Danach müssen sie sorgfältig angegossen werden. Die für Stecklinge geeignete Erde besteht normalerweise aus vier Teilen Sand, zwei Teilen zerkleinertem Torf und einem Teil Gartenerde. Manche Gärtner tauchen die Basis der Stecklinge zwecks sicherer Bewurzelung in entsprechende Bewurzelungshormone ein. Meist lassen sich aber auch ohne diese Mittel hervorragende Resultate erzielen. Der Erfolg mit der Stecklingszucht hängt vor allem von der Pflege ab, die sie während der heiklen Phase der Wurzelbildung erfahren.

Dabei ist es äußerst wichtig, dass sowohl das Substrat als auch die umgebende Luft des Stecklings konstant feucht sind. Wer über kein Vermehrungskästchen mit Deckel verfügt, sollte über das Gefäß mit den Setzlingen unbedingt einen durchsichtigen Kunststoffsack stülpen und diesen mit einem Gummiband am Topf befestigen. Darüber hinaus dürfen Stecklinge keiner direkten Sonneneinstrahlung ausgesetzt werden, zumindest solange sie noch nicht ausreichend Wurzeln ausgebildet haben.

Abb. 9

Je nach Beschaffenheit des Stängels unterscheidet man fleischige, holzige und verholzte Stecklinge, wobei bei allen die Technik der Vermehrung stets dieselbe bleibt. Viele unserer Zimmerpflanzen werden in Form von Grünholzstecklingen vermehrt, also von jungen Trieben, die noch unverholzt sind.

Beginnen schließlich die ersten neuen Blätter zu sprießen, so kann man die Stecklinge einzeln in größere Töpfe umsetzen, nur nicht zu früh, da einige Arten sehr viel Zeit zur ausreichenden Wurzelbildung benötigen.

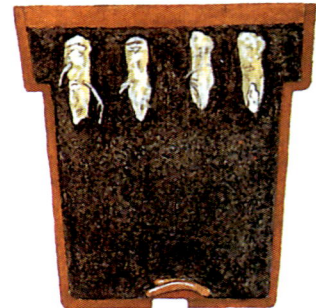

Abb. 10

Absenker

Eine vegetative Vermehrung durch Absenker ist bei vielen Pflanzenarten leicht durchzuführen. Bei dieser Methode wird ein dünner Ast oder Trieb bis zum Boden hinuntergebogen, wo er dann mit Erde bedeckt Wurzeln bilden soll, während er noch mit der Mutterpflanze verbunden ist.

Diese Technik eignet sich besonders gut für Hänge- oder Kletterpflanzen wie *Cissus, Hoya* oder *Pothos*.

Die beste Zeit für das Absenken ist üblicherweise Frühling bis Sommer. Dazu sind stets junge Äste oder Triebe zu verwenden, weil diese schneller Wurzeln bilden können als ältere. Zur Anregung der Wurzelbildung kann man an Absenkern zuvor mit einem scharfen Messer die Rinde leicht anschneiden und den Schnitt mit einem eingeklemmten Hölzchen offen halten. Der Absenker wird anschließend mit einem Drahtbügel im Boden fixiert und mit frischer Erde bedeckt. Diese ist gründlich zu bewässern und stets feucht zu halten, wobei der Absenker keinesfalls verschoben werden darf. In gewissen Fällen empfiehlt es sich, den aus der Erde herausragenden Teil des Absenkers zur Fixierung an einem Stützholz festzubinden. Nach 6 bis 12 Monaten haben sich die Wurzeln entwickelt, erst dann darf die neue Pflanze von der Mutterpflanze getrennt, ausgegraben und an ihrem vorgesehenen Platz eingesetzt werden.

Abmoosen

Diese Methode eignet sich besonders zur Vermehrung von Pflanzen, deren Äste sich nicht bis zum Boden hinunterbiegen lassen.

Man nimmt dazu einen jungen Ast und entfernt an dessen Basis einen schmalen Streifen Rinde oder schneidet ihn zur Hälfte schräg an. Die Schnittstelle wird dann mit gewöhnlichem Moos oder besser mit dem sehr gut wasserspeichernden Torfmoos umwickelt. Über diese Umwickelung kommt dann nach ausgiebiger Befeuchtung eine klare Kunststofffolie, die oben und unten mit einem Klebeband fixiert wird. So lässt sich leicht erkennen, ob sich ausreichend Wurzeln gebildet haben. Ist dies der Fall, so wird der Spross mit einer scharfen Klinge abgetrennt und in einen eigenen Topf gesetzt. Mit dieser Methode lassen sich viele Zimmerpflanzen, wie beispielsweise die verschiedenen Arten von *Ficus*, *Dieffenbachia* und *Philodendron*, problemlos vermehren; sie alle neigen nämlich dazu, im unteren Stammbereich im Alter die Blätter zu verlieren und werden daher unansehnlich. Auf diese Weise entstehen junge vitale Pflanzen, mit denen man die alten kahlen Pfleglinge ersetzen kann, wobei die Mutterpflanze selbst kaum darunter leidet, weil sie unterhalb der Schnittstelle meist neue Seitentriebe bildet.

Vermehren durch Teilen

Diese Technik, die meist bei der Vermehrung mehrjähriger krautiger oder halbverholzter Pflanzen mit Wurzelstöcken angewendet wird, führt in relativ kurzer Zeit zu vielen kräftigen Jungpflanzen. Sie eignet sich aber auch dazu, einen im Lauf der Zeit veralteten Pflanzenbestand allmählich zu verjüngen. Vor der Teilung muss man sich unbedingt vergewissern, dass sich an jedem Stock mehrere bereits entwickelte Triebe und genügend Wurzeln befinden. Die Mitte des Wurzelstockes ist im Allgemeinen alt und verbraucht und sollte beim Teilungsvorgang entfernt werden. Bei kleineren Stöcken, wie beispielsweise Sanseveria oder Primeln, reicht zur Teilung ein scharfes Messer. Man verwendet nur die jüngeren Seitenteile des Wurzelstockes und setzt diese rasch wieder in Töpfe, die anschließend an einem schattigen Ort aufgestellt werden, wo sie längere Zeit hindurch reichlich bewässert werden müssen.

■ Viel Erfolg bei wenig Aufwand

Alle Samen von Zitrusfrüchten wie Grapefruit, Orangen, Mandarinen und Zitronen können bei geringerem Aufwand zu Zimmerpflanzen mit tiefgrünen, glänzenden Blättern und weißen, wohlriechenden Blüten heranwachsen. Ein Teil der Samen ist aber meist unfruchtbar und keimt nicht. Deshalb sollte man viele Samen von mehreren Früchten gleichzeitig keimen lassen, um Erfolg zu haben. Am besten gibt man fünf oder sechs Samen in einen Topf mit etwa 7 cm Durchmesser, in dem sich Saaterde befindet. Bei einer Temperatur von ca. 21 °C wachsen die kleinen

Pflanzen dann bis zu einer Höhe von 7 cm heran. Danach werden sie umgetopft und kommen in einen kühleren Raum. Die Pflanzen benötigen für ihre weitere Entwicklung nun ausreichend Licht, viel Frischluft und während der Wachstumsphase alle zwei Wochen einen Spezialdünger. Zusätzlich sollte man alle zwei Monate feine Eisenfeilspäne ins Gießwasser geben, um damit einem eventuellen Eisenmangel vorzubeugen, wobei sich dieser Mangel daran erkennen lässt, dass sich zwischen der Äderung der Blätter eine Vergilbung bildet. Im Winter müssen Zitrusarten vor Kälte geschützt werden. Mit etwas Glück öffnen sich dann nach einigen Jahren im Sommer strahlend weiße, duftende Blüten, die man mit Hilfe eines kleinen Pinsels bestäuben kann. Man darf dann jedoch nicht erwarten, dass die sich eventuell bildenden Früchte genießbar sind, sondern sollte sich an ihrem bloßen Anblick erfreuen.

Der Samen des Granatapfels wächst zu einem schönen Strauch mit zarten grünen Blättern und im Sommer scharlachroten Blüten heran. Man sät ihn am besten im Frühjahr. Der Kaffeestrauch entwickelt ebenfalls schöne leuchtend dunkelgrüne Blätter und weiße Blüten. Man braucht nur ungeröstete Bohnen in die Erde zu stecken und kann sich nach wenigen Jahren an einer blühenden Kaffeepflanze erfreuen.

Die Ananaspflanze lässt sich vermehren, indem man den Blattschopf vom Oberteil der Frucht trennt (siehe S. 62) und ihn dann bewurzelt.

Hydrokultur

■ Das Kultivieren der Pflanzen in Wasser

Die in den letzten Jahren immer populärer gewordene Hydrokultur ist eine interessante neue Technik, Pflanzen im Haus zu kultivieren und verlangt einen gänzlich anderen Pflegeaufwand als für Topfpflanzen üblich. Diese Art der Haltung zeigt gegenüber der herkömmlichen Technik die Vorteile, vor allem Zeit und Platz zu sparen und löst insbesondere während der Urlaubszeit das Problem des Gießens. Hydrokulturen sind eine praktische Methode, Pflanzen ohne Topferde zu kultivieren. Die wesentliche Neuerung dieser Technik liegt in der sogenannten Nährlösung, in welche die Wurzeln der Pflanze eintauchen. Diese Lösung besteht aus gewöhnlichem Wasser, das mit einem spezifischen Dünger für Hydrokulturen angereichert wird. Nicht alle Arten von Topfpflanzen eignen sich jedoch gleichermaßen für eine Hydrokultur. Blühende Zimmerpflanzenarten beispielsweise gedeihen in dieser Nährlösung nur sehr schwer. Am besten eignen sich dafür verschiedene Blattpflanzen wie z. B. Zypergras, *Coleus*, *Croton*, *Dracaena*, *Philodendron* sowie einige Farn-, *Ficus*-, Efeu- und Palmenarten. Bei der Hydrokultur kommt kein erdiges Substrat zur Anwendung: Die Wurzeln der Pflanze holen sich lebenswichtige Nährstoffe aus der Nährlösung, gebrannte Tonkügelchen (Leka) sorgen für den notwendigen Halt.

■ Der Schlüssel zum Erfolg

Bei Pflanzen in Hydrokultur ist darauf zu achten, dass sich stets genügend Wasser und die entsprechende Nährlösung im Topf befinden. Man benötigt einen speziellen Topf für Hydrokulturen mit eingebautem Wasserstandsanzeiger. Dabei handelt es sich um eine einfache Vorrichtung, die anhand eines Schwimmers den niedrigsten (Minimum) bzw. den höchsten (Maximum) Wasserstand anzeigt. Was die Dosierung der Nährlösung betrifft, so muss man sich an die auf der Verpackung angegebenen Hinweise halten.

Auf keinen Fall darf man bei Hydrokulturen zu stark gießen und den Wasserstand stets beim Maximum halten. Dadurch nimmt nicht nur die Konzentration von Nährstoffen in der Lösung selbst ab, diese kann zusätzlich noch verschmutzt werden und so zu Sauerstoffzehrung führen, wobei es durch Gärungsprozesse zur Bildung von toxischen Gasen wie z. B. Schwefelwasserstoffgas mit ernsten Folgen für das Wurzelsystem kommt. Im schlimmsten Fall kann die Pflanze sogar daran sterben. Der Wasserstand sollte daher stets bis zum Minimum sinken, bevor der Behälter wieder neu aufgefüllt wird. Auf diese Weise bleibt einerseits das Wasser immer frisch und sauber und andererseits kann das Wurzelsystem der Pflanze atmen.

Hydrokulturpflanzen benötigen darüber hinaus stets eine für sie speziell abgestimmte Nährlösung, die alle Nährstoffe enthält, welche eine Pflanze zum Leben benötigt. Als Dünger empfiehlt sich die Verwendung eines Langzeitdüngers, eines sogenannten Ionenaustauschers, der die Versorgung über einen längeren Zeitraum – das ist etwa ein Jahr – sicherstellt. Natürlich muss dabei der Wasserstand wie vorgeschrieben gehalten werden. Man kann aber auch einen üblichen Hydrokulturdünger einsetzen. Pflanzen in Hydrokultur vertragen niedrige Temperaturen nicht. Sie zeigen zwar meist besseres Wachstum als Topfpflanzen, sind aber im Allgemeinen empfindlicher gegenüber Kälte. Die Raumtemperatur darf für sie deswegen nie unter 7 °C sinken.

Umtopfen

Sind die Pflanzen gesund, so gedeihen und wachsen sie, bis schließlich ein größerer Behälter nötig ist, wobei dies aber wesentlich seltener eintritt als bei den gewöhnlichen Topfpflanzen, weil Pflanzen in Hydrokultur einen kompakteren Wurzelapparat aufweisen als die in normaler Erde wachsenden. Hydrokulturpflanzen müssen nur dann umgetopft werden, wenn sie für ihre Behälter bereits zu groß geworden sind oder ihr Stamm zu hoch oder seitenlastig geworden ist und nicht mehr stabil genug steht. Die Qualität des Hydrokulturtopfes ist wichtig: Einerseits muss er hundertprozentig wasserdicht sein, andererseits darf er auf die Nährlösung nicht chemisch reagieren. Die Wände könnten dadurch angegriffen werden, korrodieren und undicht werden. Aus diesem Grund eignen sich Gefäße aus Hartplastik am besten, während Tonbehälter dafür eher nicht in Frage kommen, denn sie sind zu porös. Auch Töpfe aus Metall sind weniger geeignet, es sei denn, sie verfügen über eine Innenbeschichtung aus Epoxidharz.

Das Umtopfen stellt kein Problem dar. Zuerst wird die Pflanze vorsichtig aus ihrem alten Behälter gezogen, wobei ihre Wurzeln nicht beschädigt werden dürfen. Dieser Vorgang wird dadurch erleichtert, dass ein Teil der Tonkügelchen schon zuvor entfernt wird. Zuallererst muss jedoch der neue Topf für die Pflanze vorbereitet werden. Er wird mit Granulat aufgefüllt, sodass die Pflanze gleich hoch stehen

kann wie im alten Gefäß. Damit die Nährlösung nicht verunreinigt wird, empfiehlt es sich, die Tonkügelchen zuvor im fließenden Wasser zu reinigen. Anschließend stellt man die Pflanze auf die Granulatschicht und breitet dann die Wurzeln vorsichtig aus. Während man den Stamm mit einer Hand in Position hält, füllt man nun langsam das restliche Granulat ein, bis die Pflanze wieder festen Halt hat. Jetzt erst kommt die Nährlösung dazu, wobei das Gefäß bis zum Maximum anzufüllen ist. Die Wurzeln der Pflanze verbreiten sich nun rasch im neuen Topf und passen sich so an die neuen Verhältnisse bald an.

Der Wechsel einer im Substrat kultivierten Pflanze in Hydrokulturgefäße

Herkömmlich kultivierte Pflanzen gewöhnen sich zumeist problemlos an eine Hydrokultur, wenn man dabei umsichtig vorgeht. Blühende oder zu alte Pflanzen dürfen keinesfalls umgetopft werden, weil sie in diesen Phasen zu empfindlich sind, den Umpflanzungsschock zu verkraften. Am besten eignen sich daher eher junge, höchstens 30 cm große Pflanzen.

Vorgangsweise: Man nimmt die Pflanze aus dem Topf und taucht die Wurzelmasse in lauwarmes Wasser, um sie durch Auswaschen von der gesamten Substratmasse zu befreien. Anschließend folgt eine weitere Spülung mit sauberem lauwarmem Wasser, um auch die letzten Erdreste herauszuschwemmen, weil diese später die Nährlösung verunreinigen könnten. Ist der Wurzelballen gänzlich sauber, so kommt die Pflanze, wie vorher beschrieben, in ihren Hydrokulturbehälter und wird anschließend bei einer Temperatur von rund 20 °C gehalten. Die folgenden drei bis vier Wochen stellen für die Pflanze eine kritische Phase dar. Sie sollte deshalb mit einem Säckchen aus Klarsichtfolie geschützt werden, um für genügend Luftfeuchtigkeit zu sorgen. Sobald die Pflanze einen normalen Eindruck macht und ihre Blätter nicht mehr hängen lässt, hat sie den größten Schock überstanden und man kann nun das Säckchen abnehmen. Es empfiehlt sich jetzt, die Pflanze schrittweise an die neuen Bedingungen zu gewöhnen und dabei immer für ausreichend Luftfeuchtigkeit zu sorgen.

Der jahreszeitliche Arbeitskalender

■ Winter

Obwohl die kalte Jahreszeit für die meisten Arten eine Ruhephase darstellt, ist es dennoch vonnöten, sie in dieser Zeit richtig zu pflegen, weil durch Vernachlässigung oder falsche Behandlung nachhaltige Schäden entstehen können.

Gießen

Im Winter dürfen Zimmerpflanzen vor allem nicht zu reichlich gegossen werden, denn in dieser Jahreszeit benötigen fast alle Arten nur wenig Feuchtigkeit, ausgenommen jene, im Winter blühen. Gießt man zu viel, kann es in der zu stark vernässten Erde leicht zu Schimmel- und Fäulnisbildung an den Wurzeln und damit zu ernsten Konsequenzen für die Pflanze selbst kommen. Aus diesem Grund empfiehlt es sich, die meisten Pflanzen im Winter eher zu trocken als zu feucht zu halten. Auch bei Pflanzen, die viel Feuchtigkeit benötigen, wie z. B. bei Farnen und Azaleen, besteht im Winter die Gefahr, dass sie zu viel Wasser erhalten, denn oft ist in dieser Zeit trotz Raumheizung die Luft nicht so warm und trocken wie man annimmt. Bestimmte Pflanzengruppen, wie Kakteen und Fettpflanzen (Sukkulenten), benötigen in dieser Zeit nur sehr wenig Wasser, wobei einige Kakteen sogar ein gänzlich trockenes Substrat bevorzugen. Trockene Luft und Temperaturen um 10 °C sind bei ihnen vielmehr die Voraussetzung, dass sie im darauf folgenden Sommer wieder reichlich blühen. Selbstverständlich ist die Temperatur des Leitungswassers in dieser Jahreszeit zu niedrig und könnte den Pflanzen beim Gießen nicht wiedergutzumachende Schäden zufügen. Es empfiehlt sich daher, dieses einige Stunden lang in der Gießkanne stehen zu lassen, bis es etwa Raumtemperatur erlangt hat. Anderenfalls kann aber auch etwas heißes Wasser dazugemischt werden, falls man nicht so lange warten will.

Ernährung

Die meisten Zimmerpflanzen dürfen während der kalten Jahreszeit nicht gedüngt werden, weil sie sich jetzt in ihrer Ruhephase befinden und daher nur einen geringen Bedarf an Nährstoffen haben. Jede Anreicherung von Düngemitteln im Erdreich kann nun eine Schädigung der Wurzeln mit fatalen Folgen für die ganze Pflanze nach sich ziehen. Nur Arten, die in dieser Zeit blühen, wie z. B. Zyklamen und Azaleen oder Pflanzen, die farbige Hochblätter entwickeln wie etwa der Weihnachtsstern, stellen hier eine Ausnahme dar. Sie benötigen gerade in dieser Zeit etwa alle zwei bis vier Wochen einen entsprechenden Kaliumdünger.

Temperatur

Zimmerpflanzen reagieren im Winter sehr empfindlich auf starke Temperaturschwankungen. Dies ist etwa dann der Fall, wenn man tagsüber stark heizt und während der Nacht ein Fenster gekippt hält, um für kühlere frische Luft zu sorgen. Ein weiteres ernstes Problem stellt für viele Arten Zugluft dar, deren Auswirkungen auf Zimmerpflanzen ebenfalls fatal sein können. So reagieren beispielsweise Arten der Gattung *Kroton* und *Ficus* auf Zugluft, indem sie in kurzer Zeit ihre Blätter abwerfen.

Feuchtigkeit

Im Winter ist die Raumluft der Wohnung durch die Heizung der Räume sehr trocken. Nur die Küche und das Bad bilden dabei Ausnahmen und stellen so einen idealen Standort für feuchtigkeitsbedüftige Pflanzen wie die Marante, das Usambaraveilchen oder *Begonia rex* dar. Die Verwendung eines Befeuchters schafft hier in gewisser Hinsicht Abhilfe, während häufiges Besprühen eher einen Befall durch Pilze fördert. Die beste Lösung für dieses Problem besteht darin, jeder Pflanze die von ihr bevorzugte Luftfeuchtigkeit zu verschaffen. Dies geschieht am einfachsten dadurch, dass man sie auf einen mit feuchtem Kies gefüllten Untersetzer stellt. Durch die Wärme der Heizung verdunstet das Wasser stetig und wird so an die nächste Umgebung der Pflanze abgegeben. Eine andere Methode besteht darin, den Topf in einen mit feuchtem Torfmull gefüllten Behälter zu stellen. Dies eignet sich vor allem für niedrig wachsende, buschige Pflanzen, die sehr viel Feuchtigkeit benötigen, wie etwa die Marante, das Usambaraveilchen, *Begonia rex* oder *Ficus pumila*. Hoch gewachsene Pflanzen können mittels dieser Methode aber nur bedingt befeuchtet werden und müssen deshalb häufig mit lauwarmem Wasser besprüht werden.

Blüten und Blätter

Da es nur wenige Pflanzen gibt, die im Winter blühen, bedürfen diese einer besonders umsichtigen Pflege, um ihre prächtigen Blüten voll entwickeln zu können. Die Blütenblätter selbst dürfen nie mit Wasser benetzt werden, da es durch die Einwirkung der Verdunstungskälte zu Schimmelbildung kommen kann. Aus demselben Grund sollte man alle Blüten entfernen, die bereits verwelkt oder unansehnlich geworden sind. Dies gilt vor allem für Cyclamen und Usambaraveilchen. Darüber hinaus empfiehlt es sich, bei diesen Pflanzen Staunässe zu vermeiden. Durch die Kälte verdunstet das Wasser nur langsam und so besteht die Gefahr der Fäulnisbildung an den Wurzeln. Die meisten Pflanzen begeben sich nach der Blüte in eine Ruhephase und verlangsamen ihren Wachstumsrhythmus, ehe sie im Frühling wieder zu neuem Leben erwachen. Die Blätter von Cyclamen verdorren und nur die lebende Knolle überwintert bis zum späten Frühling in einer Art „Winterschlaf".

Die Blätter der meisten Zimmerpflanzen laufen im Winter häufig Gefahr, zu vertrocknen, an den Rändern braun zu werden oder braune Flecken zu entwickeln. Im Allgemeinen liegt die Ursache dafür in einer zu trockenen Raumluft. Pflanzen mit dünnen Blättern, wie sie etwa die Marante oder Farne aufweisen, leiden unter solchen trockenen Bedingungen am meisten. Dieses Problem lässt sich leicht lösen, indem man die Feuchtigkeit in der Raumluft erhöht.

Schädlinge

Glücklicherweise spielen für Zimmerpflanzen die Schädlinge im Winter keine große Rolle. Nur Spinnmilben und Schildläuse bleiben auch jetzt relativ aktiv, wenn auch nicht in dem Maße wie im Sommer. Als Faustregel gilt, dass die Schädlinge sich umso besser entwickeln, je höher die Temperaturen steigen. Auch die Weiße Fliege kann für bestimmte Pflanzen eine Gefahr darstellen, wie etwa für den Weihnachtsstern, vor allem, wenn die Raumtemperaturen eher hoch sind.

Krankheiten

Im Winter muss man vor allem auf eventuelle Anzeichen von Grauschimmel achten, der in dieser Jahreszeit enorme Schäden anrichten kann. Daneben empfiehlt es sich, die Pflanzen regelmäßig auch auf Symptome anderer Pilzerkrankungen zu überprüfen. Hier sind es meist die Spitzen und Ränder der Blätter, an denen ein Befall als Erstes zu erkennen ist. Sobald die Blattspitzen beginnen, sich grau zu verfärben, muss die Pflanze mit einem Fungizid behandelt werden. Betrifft dies nur wenige Blätter, so sollte man diese sofort entfernen, um die Ausbreitung der Krankheit zu verhindern.

■ Frühling

Die Pflanzen scheinen die Ankunft des Frühlings viel früher als wir Menschen zu spüren. Während wir noch zögern, die Wintersachen wegzuräumen, beginnen die Zimmerpflanzen schon im Februar oder März frische Triebe zu entwickeln. Von diesem Zeitpunkt an benötigen sie aber eine andere Pflege als im Winter.

Gießen

Sobald sich erste neue Triebe entwickeln, brauchen die Zimmerpflanzen etwas mehr Wasser. Parallel zu den länger werdenden Tagen und steigenden Temperaturen verbrauchen die Pflanzen nun auch mehr Nährstoffe und geben gleichzeitig durch Transpiration vermehrt Wasser ab. Auf keinen Fall darf man jetzt aber unkontrolliert gießen, die verabreichte Wassermenge muss vielmehr schrittweise gesteigert werden.

Ernährung

Mit dem einsetzenden Wachstum im Frühling benötigen die Pflanzen nun zusätzliche Nährstoffe für die Entwicklung neuer Triebe, aus denen sich später die Blätter und Blüten bilden. Bei der Düngung ist jedoch schrittweise vorzugehen, weil die Pflanzen anfangs noch weniger Nährstoffe benötigen als später, d. h. am Höhepunkt ihres Wachstums. Bei einer Überdosierung wird zwar ihr Wachstum gefördert, aber die Triebe bleiben dünn und kraftlos und vielfach kommt es auch zu keiner Blüte. Wer Flüssigdünger verabreicht, muss diesen während der ersten Wochen stets in verdünnter Form anwenden. Man darf die Pflanze niemals düngen, solange die Erde trocken ist. Dies gilt vor allem für pulverförmige oder granulierte Düngerarten. Da sich diese nicht gleichförmig im Substrat verteilen, erhalten einige Teile der Pflanze zu viel Nährstoffe, während andere unversorgt bleiben. Bei Flüssigdünger muss man wiederum darauf achten, dass sich dieser im Wasser gut auflöst.

Frisch umgetopfte Pflanzen dürfen innerhalb der folgenden sechs bis acht Wochen nicht gedüngt werden, weil die frische Erde noch genügend Nährstoffe für die Pflanze enthält.

Umtopfen

Der Frühling gilt allgemein als ideale Jahreszeit zum Umtopfen. Das bedeutet aber nicht, dass alle Arten in dieser Zeit umgetopft werden können. Nähere Hinweise dazu finden sich im Kapitel „Die Zimmerpflanzen". Man sollte mit dem Umtopfen auch nicht zu früh beginnen, weil Pflanzen, die sich noch in ihrer Winterruhe befinden, sonst schweren Schaden erleiden können. Die Gefahr, dass Exemplare bei einem zu frühen Umtopfen eingehen, ist nämlich größer als man annimmt. Die Pflanze verfügt in ihrer Ruhephase über zu wenig Kraft, um den mit der Umpflanzung verbundenen Schock zu überwinden. Geht man jedoch mit Umsicht und Sorgfalt vor, indem die Wassergaben bis zum neuen Wachstum nur schrittweise gesteigert werden, verträgt die Pflanze das Umtopfen viel besser. Ein größerer Topf bietet zudem zahlreiche Vorteile: Die Pflanze hat darin nicht nur mehr Platz, um ihre Wurzeln zu entwickeln, sondern kann während der Wachstumsphase auch mehr Nährstoffe und Wasser aufnehmen.

Temperatur

Da im Frühling die Außentemperaturen allmählich steigen, hängen die Zimmerpflanzen jetzt immer weniger von der Heizung in der Wohnung ab. Dennoch sollten abrupte Temperaturwechsel, wie z. B. durch Lüftung während der Nacht, unbedingt vermieden werden, weil dadurch die jungen Blätter abfallen können und auch das Wachstum der Pflanze beeinträchtigt wird.

Es ist jetzt an der Zeit, die Pflanzen allmählich wieder an weniger einheitliche Temperaturen zu gewöhnen, damit sie in der nun ungeheizten Wohnung gedeihen können. Sie sollten dabei jedoch keinesfalls für längere Zeit in der kalten Zugluft stehen, dies insbesondere dann, wenn sie bisher an einem sehr geschützten Ort standen. Gerade im Frühling verleiten die ersten wärmeren Tage dazu, die Fenster weit zu öffnen, um frische Luft hereinzulassen. Für verwöhnte Zimmerpflanzen kann dies jedoch fatale Folgen nach sich ziehen.

Es empfiehlt sich, die Zimmerpflanzen allmählich an die neuen Verhältnisse zu gewöhnen, indem man sie beispielsweise zur Abhärtung auf ein Fensterbrett stellt. Dabei sollte man aber stets auf die herrschenden Außentemperaturen achten und vor allem nicht vergessen, sie nach Sonnenuntergang wieder in das schützende Zimmer stellen, weil durch die nächtliche Kälte irreversible Schäden entstehen könnten.

In-Form-Schneiden und Rückschnitt

Mit beginnendem Wachstum der Pflanzen sollte man unbedingt sicherstellen, dass sie sich in der gewünschten Wuchsform entwickeln. Kletterpflanzen, wie beispielsweise Efeu, benötigen vielleicht eine zusätzliche Kletterhilfe. Andere Pflanzen wiederum müssen erst in die ideale Wuchsform gebracht werden. So sollten Arten wie beispielsweise Jasmin regelmäßig zurückgeschnitten und aufgebunden werden, weil sie von Natur aus keinen harmonischen Wuchs entwickeln. Viele andere Pflanzen wiederum, wie z. B. *Beloperone guttata*, profitieren von einem Rückschnitt insofern, dass ihre Triebe dadurch kräftiger wachsen.

Blüten und Blätter

Manche Arten von Zimmerpflanzen blühen bereits im Winter oder zu Frühlingsbeginn. Dazu zählen beispielsweise einige Jasminarten, *Rhipsalidopsis gaertneri* und Primeln, die sich bereits zwischen Februar und April in vollem Wachstum befinden. Diese Pflanzen müssen daher unbedingt mit geeigneten Nährstoffen versorgt werden, nämlich mit Kalidünger, weil dieses chemische Element die Entwicklung der Blüten fördert.

Darüber hinaus sind die abgeblühten Teile regelmäßig zu entfernen, um für ein ansprechendes Äußeres der Pflanze zu sorgen und um die Bildung neuer Blüten anzuregen, wobei dadurch auch sichergestellt wird, dass die Pflanze ihre Energie nicht für die Bildung von Samen verbraucht.

Staub, der sich über Winter an den Blättern abgelagert hat, fällt besonders dann unangenehm auf, wenn die Pflanze wieder im hellen Licht der Frühlingssonne steht, sie benötigt daher auch einen ,,Frühjahrsputz". Große und dicke Blätter lassen sich relativ einfach mit einem Schwamm und lauwarmem Wasser reinigen, während Pflanzen mit kleineren Blättern besser mit einem Zerstäuber zu besprühen sind. Die so ,,geduschten" Pflanzen dürfen anschließend jedoch nicht in der prallen Sonne stehen, weil die winzigen Tröpfchen auf den Blättern wie eine Sammellinse wirken und ernste Verbrennungen hervorrufen können. Blattglanzsprays enthalten häufig ölige Substanzen, die empfindliche Blätter ebenfalls schädigen können. Man sollte sie deshalb nur vorsichtig einsetzen und die jeweiligen Instruktionen dazu genau befolgen. Zu Frühlingsbeginn profitieren jedenfalls alle Pflanzen von einer solchen Reinigung, durch die der angesammelte Winterstaub weggespült wird. Reinigungsmittel dürfen dabei allerdings nie eingesetzt werden.

Schädlinge

Viele tierische Schädlinge und auch gefährliche Mikroorganismen überdauern den Winter in Form einer Winterruhe. Sobald dann der Frühling naht, erwacht auch das Leben der Insekten wieder und aus deren Eiern schlüpfen unzählig neue Schmarotzer. Ein bis zu diesem Zeitpunkt eher begrenzter Schädlingsbefall kann sich nun explosionsartig ausbreiten und innerhalb kürzester Zeit große Schäden verursachen. Besonders gefährlich sind dabei Blattläuse und Schildläuse, da sie sich überaus stark vermehren. Gerade in dieser Zeit müssen also die Blätter der Pflanze regelmäßig überprüft und jeder neue Trieb oder jede Knospe genau auf Befall durch Blattläuse untersucht werden. Spinnmilben bevorzugen als Aufenthaltsorte die Blattunterseiten, während Schildläuse an den Blattunterseiten,

Stielen und Blattachseln zu entdecken sind. Schon bei den ersten Anzeichen eines Schädlingsbefalls muss sofort reagiert und ein entsprechendes Pestizid eingesetzt werden, wobei die Behandlung, wenn nötig, nach kurzer Zeit zu wiederholen ist.

Krankheiten

Im Frühjahr erwacht auch die Aktivität der Schadpilze und Schadbakterien. Sie verursachen Krankheiten, wie etwa Grauschimmel, Rost oder Wurzelfäule und zeigen sich meistens schon zu Beginn des Frühlings. Wird jetzt nichts dagegen unternommen, begünstigen die zunehmend besseren klimatischen Bedingungen unweigerlich die weitere Ausbreitung dieser Krankheitserreger.

Eine Behandlung muss immer so ausgerichtet sein, dass sämtliche Erreger von Pflanzenkrankheiten sowohl mit chemischen als auch mit physikalischen Mitteln behandelt werden. Auch durch entsprechende vorbeugende Maßnahmen lässt sich die Ausbreitung von Schädlingen eindämmen, wie z. B. durch Entfernen der abgestorbenen Blüten und Blätter, und zwar auch jener, die auf der Erde liegen oder durch den Verzicht, die Pflanze von oben zu gießen. Sobald die Pflanze wieder in die neue Wachstumsphase eintritt, muss man sie sorgfältig beobachten und beim ersten Anzeichen einer Krankheit sofort die entsprechenden Gegenmaßnahmen einleiten. Dazu gehört auch der Einsatz von Fungiziden und anderen spezifischen Bekämpfungsmitteln.

■ Sommer

In diese Jahreszeit fällt die stärkste Entwicklungsphase der Pflanzen, denn sie bilden jetzt auch die Blüten, ihre Geschlechtsorgane aus, aus denen nach der Bestäubung und Befruchtung Früchte heranreifen, die die für die Fortpflanzung notwendigen Samen enthalten. Daher benötigen die Pflanzen auch während der Sommermonate eine aufmerksame Betreuung, die immer angepasst an die jeweiligen Temperaturen methodisch und regelmäßig erfolgen muss. Hitze fördert die Verdunstung des Wassers über die Oberfläche der Blätter und Blüten und lässt dadurch die Erde rasch austrocknen. Bei Wassermangel

können die Nährstoffe von den Wurzeln nicht mehr in nötiger Menge absorbiert werden und die Pflanze kann dann nicht mehr wachsen, schlimmstenfalls stirbt sie sogar ab.

Gießen

Alle Pflanzen benötigen über den Sommer reichlich Wasser, wobei die Menge aber von den vorherrschenden Temperaturen abhängt. Während Perioden mit andauerndem Sonnenschein und Hitze kann es durchaus nötig sein, mindestens einmal täglich zu gießen. Sollte es jedoch kühler werden oder die Luftfeuchtigkeit ansteigen, so wird dementsprechend weniger Wasser vonnöten sein.

Während der ersten Wochen nach dem Umtopfen muss ebenfalls auf richtiges Gießen geachtet werden, damit sich die neuen Wurzeln in der Erde verankern können, wobei zu viel Wasser das Wachstum eher behindert, im schlimmsten Fall sogar zu ernsten Schädigungen führt. Im Sommer tritt immer wieder der Fall ein, dass man seine Pflanzen über ein Wochenende oder einen längeren Urlaub unversorgt zurücklassen muss. Für diesen Fall ist bereits rechtzeitig vorzusorgen, indem man die Pflanzen etwa an einen Ort stellt, wo sie nur wenig Wasser benötigen, oder man besorgt entsprechende Bewässerungssysteme, damit sie auf diese Weise die lebensnotwendige Feuchtigkeit erhalten.

Ernährung

Im Sommer benötigen die Pflanzen für ihr vermehrtes Wachstum zusätzliche Nährstoffe. Im Allgemeinen genügt es, je nach Entwicklungsstand einmal wöchentlich oder etwa alle zwei Wochen mit einem entsprechenden Flüssigdünger zu düngen, wobei die Hinweise des Herstellers genau zu beachten sind. Man sollte auf keinen Fall häufiger als empfohlen oder mit einer höheren Dosis düngen, weil dadurch das Wurzelsystem der Pflanzen Schaden erleiden könnte.

Anfänglich sind die Nährstoffe nur in eher schwacher Konzentration zu verabreichen und die Dosierung ist erst allmählich zu steigern. In gewissen Fällen muss auf Düngung überhaupt verzichtet werden. Dies kann etwa dann nötig sein, wenn die

Pflanze erst gegen Ende des Sommers umgetopft wurde oder das Substrat einen Dünger mit Langzeitwirkung enthält. Ab und zu wird es vorkommen, dass man vergessen hat, eine Pflanze in ein größeres Gefäß umzutopfen. Jetzt besteht die letzte Möglichkeit dazu, dies eventuell nachzuholen.

Temperatur

Die Raumtemperaturen stellen während des Sommers gewöhnlich kein Problem dar, weil einerseits die Wände allzu große Hitze abhalten und andererseits die Rollos heruntergelassen werden können, um für die richtige Temperatur zu sorgen. Bei sehr trockener Luft benötigen die Pflanzen aber unbedingt Frischluft und erhöhte Luftfeuchtigkeit. Meistens reicht es dabei aus, zusätzlich zum normalen Gießen die Pflanzen auch mit Wasser zu besprühen oder sie auf einen mit feuchtem Kies gefüllten Untersetzer zu stellen.

In-Form-Schneiden und Stützen

Abhängig vom Wachstum der Pflanze kann es notwendig sein, sie zurückzuschneiden oder zu entspitzen, um ihr eine ewünschte Form zu verleihen. So profitieren Kletter- oder Hängepflanzen allgemein von einem regelmäßigen Schnitt, der stets mit einer scharfen Schere oder einer guten Gartenschere durchzuführen ist. Bei vielen Blattpflanzen fördert das Entspitzen junger Triebe einen buschigen Wuchs. Kletterpflanzen benötigen eine entsprechende Kletterhilfe, weil ihre Triebe herabhängen und knicken können. Beim Befestigen der Triebe sollten die Schlingen nie fest angezogen werden, weil sie sonst das Wachstum der Pflanze stören oder sie beschädigen. Bei bereits vorhandenen Schlingen ist zu prüfen, ob sie durch das Dickenwachstum der Triebe bereits zu eng geworden sind und gegebenenfalls sind sie zu lösen.

Blüten und Blätter

Sommerblüher profitieren in dieser Zeit von einem kaliumhaltigen Dünger, wobei viele Arten nach beendeter Blüte vermehrt Blätter ausbilden und dann zusätzliche Nährstoffe benötigen. Man verabreicht jetzt einen speziellen Blattdünger. Blüten, die bereits verblüht sind, sollten entfernt werden, da sie nicht selten an der Pflanze zu faulen beginnen und dann Krankheiten verursachen können. Gleichzeitig wird dadurch verhindert, dass die Pflanze unnötig Nährstoffe und Energie für die Bildung ihrer Samen verschwendet.

Im Sommer bevorzugen manche Arten höhere Luftfeuchtigkeit, z. B. Blattpflanzen wie Usambaraveilchen, Marante und Farne. Der Großteil dieser Pflanzen profitiert nun davon, wenn sie in regelmäßigen Abständen mit lauwarmem Wasser mit einem feinen Zerstäuber besprüht werden. Arten, die Wasser auf ihren Blättern nicht vertragen, wie z. B. Usambaraveilchen, dürfen jetzt auf keinen Fall von oben gegossen oder besprüht werden. Es empfiehlt sich, ihnen die nötige Feuchtigkeit dadurch zu liefern, dass man ihren Topf mit feuchtem Torf umgibt oder sie auf einen mit nassem Kies gefüllten Untersetzer stellt. Arten der Gattungen Ficus, Palmen, Efeu, Philodendron ziehen hingegen eine leichte, lauwarme Dusche vor, um damit gleichzeitig auch den angesammelten Staub zu entfernen. Dies gilt vor allem für Pflanzen, deren Blätter nur schwer mit einem feuchten Tuch zu reinigen sind. Besonders widerstandsfähige Exemplare wie z. B. Efeu kann man im Sommer zu diesem Zweck auch in den Regen stellen, wobei es aber wichtig ist, dass das Substrat nicht zu lange zu feucht bleibt. Nur wenige Arten benötigen stetige Feuchtigkeit, der Großteil bevorzugt eine kurze Trockenphase des Substrates, bevor wieder gegossen wird. Welke Blätter und Blüten auf der Topferde müssen stets entfernt werden. Dies gilt auch für beschädigte, kranke oder verdorrte Blätter sowie verwelkte Blüten, um damit Krankheitserregern Nährboden zu entziehen.

Schädlinge

Während der Sommermonate sind Schädlinge besonders aktiv, weshalb die Pflanzen täglich kontrolliert und beim ersten Anzeichen eines Befalls dementsprechend behandelt werden müssen. Vor allem Spinnmilben und die Weiße Fliege erweisen sich als besonders hartnäckig und bedürfen daher einer sorgfältigen Beobachtung. Die Rote Spinne gedeiht vor allem bei trockener

Luft und lässt sich durch regelmäßige lau-warme Sprühgaben auf beide Blattseiten bekämpfen. Weitere gefährliche Schädlinge sind Blattläuse, Wollläuse, braune Blattläuse und Thripse.

Krankheiten

Zu den von Pilzen hervorgerufenen Krankheiten zählen Rost und Grauschimmel, die gehäuft im Sommer auftreten und deren Bekämpfung nicht immer leicht fällt.

Als vorbeugende Maßnahme gegen Pilzerkrankungen bewähren sich systemische Fungizide. Vorbeugung ist auf jeden Fall besser als mit dem Einsatz von Fungiziden erst zu beginnen, wenn die Krankheit bereits ausgebrochen ist. Die rechtzeitige präventive Verwendung entsprechender Mittel erweist sich auch gegenüber anderen Schädlingen als angebracht.

Einige Pilz-oder Bakterienkrankheiten breiten sich nur lokal aus und lassen sich relativ einfach durch das Entfernen der befallenen Teile bekämpfen, wobei diese anschließend verbrannt werden sollten, um eine weitere Ausbreitung zu verhindern. Wie schon mehrfach betont, ist es auch wichtig, verwelkte Blüten, Blätter und Pflanzenteile rechtzeitig zu entfernen. Totes Gewebe bildet nämlich einen idealen Nährboden für Pilze und Bakterien, die gefährlichsten Feinde der Zimmerpflanzen.

■ Herbst

Aufgrund natürlicher Schwankungen des Wetters bzw. des Klimas ist es manchmal schwer vorherzusehen, wann eine Jahreszeit endet und die nächste beginnt. Dies gilt insbesondere für den Übergang vom Sommer zum Herbst und auf den Winter, der für viele Pflanzen ganz allgemein eine kritische Phase darstellt. In dieser Zeit verlangsamen sich ihre lebenswichtigen Funktionen und vor allem die mehrjährigen Pflanzen bereiten sich in dieser Zeit auf ihre Ruhephase vor. Auch wenn es so aussieht, als würden sie noch in vollem Wachstum stehen, so beginnen doch bereits erste Blätter gelb zu werden und Blüten zu verwelken. Nur wenige warme Tage und genügend Feuchtigkeit genügen jetzt und schon sprießen wieder die ersten neuen Triebe.

Es handelt sich um eine heikle Zeit für die meisten Arten, sogar für die einjährigen, die nun ihre Samen verbreiten müssen. Deshalb bedürfen jetzt alle Pfleglinge einer besonders aufmerksamen Pflege und sollten in dieser Zeit auch auf keinen Fall umgetopft werden.

Gießen

Die Pflanzen benötigen im Übergangsstadium zur Winterruhe mit jedem Tag weniger Wasser und man darf jetzt nur so viel gießen, wie es aufgrund der vorherrschenden Temperaturen absolut erforderlich ist.

Ernährung

Die meisten Arten sollten nur bis Ende September gedüngt werden, da sich jetzt ihr Wachstumsrhythmus verlangsamt und ihr Bedarf an Nährstoffen stetig sinkt. Schließlich stellen die Wurzeln die Aufnahme von Nährsalzen ein. Sollte man jetzt noch weiterhin düngen, kommt es leicht zu höheren Konzentrationen im Wurzelbereich und in der Folge zu ernsteren Schäden. Es gibt jedoch gewisse Arten, die auch in dieser Zeit zusätzliche Nährstoffe benötigen. Dabei handelt es sich um Arten, die im Spätherbst oder erst im Winter blühen. Diese müssen natürlich weiterhin gedüngt werden, wobei der verabreichte Dünger ein ausgewogenes Verhältnis von Stickstoff, Phosphor und Kalium aufweisen muss.

Temperatur

Der Temperaturverlauf sollte im Herbst möglichst konstant sein, wobei man die Raumtemperatur nur allmählich absenkt, um die Pflanzen so an die kältere Jahreszeit zu gewöhnen. Zu große Temperaturschwankungen, wie dies etwa der Fall ist, wenn auf einen warmen Tag eine kalte Nacht folgt, bewirken meist ernste Schäden. Ein schnelles Absinken der Temperaturen birgt vor allem für Pflanzen eine große Gefahr, deren Erde noch wassergesättigt ist.

Blüten und Blätter

An blühenden Pflanzen müssen auch jetzt abgestorbene Blüten und Blätter entfernt werden. Die im Spätherbst oder Winter blühenden Arten sind weiterhin mäßig zu gießen und zu düngen. Darüber hinaus sind nun Arten sorgfältig zu pflegen, die auf die jetzt kürzer werdenden Tage besonders empfindlich reagieren, wie z. B. der Weihnachtsstern. Diese Art benötigt nicht nur Wasser und Nährstoffe, damit sich ihre Hochblätter richtig entfalten und dabei die typische rote Färbung entwickeln. Auch die Tageslänge spielt dabei eine entscheidende Rolle. Wenn der Weihnachtsstern nämlich während der Schlüsselmonate, d. h. von September bis November, über die Tageslänge hinaus noch künstlichem Licht ausgesetzt ist, behindert dies die Entwicklung der Hochblätter. Bei laubabwerfenden Pflanzen genügt es, die verdorrten Blätter stets zu entfernen, damit diese nicht zu schimmeln beginnen und dadurch Krankheiten hervorrufen. Immergrüne Pflanzen sind je nach Art unterschiedlich zu behandeln, wobei bei den meisten Arten das Gießen schrittweise zu vermindern ist.

Schädlinge

Da fast alle Schädlinge während der Sommermonate ihre größte Aktivität entfalten, vermindert sich nun deren Vermehrungsrate nach und nach. Dies erweckt den Anschein, als ob die Gefahr damit gebannt wäre. Dem ist aber leider nicht so: Der Großteil der Insekten bleibt nämlich weiterhin aktiv, wobei einige Arten im Herbst sogar noch besser gedeihen. Blattläuse stellen in der ersten Herbsthälfte nach wie vor eine große Gefahr dar und werden erst gegen Winterende seltener. Die Rote Spinne wiederum muss gerade während dieser Zeit genau beobachtet werden, da sie sich das ganze Jahr über vom Zellsaft der Pflanzen ernährt, wenn auch aufgrund der tieferen Temperaturen und kürzeren Tage in einem etwas geringeren Ausmaß.

Auch Schildläuse bleiben jetzt weiterhin aktiv, jedoch nicht so stark wie im Sommer. Ganz besonders gilt dies auch für Thripse, die den ganzen Winter über eine große Plage darstellen und besonders schwer zu bekämpfen sind. Sie bevorzugen eine eher trockene Luft und gedeihen dann in dem durch die Heizung geschaffenen trockenen Raumklima bestens. Es empfiehlt sich in diesem Fall, die Pflanzen über einen längeren Zeitraum mit einem systemischen Insektizid zu behandeln, um bereits vorbeugend gegen die Schadinsekten gewappnet zu sein. Schon zu Beginn des Herbstes sollten alle Pflanzen überdies sorgfältig auf Befall durch Thripse überprüft werden, damit möglichst wenige von ihnen ihre Eier ablegen können. Dies gilt vor allem für Arten wie den Weihnachtsstern. Auch die Weiße Fliege kann während dieser Zeit zu einem Problem werden, weil sie ihre Eier auf der Erde ablegt und die daraus schlüpfenden Larven dann die Wurzeln auffressen und schädigen.

Krankheiten

Zimmerpflanzen müssen im Winter regelmäßig auf Wurzel- und Stammfäule überprüft werden, weil die Gefahr, daran zu erkranken, in dieser Jahreszeit besonders groß ist, insbesondere, wenn man die Pflanzen zu intensiv gießt. Sollte dies der Fall sein, dann muss sofort mit einem entsprechenden Fungizid vorgegangen werden, um eine ernste Pilzerkrankung zu verhindern. Als weitere Pflegemaßnahme sind die abgestorbenen Blätter und verwelkten Blüten unverzüglich zu entfernen, da sie ideale Nährböden für Pilze darstellen (z. B. *Botrytis*).

Neben einer aufmerksamen Kontrolle der Zimmerpflanzen empfiehlt es sich, schon vorbeugend ein geeignetes Fungizid einzusetzen, um das Ausbrechen von Krankheiten von vorneherein zu verhindern. Die Behandlung bereits erkrankter Pflanzen stellt immer ein großes Problem dar.

Auch der ebenfalls durch einen Pilz hervorgerufene Blattrost kann sich nun als problematisch erweisen, wenn man beim Gießen die Blätter weiterhin benetzt oder die Luftfeuchtigkeit des Raumes, in dem die Pflanze steht, nicht verringert.

Hinweise zur Benutzung des Nachschlageteils

Die Beschreibung der einzelnen Pflanzengattungen stellt den Hauptteil dieses Handbuchs dar. In ihm finden sich sämtliche Informationen, die für den Pflanzenfreund bei der Auswahl und Pflege einer Pflanze wichtig sind.

Steckbrief
Am Beginn jeder Beschreibung befindet sich seitlich eine Steckbriefleiste mit den wesentlichen Informationen in Kürze: die **Familienzugehörigkeit** der betreffenden Gattung, das **Aussehen** der Pflanze, deren Größe mit Angabe ihrer **Höhe** und ihres **Durchmessers** (variiert stark je nach Art), die **Blütezeit**, der ideale **Standort** (Licht) sowie der Wasserbedarf beim **Gießen** und der Schwierigkeitsgrad der **Pflege**.

Die Texte der einzelnen Beschreibungen liefern zunächst neben der Herkunft der jeweiligen Gattung auch eine kurze morphologische Beschreibung der Pflanze sowie folgende Kapitel:

Pflege
Jede Pflanzenart benötigt eine spezielle Behandlung, die je nach Jahreszeit variiert. Durch den Fettdruck wird die Zeitspanne hervorgehoben, während der besondere gärtnerische Sorgfalt angebracht ist.

Vermehrung
Dieses Kapitel gibt Hinweise, wie man die betreffende Pflanze am besten vermehren kann. Die dabei angewendeten Methoden der Vermehrung sind in der Einleitung dieses Bandes ausführlich beschrieben und illustriert.

Gefahren und Vorsichtsmaßnahmen
Fast alle Pflanzen leiden irgendwann einmal an einer Krankheit, wobei die möglichen Erkrankungen einer bestimmten Art hier genau aufgeführt werden. Auch die Gegenmaßnahmen werden an dieser Stelle kurz erwähnt. Eine ausführlichere Behandlung des Themas Krankheiten ist ebenfalls in der Einleitung zu finden.

Arten und Sorten
Jede Gattung besteht bis auf wenige Ausnahmen aus mehreren Arten. In diesem Kapitel sind die wichtigsten Arten jeder genannten Gattung kurz beschrieben. Dazu kommen noch die am weitesten verbreiteten Sorten jeder Art, die zumeist gezüchtet wurden, um bestimmte Besonderheiten in Wuchs oder Farbe zu optimieren bzw. um neue interessante Merkmale hervorzubringen.

Die Zimmer-
planzen

Schönmalve Abutilon

Familie
Malvaceae
(Malvenge-
wächse)

Aussehen
buschförmig

Wuchshöhe
bis 150 cm

Durchmesser
bis 120 cm

Blütezeit
Juni–Oktober

Standort
hell

Gießen
selten

Pflege
mittelschwer

Die Gattung Abutilon setzt sich aus über 100 Arten zusammen und stammt aus den tropischen und subtropischen Gebieten Südamerikas. Diese Art erreicht als Topfpflanze eine Höhe von 1,5 m. Die dünnen Zweige der Schönmalve tragen tief eingeschnittene, gelappte Blätter, die denen des Ahorns ähneln und bei manchen Sorten goldgelb gefleckt sind. Im Sommer zieren diesen Strauch zart glockenförmige, hängende Blüten in den Farben Gelb, Orange oder Rot. Abutilon kann in Gebieten mit warmem Klima auch im Freiland gezogen werden.

Pflege: Die Schönmalve sollte jedes Jahr im März/April umgetopft werden, wobei gute Blumenerde mit Düngezusatz zu verwenden ist. Im Frühling und Sommer benötigt sie viel Wasser, wobei die Erde stets feucht bleiben soll und nie gänzlich austrocknen darf. Während der heißen Jahreszeit empfiehlt es sich, die Blätter jeden Tag zu besprühen. Die Idealtemperatur des Standortes liegt zwischen 10 und 15 °C. Während der intensiven Wachstumsphase sollte die Pflanze auch regelmäßig gedüngt werden. Zu diesem Zweck kann man dem Gießwasser alle zwei Wochen etwas Flüssigdünger hinzufügen. Die Schönmalve bevorzugt einen sehr hellen Standort, darf jedoch nicht im direkten Sonnenlicht stehen. Da sie rasch wächst, sind im Frühjahr die kleinen Seitentriebe bis auf die Hälfte zurückzuschneiden und der Stamm ist zu stützen. Im Herbst und Winter verlangsamt sich das Wachstum. Am Beginn des Herbstes ist erneut ein Rückschnitt der Haupt- und Seitenäste auf die Hälfte notwendig, um die Astbildung und den Blattwuchs der Pflanze im nächsten Jahr zu fördern. Die Temperatur über den Winter muss mindestens 5 °C betragen.

Vermehrung: Die Vermehrung der Schönmalve erfolgt zwischen März und April durch Stecklinge. Mit einem scharfen Messer werden etwa 12 bis 15 cm lange Triebe abgeschnitten und in sandige Erde gesteckt. Danach kommen sie an einen warmen und luftigen Ort, wo sich nach ca. 2 Wochen die Wurzeln bilden. Jetzt kann man die Pflanzen in Töpfe mit einem Durchmesser von 7 cm einsetzen. Es gibt auch Abutilon-Samen zu kaufen, die im März/April etwa 6 mm tief in Aussaaterde eingegraben und bei einer Temperatur von 15 bis 20 °C zum Keimen gebracht werden.

Gefahren und Vorsichtsmaßnahmen: Die grüne Blattlaus ist der einzige ernst zu nehmende Schädling für die Schönmalve. Dieser Schmarotzer lässt sich jedoch mit einem Insektizid für Zimmerpflanzen relativ einfach bekämpfen. Zu radikales Zurückschneiden sollte vermieden werden, da die Pflanze darunter leiden kann. Dies darf nur im Frühling und im Herbst geschehen, wobei die Triebe etwa auf die Hälfte gekürzt werden.

Arten und Sorten: *Abutilon megapotamicum* weist Blüten mit gelben Blütenblättern und purpurfarbenen Staubblättern auf, die aus einem tiefroten, aufgeblasenen Kelch herausragen. *Abutilon pictum* „Thompsonii", eine aufrecht wachsende Kulturvarietät mit meist stark weiß gefleckten Blättern, benötigt einen sehr hellen Standort; ihre Blüten sind lachsfarben. *Abutilon savitzii* hat weiße Blätter und entwickelt zierliche apricotfarbene Hängeblüten. Die Blätter von *Abutilon vitifolium* sind grün und samtig und ihre Blüten flacher.

Eine Abutilon-Hybride mit typischen glockenförmigen Hängeblüten

Schiefteller   Achimenes

Achimenes ist eine kleine, buschige Pflanze mit leuchtenden Blättern und im Sommer farbenprächtigen, röhrenförmigen Blüten. Der Großteil der Achimenes-Arten stammt aus Zentralamerika. Die Blüten bilden sich in den Blattachseln der oberen Blätter, wo sie entweder einzeln oder in kleinen Gruppen zusammenstehen. Das Farbspektrum der Blüten reicht dabei von Weiß über Gelb, Rosa, Rot, Blau bis Purpurfarben. Die Blütezeit währt von Juli bis über den September hinaus. Die Blüten sind zwar kurzlebig, doch öffnen sich an der Pflanze immer wieder neue Knospen, eine Eigenschaft, die den Schiefteller zu einer idealen Zierpflanze macht. Bei einigen Sorten biegen sich die Zweige nach unten; sie sind dann als Ampelpflanze besonders attraktiv.

Pflege: Zu Frühlingsbeginn, im **März/April**, werden die Rhizome von jungen Achimenes-Pflanzen ca. 2,5 cm tief in gute Blumenerde auf Torfbasis eingesetzt. Um einen prächtigen Busch zu erhalten, empfiehlt es sich, pro 20-cm-Topf sechs bis acht Pflänzchen zu verwenden. Die Menge des Gießwassers ist mit fortschreitendem Wachstum allmählich zu erhöhen, da die Topferde, insbesondere im Sommer, stets feucht bleiben muss, aber sich keine Staunässe bilden darf. Zu Beginn der Wachstumsphase bevorzugt die Pflanze eine Temperatur von 15 bis 16 °C. Sie darf dann auch höheren Temperaturen ausgesetzt sein; die absolute Obergrenze ist 27 °C. Von Beginn der Knospenbildung an bis zum Ende der Blüte ist Achimenes alle zwei Wochen mit einem kaliumhaltigen Dünger zu düngen. An heißen Tagen muss die Pflanze besprüht werden, wobei die Blüten nicht benetzt werden dürfen. Um besonders buschige Pflanzen zu erzielen, kann man die jungen Triebe stutzen, indem man rund 2,5 cm lange Stücke von ihrer Spitze abschneidet, an der Schnittstelle bilden sich dann je zwei Triebe. Ab **September** nimmt die Zahl der Blütenknospen allmählich ab, folglich ist auch die Wassergabe zu reduzieren. Sind die Blätter verwelkt, so werden die Stämmchen bis auf Erdniveau zurückgeschnitten und das Gießen wird gänzlich eingestellt. Über den **Winter** kann man die Wurzelstöcke im Topf belassen oder sie in Torf oder trockenem Sand lagern.

Vermehrung: Jedes Rhizom des Schieftellers bildet gegen Ende des Sommers drei bis sechs Tochterrhizome aus. Das **Einpflanzen** dieser Stücke erfolgt am besten im folgenden Frühling, etwa im März, in Erde auf Torfbasis, der eine Hand voll grober Sand beigemengt wird. Man kann die Pflanze aber auch mithilfe von **Stecklingen** vermehren, die von Trieben ohne Blüten abgeschnitten werden. Dieser Vorgang geschieht zweckmäßig im April oder Anfang Mai.

Gefahren und Vorsichtsmaßnahmen: Zu viel Wasser beeinträchtigt die Blütenbildung. Direkte Sonneneinstrahlung und zu hohe Raumtemperaturen wirken sich ebenfalls negativ auf die Pflanze aus.

Arten: *Achimenes candida* ist eine langsam wachsende Art mit biegsamen, drahtigen Trieben und rauen, grünlichen Blättern mit gezähntem Rand. Sie entwickelt trichterförmige Blüten mit weißen und gelben Blütenblättern mit purpur gefleckter Trichtermündung und brauner Rückseite. Als größte Art gilt *Achimenes grandiflora*, die bis zu 60 cm hoch wird und deren grüne Stängel häufig rot gefleckt sind. Ihre Blätter sind oval, behaart und weisen einen gezähnten Rand und eine rötliche Unterseite auf. Die purpurroten Blüten verbreitern sich von einer röhrenförmigen Basis zu einer flachen, bis zu 5 cm breiten Blütenkrone. *Achimenes heterophyla* wird bis zu 30 cm groß und ihre 3 bis 4 cm breiten Einzelblüten ähneln denen von *A. grandiflora*. *Achimenes longiflora* hingegen eignet sich gut als Ampelpflanze, da ihre hängenden Triebe bis zu 30 cm Länge erreichen. Die kleinen ovalen Blätter dieser Art weisen einen gezähnten Rand und weiche Behaarung auf, während die an der Basis röhrenförmigen Blüten sich an der Spitze flach öffnen und blauviolett gefärbt sind.

Familie	Gesneriaceae (Gesneriengewächse)
Aussehen	buschförmig
Wuchshöhe	20–60 cm
Durchmesser	14–20 cm
Blütezeit	Juni–September
Standort	hell
Gießen	regelmäßig im Sommer, selten im Winter
Pflege	leicht

Im Sommer bietet Achimenes heterophylla *mit ihrer Masse an auffallend gefärbten, röhrenförmigen Blüten einen großartigen Anblick.*

Lanzenrosette *Aechmea*

Familie
Bromeliaceae
(Ananas-
gewächse)

Aussehen
rosettenförmig

Wuchshöhe
60 cm

Durchmesser
80 cm

Blütezeit
Sommer

Standort
hell

Gießen
reichlich

Pflege
leicht

Der Großteil aller Arten der Gattung Aechmea stammt aus Südamerika und gehört zu den Epiphyten, d. h. sie wachsen als Überpflanzen auf Bäumen der Regenwälder. Die Einzigartigkeit dieser Pflanzen besteht darin, dass sie nur einmal blühen und dann absterben. Gleichzeitig bilden sich aber Bodentriebe, sogenannte Kindel, aus denen neue Pflanzen heranwachsen. *Aechmea fasciata* besteht aus einer Rosette harter graugrüner Blätter, die in ihrer Mitte einen Trichter bilden, in dem das Regenwasser gesammelt wird. Am Ende des Wachstumszyklus wächst aus dem Zentrum der Rosette ein langer rosafarbener Blütenschaft empor, der einen großen rispenartigen Blütenstand von blauen Blüten trägt.

Pflege: Die zahlreichen Arten der Gattung Aechmea gedeihen bevorzugt in einer feuchten Atmosphäre und in sehr heller Umgebung, dürfen aber nicht direkt an der Sonne stehen. Die Zimmertemperatur sollte über 15 °C liegen. Im **Frühling** und im **Sommer** benötigt die Pflanze reichlich Wasser, wobei aber Staunässe zu vermeiden ist. Der Trichter der Blattrosette sollte jedoch stets mit Wasser gefüllt sein. Im Sommer ist dem Gießwasser alle zwei Wochen ein entsprechender Flüssigdünger beizumengen. Am Ende des Frühlings pflanzt man die Kindel der Lanzenrosette in Töpfe, in denen sich eine Mischung aus Torf, Lauberde, Kiefernnadeln und etwas Sand befindet. Auch während des **Herbstes** und **Winters** muss das Substrat feucht gehalten werden und der Trichter in der Mitte der Rosette immer mit Wasser gefüllt sein. Wenn im Spätwinter der Blütenstand zu welken beginnt, wird dieser mit einem scharfen Messer an der Basis abgeschnitten. Wenig später entwickeln sich bereits die ersten Kindel an der Basis der Mutterpflanze und während die jungen rasch wachsen, verwelkt die Mutterpflanze und stirbt schließlich ab.

Aechmea ramosa

Aechmea fasciata
*bildet eine Rosette
aus harten, geboge-
nen Blättern, deren
Rand gesägt ist.*

Vermehrung: Die Vereinzelung der Kindel stellt kein großes Problem dar. Man schneidet sie einfach vorsichtig an der Basis ab, wobei dies zu jeder Zeit des Jahres, am
besten aber im Frühling, geschehen kann, vorausgesetzt, sie sind kräftig genug.
Nachdem der Schnitt trocken ist, das dauert meist ein bis zwei Tage, können die
Schösslinge eingesetzt werden.

Gefahren und Vorsichtsmaßnahmen: Die Blätter der Lanzenrosette können durch
verschiedene Einflüsse Schaden erleiden, wobei beispielsweise zu trockene Luft vor
allem die Farben verbleichen lässt. In diesem Fall muss die Luftfeuchtigkeit in der
Umgebung der Pflanze erhöht werden, indem diese auf ein mit Wasser getränktes
Kiesbett gestellt wird. Darüber hinaus reagiert sie sowohl auf Zug als auch auf Kälte
sehr empfindlich. Die Temperatur sollte daher nie unter 13 °C sinken, ist das doch der
Fall, muss die Pflanze in einen wärmeren Raum gestellt werden.

Arten: *Aechmea chantinii* bildet eine offene Blattrosette mit großen, beidseitig
silbergrau gebänderten Blättern. Die Nachblätter des Blütenschafts sind orange,
die Blüten scharlachrot. Verglichen mit den anderen Aechmea-Arten benötigt sie
mehr Feuchtigkeit und eine höhere Zimmertemperatur, nämlich mindestens 18 °C.
Aechmea fasciata ähnelt der genannten Art sehr und zählt zu den häufigsten und
am leichtesten zu pflegenden Aechmeen. Ihr typisches Kennzeichen ist eine Rosette
aus bis zu 60 cm langen Blättern, die hart und lederartig, graugrün gefärbt und mit
weißer Bänderung sowie mit einem gesägten Rand versehen sind. Meist im August
treibt aus der Rosette ein Blütenschaft, zwischen dessen rosa Hochblättern, das
sind gefärbte kleine Blätter, zarte hellblaue Blüten hervorsprießen. Die Blüte überdauert rund vier Monate. *Aechmea fulgens* var. *discolor* ist eine Zierpflanze mit
lederartigen Blättern, die an der Oberseite olivgrün und an der Unterseite purpurrot
gefärbt sind. Der scharlachrote Blütenstand weist die Form einer Rispe auf, auf die
Blüte folgen ovale rote Früchte. Als seltenste Art gilt *Aechmea marmorata*, die aus
Südamerika stammt und eine Höhe von rund 50 bis 60 cm erreichen kann. Sie entwickelt grünblaue Blätter mit eher dunklen Flecken und einem rötlichen Blütenstand.

Schamblume Aeschynanthus

Familie Gesneriaceae (Gesneriengewächse)	
Aussehen herabhängend	
Wuchshöhe bis zu 60 cm	
Durchmesser bis zu 60 cm	
Blütezeit Juni–September	
Standort hell	
Gießen reichlich	
Pflege schwierig	

Die Schamblume stammt aus den tropischen und subtropischen Gebieten Asiens und gehört zu den Epyphyten, d. h. die Pflanzen wachsen nicht am Boden, sondern wurzeln auf den Ästen großer tropischer Bäume. Typisch für diese Pflanzen sind die zahlreichen langen, biegsamen Klettertriebe, an denen sich eirunde dunkelgrüne, harte und fleischige Blätter befinden. Die leuchtend rotgelben Blüten bilden sich im Sommer und sitzen in Büscheln vereint an den Triebenden.

Pflege: Aeschynanthus wird etwa alle drei Jahre im März umgetopft, wobei ein Substrat auf Torf- und Sphagnumbasis im Verhältnis 3:1 verwendet wird. Beim Gießen sollte die Wassermenge allmählich bis in den Sommer hinein gesteigert werden und während der heißen Jahreszeit sollte die Pflanze zusätzlich täglich besprüht werden. Vom **Frühling** bis in den **Herbst** hinein empfiehlt es sich, dem Gießwasser ab und zu etwas Flüssigdünger hinzuzufügen. Die Schamblume benötigt sehr viel Licht, darf aber nicht zu lange der direkten Sonneneinstrahlung ausgesetzt werden. Die ideale Temperatur liegt im Sommer zwischen 21 und 27 °C. Nach der Blütezeit können die Triebe auf ein Drittel ihrer Länge gekürzt werden. Im **Winter** darf nicht gedüngt und nur so viel gegossen werden, dass die Erde stets leicht angefeuchtet ist.

Vermehrung: Man vermehrt die Pflanze am besten im Frühling, indem von den Zweigen 5 bis 10 cm lange **Stecklinge** abgeschnitten werden. Jeder Steckling wird zunächst an der Schnittstelle mit einem pulverförmigen Bewurzelungshormon behandelt und dann in dieselbe Erde eingetopft, wie sie für die erwachsenen Pflanzen vorgesehen ist. Dazu kommt noch etwas grober Sand, um damit das Abrinnen des Wassers zu fördern. Für die Wurzelbildung ist eine Mindesttemperatur von 20 °C notwendig.

Gefahren und Vorsichtsmaßnahmen: Die Schamblume kann von Blatt- und Wollläusen befallen werden, wobei sich dann an den Blattunterseiten und -achseln die typischen Schadbilder zeigen. In diesem Fall sind diese mit wollartigen Wachsausscheidungen bedeckten Parasiten mit einem in denaturierten Alkohol (Brennspiritus) getauchten Pinsel zu bestreichen und dieser Vorgang ist nach einigen Wochen zu wiederholen. Die lästigen Schadinsekten müssten dann bald verschwunden sein.

Arten: Die scharlachroten Röhrenblüten von *Aeschynanthus javanensis* ragen aus einem seidigen Kelch und sind im Schlund leuchtend gelb gezeichnet. Ihre Blätter sind klein, leicht gezähnt, oval und dunkelgrün. *Aeschynanthus lobbianus* zeigt sich mit langen hängenden Zweigen und kleinen elliptischen, fleischigen dunkelgrünen Blättern. Ihre scharlachroten Röhrenblüten öffnen sich im Sommer und weisen einen cremig gelben Schlund auf. Wesentlich seltener als die genannten Arten ist hingegen *Aeschynanthus marmorata*, deren wachsige grüne Blätter an der Unterseite gelb gestreift sind und 8 bis 9 cm lang werden können. Die gelbgrünen Blüten zieren auch braune Flecken. *Aeschynanthus speciosus*, links auf dem Bild, gehört mit 35 cm Wuchshöhe zu den kleineren Arten und weist hellgrüne Blätter und leuchtend scharlachrote Blüten auf.

Alokasie Alocasia

Alokasien werden wegen ihrer großen, länglich pfeilförmigen Blätter, die auffallend geädert und häufig gefleckt sind, als dekorative Zimmerpflanzen geschätzt.

Diese Gattung umfasst rund 70 Arten, die alle aus den tropischen Wäldern Südostasiens stammen. Sie werden vor allem wegen ihrer dekorativen großen, länglich pfeilförmigen, olivgrünen Blätter und deren formschöner Äderung geschätzt. Der Größe und Form ihrer Blätter verdanken diese Pflanzen auch den Spitznamen „Elefantenohr". Die Blütenstände bilden eine für die Aronstabgewächse typische Scheide; die Pflanze ist jedoch sehr selten zum Blühen zu bringen.

Pflege: Beim Umsetzen in größere Töpfe kommen die Pflanzen in ein Substrat, das zu gleichen Teilen aus zerkleinerter Rinde, nährsalzreicher Erde und Sand besteht. Sie benötigen danach einen hellen Standort, dürfen aber nicht direkt in der Sonne stehen. Die erforderliche Mindestraumtemperatur liegt bei ca. 15 bis 18 °C, ideale Wachsbedingungen wären 20 bis 24 °C mit einer hohen Luftfeuchtigkeit. Im **Frühling**, zu Beginn der Vegetationsperiode, benötigt die Alokasie reichlich Wasser und alle drei bis vier Wochen eine entsprechende Dosis an Flüssigdünger. Im **Sommer** sollte man unbedingt darauf achten, dass die Erde stets feucht, jedoch nicht mit Wasser vollgesogen ist. Vergilbte Blätter sind regelmäßig zu entfernen, um dadurch das Wachstum neuer Blätter zu fördern. Mit **Winterbeginn** benötigt die Pflanze schließlich immer weniger Wasser und tritt dann allmählich in ihre Ruhephase ein. Zu diesem Zweck werden die Knollen an einem kühlen Ort in leicht feuchtem Sand bis zum nächsten Frühling gelagert, müssen dabei aber vor Frost geschützt sein.

Vermehrung: Zur Vermehrung teilt man im Frühling die **Wurzelstöcke** bzw. bei manchen Arten die **Knollen**, wobei darauf zu achten ist, dass jeder Teil über zumindest eine Knospe verfügt. Eventuelle Verletzungen müssen einige Zeit vernarben, indem sich ein leichter Callus bildet. Danach werden die geteilten Fortpflanzungskörper in gute Erde, vermischt mit Sand, eingesetzt. Solange sich keine Blätter gebildet haben, sind die Pflanzen nur mäßig zu gießen.

Gefahren und Vorsichtsmaßnahmen: Sollten sich auf der Blattunterseite entlang der Blattadern Schildläuse einfinden, so sind sie sofort mit einem in denaturiertem Alkohol getränkten Wattebausch zu betupfen und dann zu entfernen. Die Knollen dürfen während der kalten Jahreszeit nicht zu feucht gelagert werden, weil sich sonst leicht Schimmel bilden kann.

Arten: *Alocasia cuprea* bildet einen Wurzelstock und stammt aus Borneo und Malaysia. Ihre länglich eiförmigen, rund 60 cm langen Blätter stehen auf 60 bis 70 cm langen Blattstielen. Die dunkelgrüne Blattoberseite wird von einer dekorativen grünroten Blattaderung geprägt, die Blattunterseite ist hingegen violett. *Alocasia macrorrhiza*, die in der Natur 4 bis 5 m hoch werden kann, zählt zu den größeren Arten dieser Gattung; ihre breiten, glänzenden, eiförmigen grünen Blätter weisen eine hellere Äderung auf und stehen auf bis zu 2 m langen Blattstielen. *Alocasia sanderiana* stammt von den Philippinen und weist herrliche dunkelgrüne, pfeilförmige Blätter mit metallisch glänzender Äderung und einem gewellten oder gelappten silbrigen Rand auf.

Familie	Araceae (Aronstabgewächse)
Aussehen	Staude
Wuchshöhe	100–200 cm
Durchmesser	100–200 cm
Blütezeit	ganzjährig (selten im Topf)
Standort	indirektes Licht
Gießen	reichlich
Pflege	leicht

Aloe Aloe

Familie	Liliaceae (Liliengewächse)
Aussehen	rosettenförmig
Wuchshöhe	10–60 cm
Durchmesser	bis zu 100 cm
Blütezeit	März–April
Standort	hell
Gießen	selten
Pflege	leicht

Die Aloe-Arten zählen zu den prächtigsten Sukkulenten, d. h. sie können in ihren fleischigen Blättern Wasser zum Überleben in Trockenperioden speichern. In Gebieten mit heißem Klima können diese Arten dauernd im Freien gehalten werden, während sie in kälteren Zonen den Winter nur im Haus überleben. Während des Sommers kann man die Aloe jedoch auch hier in den Garten stellen. Die meisten Aloe-Arten stammen aus Afrika, Madagaskar und Arabien. Sie weisen fleischige und dicke Blätter auf und fast alle bilden eine stammlose Rosette aus schmalen Blättern, die dornig oder gezähnt sein können. Je nach Art entwickelt sich zwischen März und September ein langer, dünner Blütenschaft, an dessen Spitze viele röhrenförmige oder glockenförmige Blüten hängen.

Pflege: Aloen müssen jedes Jahr im **Frühling** umgetopft werden, hierzu wird jedesmal ein etwas größerer Topf mit sehr sandiger Erde auf Torfbasis verwendet. Dabei ist unbedingt darauf zu achten, dass die Pflanze im neuen Topf immer wieder in derselben Tiefe eingesetzt wird. Damit das Wasser gut abrinnen kann, sollten zuvor einige Tonscherben über die Abflussöffnung im Topf gelegt und anschließend mit einer dünnen Kiesschicht bedeckt werden. Im **Frühling** und **Sommer** benötigen die Pflanzen einen hellen und kühlen Standort, ohne dabei jedoch im Zug und in der Sonne zu stehen. Nur Arten mit glänzenden Blättern ertragen direktes Sonnenlicht, ohne dadurch Schäden zu erleiden. Die Pflanzen müssen mit Maßen, aber regelmäßig gegossen werden, dabei darf sich am Grund der fleischigen Blätter niemals Staunässe bilden, weil das die Schimmelbildung fördert. Von April bis September genügt monatliches Düngen mit einem guten Flüssigdünger. Vom **Herbst** bis zum **Winter** wird das Gießen schrittweise vermindert und dann ganz eingestellt. Die Pflanze benötigt aber auch dann genügend Licht und etwas Sonne. Im Frühling ist wieder allmählich mit ausgiebigerem Gießen zu beginnen.

Vermehrung: Die Aussaat von Aloe-**Samen** erfolgt zwischen Februar und April, wobei sich eine Saatschüssel mit sandiger und trockener Saaterde bestens eignet. Die Saatschüssel wird anschließend an einen halbschattigen Ort gebracht, wo die Erde bei 21 °C stets leicht feucht gehalten werden muss. Zur Vermehrung kann man aber auch Schösslinge der Pflanze verwenden, die man im Spätfrühling abschneidet und einzeln in sandige Erde einsetzt. Nachdem diese sich bewurzelt haben, sind sie wie erwachsene Pflanzen zu behandeln.

Aloe vera, *mit einer kompakten Rosette aus fleischigen Blättern*

Gefahren und Vorsichtsmaßnahmen: Sinkt die Umgebungstemperatur der Pflanze unter 10 °C, beginnen die Wurzeln zu schimmeln, und zwar vor allem, wenn das Erdreich zu feucht ist. Die Pflanze kann jedoch zumeist gerettet werden, indem man sie rasch an einen möglichst warmen und hellen Ort bringt. Gelegentlich kommt es zum Befall durch die Rote Spinne. In diesem Fall wird die Pflanze zuerst an einen luftigeren Ort gestellt und dann mit einem Pflanzenschutzmittel für Sukkulenten besprüht. Bemerkt man an den Blättern Schildläuse, so sind diese entweder mit einem Pinsel zu betupfen, der zuvor in denaturierten Alkohol getaucht wurde, oder mit entsprechenden Pflanzenschutzmitteln zu besprühen. Beim Umtopfen der Pflanze ist genau darauf zu achten, dass sich an den Wurzeln keine Wurzelläuse aufhalten.

Arten und Sorten: *Aloe arborescens* (syn. *Aloe arborea*) erreicht eine beträchtliche Höhe, weshalb sich als Zimmerpflanzen nur junge Exemplare eignen. Diese Art bildet einen hohen, verholzten und kahlen Stamm sowie eine Rosette aus wechselständigen Blättern mit gezähnten Rändern. Ihr Blütenschaft trägt im Mai/Juni zahlreiche hellrote Blüten. *Aloe aristata* entwickelt dunkelgrüne fleischige Blätter, die eine kugelige Rosette bilden. Sie weisen eine harte und scharfe Spitze und schmale Ränder auf und sind mit weißen, reihenförmig angeordneten Höckern besetzt. Auf dem bis zu 30 cm langen Blütenschaft erscheinen von Mai bis Juni orangerote Blüten. *Aloe aristata* gehört zu den mäßig winterharten Arten, die auch im Freien an einer geschützten Stelle überleben können. *Aloe striata* kann bis zu 60 cm hoch werden und besticht durch ihre länglich dreieckigen, gestreiften und gesprenkelten hellgrünen oder rötlichen Blätter und ihre traubenförmigen orangeroten Blütenstände im Sommer. *Aloe variegata* stammt aus Südafrika und entwickelt harte, aufrecht wachsende Blätter, die dachziegelartig übereinander stehen und zum größten Teil von einer deutlichen Längsrippe durchzogen werden. Sie sind dunkelgrün gefärbt, 30 cm lang und an der Oberfläche gestreift oder unregelmäßig weiß gefleckt. Im März/April bildet sich ein 30 cm langer, traubenartiger Blütenstand, der sich aus rosafarbenen oder scharlachroten Röhrenblüten zusammensetzt. ,,**Sabra**'' ist eine zierliche Miniaturvarietät dieser Art. Von August bis September entwickelt diese Sorte eine wahre Pracht an zierlichen glockenförmigen und rosafarbenen Blüten. Dabei entwickeln sich an jeder Pflanze häufig zwei oder mehr Blütenstände. Die Blattrosette besteht aus rund 15 dunkelgrünen, dünnen und langen fleischigen Blättern, die weiße Flecken und kleine Warzen aufweisen. *Aloe vera* (syn. *Aloe barbadensis)* ist eine Art, der Heilkräfte nachgesagt werden. Ihre kompakte Rosette setzt sich aus dunklen, graugrün gefärbten, anfangs gefleckten Blättern zusammen, die rund 45 cm lang werden und sehr fleischig sind. Der Blütenschaft erreicht eine Höhe von 90 cm und trägt gelbe Blüten.

Drei Blütenstände von Aloe striata

Ananas Ananas

Familie	Bromeliaceae (Ananasgewächse)
Aussehen	rosettenförmig
Wuchshöhe	45–150 cm
Durchmesser	20–50 cm
Blütezeit	Sommer
Standort	hell
Gießen	mittelmäßig
Pflege	mittelschwer

Die Ananas-Pflanze stammt aus Brasilien und ist wegen ihrer großen, wohlschmeckenden Früchte allgemein bekannt. Als Zimmerpflanze finden üblicherweise nur kleinere Arten und Varietäten Verwendung. Im Topf bringen die Pflanzen allerdings nur kleine Früchte hervor, die dann als Dekoration dienen. Die Ananas-Pflanze bildet eine breite Rosette aus dicht stehenden harten und gekrümmten Blättern. Aus ihrer Mitte erhebt sich zur Blütezeit der Blütenschaft mit einem Blütenstand aus rot gefärbten Blüten. Sie blüht wie alle Bromelien nur ein einziges Mal und stirbt dann unter Bildung von Sprösslingen (Kindel) ab.

Pflege: Die Ananas-Pflanze bildet tief reichende Wurzeln aus, weshalb sie nur etwa alle zwei Jahre umgetopft werden soll. Das geeignete Substrat besteht aus je zwei Teilen Erde und einem Teil Torf sowie Sand und muss gut wasserdurchlässig sein. Bei sehr hoch gewachsenen Exemplaren empfiehlt es sich, den Topf an der Basis mit einer Schicht von Steinen zu beschweren. Im **Frühling** und im **Sommer** muss man die Pflanze regelmäßig gießen, ohne sie dabei jedoch zu „ertränken". An sehr heißen Tagen sind die Blätter außerdem regelmäßig zu besprühen und der Topf sollte auf einem Untersetzer mit feuchtem Kiesbett stehen. Zierananas benötigen viel Licht für die Ausbildung der rosa Färbung ihrer Hochblätter oder am besten einen Standort direkt an der Sonne. Die ideale Raumtemperatur für diese Pflanzen liegt bei über 15 °C. Von Ende **März** bis **Oktober** sind die Pflanzen alle drei bis vier Wochen mit Flüssigdünger zu düngen. Im Winter verlangsamt sich das Wachstum der Pflanze etwas, weshalb man seltener gießen und nur alle acht Wochen düngen sollte. Die Pflanze darf nicht an einem Ort mit zu trockener Luft stehen, weil die Blätter sonst ihre Vitalität verlieren können.

Vermehrung: Die **Schösslinge** (Kindel), die sich unten an der Mutterpflanze bilden, werden zuerst von dieser gelöst, dann einzeln in Töpfe gepflanzt und an einem sonnigen, warmen Platz aufgestellt. Nach etwa zwei Jahren können sie bereits blühen. Man kann diese Art aber auch mit dem **Blattschopf** von der Spitze der Frucht vermehren. Er wird von einer großen und gesunden Ananas-Frucht sorgfältig

Ananas bracteus

herausgeschnitten und in ein mit Wasser gefülltes Gefäß gegeben, wobei die untersten Blätter zuvor entfernt werden müssen. Dabei ist darauf zu achten, dass der untere Teil des Stecklings nur ganz knapp unter die Wasseroberfläche eintaucht und sie sich stets auf demselben Niveau befindet. Nach ein bis zwei Wochen haben sich Wurzeln gebildet. Sobald sie eine Länge von rund 2 cm erreicht haben, kann die Pflanze eingetopft werden. Eine andere Bewurzelungsmethode besteht darin, den Blattschopf an der Schnittstelle fünf bis sechs Tage antrocknen zu lassen. Ist dies geschehen, wird der Steckling auf, aber nicht in feuchte Erde gelegt, gut befeuchtet und an einem hellen Platz bei einer Temperatur von 21 bis 23 °C aufgestellt, bis er sich bewurzelt hat.

Gefahren und Vorsichtsmaßnahmen: Sämtliche Ananas-Arten zeigen so gut wie nie Probleme mit Erkrankungen und sind daher leicht zu halten. Sollte man auf den Blättern Schildläuse entdecken, so sind sie mit einem in Alkohol getränkten Watte- bausch wegzuwischen. Man kann die Pflanze aber auch mit einem entsprechenden Insektizid gegen diese Parasiten behandeln.

Arten und Sorten: *Ananas ananasoides* ,,Nanas" stellt eine schöne Zwergform der Ananaspflanze dar, die jedoch nur ungenießbare, harte und dunkelgrün gefärbte Früchte hervorbringt. Ihre Blätter sind gebogen, dunkelgrün und werden ca. 45 cm lang. *Ananas bracteatus* braucht etwa acht Jahre, um 1 m Höhe zu erreichen. Ab und zu bilden sich bei dieser Art lavendelfarbene Blüten, aus denen sich große, braun gefärbte, essbare Früchte entwickeln. Die Varietät ,,Striatus" ist mit ihren breiten, dunkelgrünen und cremegelb gerandeten Blättern mit roten Stacheln ein sehr dekorativer Anblick; sie wird auch als ,,tricolor" bezeichnet. *Ananas comosus* (syn. *Ananas sativus*) ist die Art, die in den Tropen wegen ihrer köstlichen Früchte groß- flächig angebaut wird. Ihre schwertförmigen Blätter mit stacheligem Rand errei- chen Längen von bis zu 1 m. Die interessanteste Ziervarietät der Ananas-Pflanze stellt zwei- fellos *Ananas comosus* ,,Variegatas" dar, deren Blätter nur bis zu 90 cm lang werden und panaschiert sind.

Eine panaschierte Varietät von Ananas comosus, *deren Stammform in tropischen Ländern wegen ihrer delikaten Früchte in riesigen Plantagen kultiviert wird.*

Flamingoblume Anthurium

Familie	Araceae (Aronstabgewächse)
Aussehen	krautige Staude
Wuchshöhe	45–150 cm
Durchmesser	25–50 cm
Blütezeit	Sommer
Standort	hell
Gießen	mittelmäßig
Pflege	mittelschwer

Die Gattungen der Aronstabgewächse, der auch die Flamingoblume angehört, sind vorwiegend in Südamerika beheimatet und fallen vor allem wegen ihrer charakteristischen Blütenstände auf. Sie bestehen aus einem kleinen, ährenförmigen Blütenkolben (Spadix), der von einer lebhaft gefärbten Blütenscheide (Spatha), einem umgewandelten Hochblatt, umgeben ist. Gewöhnlich blüht Anthurium nur während des Sommers, manche Arten können aber auch ganzjährig blühen, sofern sie bei einer konstanten Temperatur von 21 bis 27 °C gehalten werden.

Pflege: Die Flamingoblume wird etwa alle zwei Jahre im **März** umgetopft, wobei ein Substrat aus drei Teilen Torf und einem Teil Torfmoos, vermischt mit einigen Stücken Holzkohle dafür am besten geeignet ist. Von **April** bis **September** sollte die Pflanze wöchentlich ein- bis zweimal mit einem Flüssigdünger gedüngt werden. Falls die Blüten zu schwer werden, um aufrecht zu stehen, müssen sie gestützt werden. Die Blätter von Anthurium sollten außerdem regelmäßig mit einem feuchten Schwamm gereinigt werden. Im Frühling und im Sommer benötigt Anthurium reichlich Wasser; es sollte möglichst mit Regenwasser gegossen werden. Das Substrat darf nie völlig austrocknen. Anthurium benötigt einen hellen Standort, aber nicht direkt in der Sonne, wobei heller Halbschatten ideal ist. Der Topf wird zur Erhöhung der Luftfeuchtigkeit auf einen mit nassem Kies gefüllten Untersetzer gestellt, an sehr heißen Tagen empfiehlt es sich, die Pflanzen zusätzlich zweimal täglich zu besprühen. Im **Sommer** bevorzugt die Flamingoblume Temperaturen um 27 °C, während die Temperatur im **Herbst** und **Winter** nie unter 15 °C fallen darf. Beim Gießen ist darauf zu achten, dass die Erde stets leicht feucht bleibt. Mit erneuter Düngung darf erst im Frühjahr wieder begonnen werden. Auch während der Wintermonate sollte die Pflanze vor direkter Sonneneinstrahlung geschützt stehen, ohne dabei ganz beschattet zu sein.

Anthurium fällt durch seine leuchtenden Blütenstände auf, die sich aus einem Blütenkolben und einer Blütenscheide zusammensetzen. Das Bild zeigt ein Exemplar von Anthurium andreanum *„Champion".*

Vermehrung: Die Vermehrung von Anthurium über **Samen** ist nicht leicht durchzuführen, weil sie schwer erhältlich sind und zur Keimung erhöhte Temperatur und Luftfeuchtigkeit benötigen. Zu Beginn des Frühlings werden die Samen in eine Kiste mit derselben Erde, wie sie für erwachsene Pflanzen geeignet ist, gesät und dann bei ca. 24 °C an einen schattigen Ort gestellt. Im Februar/März lassen sich erwachsene Pflanzen auch durch **Teilen** vermehren, wobei dazu ein scharfes und sauberes Messer nötig ist. Die Pflanze ist dabei so zu trennen, dass jeder Teil einige Wurzeln und zumindest eine Knospe aufweist. Die Teile selbst benötigen dann eine Temperatur von ca. 22 °C. Der Teilungsvorgang birgt immer gewisse Risiken, weil sich die Pflanzen vom Trennungsschock manchmal nicht erholen. Eine Teilung sollte also nur dann durchgeführt werden, wenn man über kräftige und ausreichend große Anthurien verfügt.

Charakteristisch für den Blütenstand von Anthurium andreanum *sind eine korallenrote Spatha (Blütenscheide) und eine cremegelbe Spadix (Blütenkolben).*

Gefahren und Vorsichtsmaßnahmen: Der schlimmste Feind der Flamingoblume ist die Wolllaus, die man als flockige weiße Bällchen an der Blattunterseite leicht erkennen kann. Stellt man einen Befall fest, sollten diese Schmarotzer mit einem Pinsel, der zuvor in denaturierten Alkohol getaucht wurde, betupft werden. Blattläuse können Blüten, Blätter und vor allem die grünen Knospen der Pflanze befallen und sie mit ihren Ausscheidungen völlig verkleben. Hier hilft ein Insektizid für Zimmerpflanzen. Ein luftiger Standort und übermäßiges oder zu sparsames Gießen schaden dieser Pflanze ebenfalls, ihre Blätter können dann gelb werden und vertrocknen. In diesem Fall ist die Pflanze an einen geschützten Ort zu stellen, wo sie sich erholen kann. Sollten sich die Blüten nicht öffnen oder die Blüte überhaupt ausbleiben, wurde die Pflanze nicht genügend gedüngt.

Arten und Sorten: *Anthurium andreanum* trägt langstielige, nach oben gerichtete dunkelgrüne und herzförmige Blätter. Ihre wachsartige, cremegelbe oder korallenrote Spatha wird bis zu 12 cm lang und 7 cm breit und umgibt einen weißen oder gelben Blütenstand, die Spadix. Die Varietät „Album" bildet eine weiße Spatha mit hängendem Spadix, der an der Spitze gelb, in der Mitte hell purpurrot und an der Basis weiß gefärbt ist. „Giganteum" hingegen zeigt eine wunderschöne, leicht rötliche Spatha mit weißgelber Spadix. „Guatemala" wiederum entwickelt wachsartig glänzende, cremeweiße Blütenscheiden mit dünnen, gelb gefärbten Blütenkolben. Die Art *Anthurium crystallinum* wird wegen ihrer breiten, herzförmigen, leicht samtigen Blätter kultiviert, deren silbrige Äderung sich reizvoll von der grünen Grundfarbe des Blattes abhebt. *Anthurium scherzerianum* zeigt scharlachrote, längliche und glänzende Blütenscheiden, die 7 bis 10 cm lang werden. Ihre glänzenden grünen Blätter sitzen auf kurzen und biegsamen Stielen. *Anthurium veitchii* ist eine sehr schöne Art mit blaugrün gefärbten und sehr breiten herzförmigen Blättern, die bis zu 90 cm lang werden. Ihre Äderung verläuft in tiefen Furchen, wobei die Mittelrippe etwas heller gefärbt ist. Die Blütenscheiden dieser Art sind gelbgrün gefärbt. *Anthurium warocqueanum* weist lange grünlich gefärbte und samtige Blätter auf, die rund 90 cm lang werden und eine elfenbeinfarbene Äderung aufweisen. Die Spatha dieser Art ist gelbgrün gefärbt.

Glanzkölbchen Aphelandra

Familie	Acanthaceae (Akanthusgewächse)
Aussehen	buschig
Wuchshöhe	30–70 cm
Durchmesser	20–40 cm
Blütezeit	Juni–September
Standort	hell
Gießen	regelmäßig
Pflege	leicht

Aphelandra stammt aus Zentral- und Südamerika und wächst dort als kräftiger, aufrechter Strauch. Die Art gedeiht und blüht leicht, wenn sie das ganze Jahr hindurch über genügend Wärme, feuchte Erde und Luft sowie gute Lichtverhältnisse verfügt. Im Sommer bilden sich an der Spitze der Triebe Blütenstände von 5 bis 10 cm langen, pyramidenartigen Ähren, die sich aus steifen, leuchtend gelben Hochblättern und Blüten zusammensetzen. Die Blüten welken relativ rasch, die Deckblätter halten jedoch mehrere Monate.

Pflege: Aphelandra sollte im Februar zurückgeschnitten werden, wenn die Triebe schon zu lang geworden sind, wobei dieser Vorgang recht energisch durchzuführen ist. Im **Frühling** und **Sommer** ist es wichtig, die Pflanze regelmäßig zu gießen. Sollte die Raumtemperatur 24 °C übersteigen, sind die Blätter häufig zu besprühen und man stellt den Topf dann auf einen Untersetzer mit einem feuchten Kiesbett. Eine andere Befeuchtungsmethode besteht darin, den Topf in ein größeres Gefäß zu stellen, das mit Torf gefüllt ist, welcher stets feucht gehalten wird. Im **Sommer** benötigt die Pflanze eine Temperatur von 21 bis 27 °C und viel Licht, darf aber nicht direkt in der Sonne oder in Zugluft stehen. Während der Sommermonate ist alle zwei Wochen zu düngen. Das fördert die Entwicklung neuer, kräftiger Blätter und Blüten. Setzt die Pflanze zum Blühen an, ist dem Gießwasser regelmäßig ein Schuss Flüssigdünger beizumengen. Abgeblühte Teile sind sofort zu entfernen. Im **Herbst** und **Winter** braucht Aphelandra nur wenig Wasser. Sie benötigt aber auch in dieser Zeit viel Licht und sollte nur dann wieder gedüngt werden, wenn die Temperaturen 23 °C erreichen oder übersteigen. Auch jetzt darf sie nicht in Zugluft stehen und die Temperatur darf 18 °C niemals unterschreiten.

Vermehrung: Glanzkölbchen lassen sich im Frühling sehr leicht durch **Stecklinge** vermehren. Die 9 bis 10 cm langen Stecklinge werden von Trieben abgeschnitten, die noch keine Blüten getragen haben. Die Schnittstelle wird in ein Pulver aus Bewurzelungshormon getaucht und dann in eine Mischung aus Sand und Torf zu gleichen Teilen gepflanzt. Zur sicheren Wurzelbildung sollte über den Topf ein durchsichtiges Plastiksäckchen gestülpt werden. Nachdem sich Wurzeln gebildet haben, werden die Stecklinge in Töpfe mit 6 bis 7 cm Durchmesser verpflanzt. Aphelandra sollte rechtzeitig vermehrt werden, weil erwachsene Pflanzen rasch altern.

Gefahren und Vorsichtsmaßnahmen: Gelegentlich befallen Blattläuse die Blätter und Blüten von Aphelandra. Diese lassen sich durch ein Insektizid für Zimmerpflanzen entfernen. Werden die Pflanzen zu wenig gegossen, können sie die Blätter verlieren, wobei dies auch dann eintritt, wenn die Temperaturen zu tief oder die Lichtverhältnisse ungünstig sind.

Arten und Sorten: *Aphelandra aurantiaca* entwickelt ovale grüne Blätter mit silbergrauer Äderung und schöne Blütenstände mit gelborangen Hochblättern und scharlachroten Blüten mit orangefarbigem Schlund.

Aphelandra chamissoniana bildet hingegen eng beieinander stehende, dünne und spitz auslaufende Blätter mit silbriger Blattäderung aus. Die Hochblätter sind gelb mit grünen Spitzen, die Blüten hellgelb gefärbt. *Aphelandra squarrosa* (Bild links) fällt durch dunkelgrüne, weiß geäderte Blätter auf. Die gelb gefärbten Blütenstände halten von Juni bis September. Die Varietät ,,Dania'' zeichnet sich durch ihre hellgrünen Blätter mit ausgeprägter weißer Nervatur aus; sie erreicht eine Höhe von 70 cm. Die Varietät ,,Louisae'' entwickelt sehr fleischige Triebe und Wurzeln, glänzend dunkelgrüne Blätter und gelbe rot gefleckte Deckblätter.

Schlangen- oder Peitschenkaktus Aporocactus

Die Blüten von Aporocactus flagel-liformis *entwickeln sich von April bis Juni und halten einige Tage lang.*

Die wenigen Arten dieser Kakteengattung stammen aus Mexiko bzw. Zentralamerika. Ihre kriechenden Stämmchen sehen sehr typisch aus; werden bis zu 90 cm lang, sind fleischig und biegsam sowie grünbraun gefärbt und mit kleinen Wülsten bedeckt. Sie werden Areolen genannt und sind mit Gruppen von 15 bis 20 kurzen, sehr dünnen, rötlich braun gefärbten haarartigen Stacheln versehen. Der Schlangenkaktus bildet im April/Mai zahlreiche rosa bis karmesinrote Blüten, die trompetenförmig sind. Die Blühphase hält etwa zwei Monate an, wobei jede einzelne Blüte rund eine Woche hält. Diese Kakteen können in Töpfen kultiviert werden, eignen sich aber aufgrund der Länge ihrer hängenden Stämmchen besonders für Ampeln.

Familie
Cactaceae
(Kakteen)

Aussehen
kriechende
Kaktee

Wuchshöhe
90 cm

Durchmesser
30 cm

Blütezeit
April–Mai

Standort
hell

Gießen
wenig

Pflege
leicht

Pflege: Aporocactus wächst rasch und sollte jedes Jahr, am besten zu Frühlingsbeginn, umgetopft werden, um so neue Nährstoffe zu bekommen. Im **Frühling** und **Sommer** benötigt diese Pflanze nur wenig, aber regelmäßiges Gießen, sodass die Erde stets leicht feucht bleibt. Überschüssiges Wasser im Übertopf muss entfernt werden. Sobald sich auf der Pflanze die ersten Knospen zeigen, wird dem Gießwasser ein Flüssigdünger mit hohem Kaliumgehalt hinzugefügt. Kalium fördert nämlich die Blühfreudigkeit. Wenn die Temperaturen nicht zu hoch sind, kann diese Kaktee in der Sonne stehen, sonst benötigt sie eher einen hellen Standplatz. Im **Herbst** und **Winter** darf die Pflanze nicht gedüngt werden und ist fast trocken zu halten. Die Überwinterungstemperaturen können recht tief sein, dürfen aber nie unter 5 °C fallen.

Vermehrung: Für die **Stecklingsgewinnung** schneidet man ein bis zwei der längsten Stämmchen ab und teilt sie in rund 7 cm lange Stücke. Alte Schnittflächen müssen dann einige Tage trocknen und erst nach rund einer Woche können die einzelnen Stecklinge in der richtigen Wachsrichtung eingepflanzt werden. Zu diesem Zweck empfiehlt sich feuchte Aussaaterde, in die man die Stecklinge rund 2 cm tief hineindrückt. Dann kommen sie an einen luftigen, hellen Ort, wo sie bei rund 21 °C Wurzeln entwickeln. Damit die Stecklinge nicht umfallen, sollte man sie stützen. Nach zwei oder drei Wochen, wenn sie bereits kräftig bewurzelt sind, können die Jungpflanzen dann in dieselbe Erde wie für erwachsene Kakteen eingepflanzt werden.

Gefahren und Vorsichtsmaßnahmen: Unabhängig von der Jahreszeit beginnen bei zu intensivem Gießen zuerst die Wurzeln und dann auch die Stämmchen zu faulen. Im Winter dürfen die Temperaturen nicht zu tief fallen und die Kakteen kaum noch gegossen werden.

Arten: *Aporocactus flagelliformis* entwickelt kriechende Stämmchen von 45 bis 90 cm Länge. Seine schön gefärbten Blüten bilden sich im April/Mai und halten mehrere Tage. Hybriden, die durch Kreuzungen zwischen Aporocactus und Epiphyllum entstanden sind, zeigen Blüten in den verschiedensten Farben von Rosa bis Rot. *Aporocactus flagriformis* bildet gelbrote Knospen, aus denen sich 8 bis 9 cm lange, scharlachrot gefärbte und violett gesäumte Hängeblüten entwickeln. *Aporocactus mallisonii* bildet pro Stämmchen bis zu 20 Blüten aus, die bis zu 7 cm lang werden und leuchtend rot gefärbt sind. *Aporocactus martianus* (syn. *Aporocactus conzattii*) besteht aus hängenden oder kriechenden Stämmen, die bis zu 90 cm lang werden können. Im Frühling trägt diese Art zahlreiche mehr als 10 cm lange und 6 cm breite, dunkelrosa bis leuchtend rot gefärbte Blüten. Die inneren Blütenblätter weisen purpurrote Ränder auf.

Aralie, Japanischer Angelikabaum

Aralia

Familie	Araliaceae (Araliengewächse)
Aussehen	strauch- oder baumartig
Wuchshöhe	200–300 cm
Durchmesser	100–200 cm
Blütezeit	Sommer
Standort	Halbschatten
Gießen	selten
Pflege	leicht

Die Gattung Aralia umfasst rund 40 entweder Laub abwerfende oder immergrüne sowie kräftige und auch zierliche Arten, die in Nordamerika, Asien, dem Malaiischen Archipel und in Australien beheimatet sind. Die Blätter der verschiedenen Arten sind wechselständig gelappt oder einfach bis dreifach gefiedert und ihre Blattstiele mit Stacheln oder Dornen versehen. Während der Blütezeit bilden sich kleine weiße Blüten, die sich zu Dolden vereinen. Aus den Blüten entwickeln sich schwarze Steinfrüchte, ein Vorgang, der jedoch bei Zimmerpflanzen nur selten vorkommt.

Pflege: Im Frühjahr oder Sommer wird Aralia in einen nicht zu großen Topf eingepflanzt. Durch eine Schicht Tonscherben an dessen Basis wird dafür gesorgt, dass das Gießwasser gut abrinnen kann. Nimmt man die Pflanze aus ihrem alten Topf, so ist darauf zu achten, dass die Blätter keinen Schaden nehmen. Die frische Erde wird dann zuletzt rund um die Wurzeln gut festgedrückt, nachdem die Pflanze in eine senkrechte Position gebracht wurde. Sie muss nun regelmäßig, mindestens zwei- bis dreimal wöchentlich, gegossen und während der Vegetationsphase auch gedüngt werden.

Aralia poliscias „*Guilfoylii*"

Rechte Seite:
Zwei weitere Hybriden von Aralia poliscias *(oben und unten links),* Aralia kerchoveana *(oben rechts) und* Aralia reginae *(unten rechts)*

Im **Herbst** und **Winte**r sind sämtliche verwelkte Blätter zu entfernen und die Pflanze ist an einen vor Kälte und Luftzug geschützten Ort zu bringen. Sie benötigt nur sporadisch Wasser, wobei man ihre Blätter gelegentlich jedoch mit Regenwasser oder abgekochtem Leitungswasser besprühen sollte.

Vermehrung: Im Frühling lassen sich Aralien durch **Samen** oder **Wurzelstocksteck-linge** vermehren. Zu diesem Zweck eignen sich aber auch die Schösslinge vom Ansatz der Mutterpflanze, die aber über Wurzeln verfügen sollten.

Gefahren und Vorsichtsmaßnahmen: Aralia wird gelegentlich von Schildläusen befal-len, die am besten mit Paraffinöl oder phosphorhaltigen Insektiziden, z. B. Sumit-hion, zu bekämpfen sind. Bei bestimmten mikroklimatischen Bedingungen leidet die Pflanze ist unter einer bestimmten Schmarotzermilbe *(Metategranycus ulmi)*, deren Schadbild sich in gelb verfärbten Blättern äußert. Dagegen helfen allein spezielle milbentötende Akarizide.

Arten und Sorten: *Aralia elata* stammt aus Asien und erreicht in der Natur mittlere Baumgrößen. Ihre starken Äste sind häufig bewehrt, die zusammengesetzten Blätter werden 90 bis 120 cm lang und 60 cm breit. Im Juli und August bilden sich kleine weiße, in großen Blütenständen vereinte Blüten. Diese Art eignet sich beson-ders gut als Topfpflanze und kann bei guter Pflege recht alt werden. Die Kulturvarie-tät „Aureovariegata" entwickelt im Frühling Blättchen mit unregelmäßigen goldfar-benen Rändern. Zu Sommerende ähnelt sie in ihrem Aussehen der Sorte *Aralia elata* „Variegata", mit gefleckten und grauweiß gerandeten Blättchen, die gelegentlich auch „Albomarginata"genannt wird. *Aralia japonica*, die aus Japan und Südost-asien stammt, wird heute als *Fatsia japonica* geführt. *Aralia spinosa* ist ein dorniger Strauch amerikanischer Herkunft, der 2 bis 3 m hoch werden kann und mit seinen großen Blättern und dornigen Ästen einen eher ungewöhnlichen Anblick für eine subtropische Art bietet. Der Stamm entwickelt sich sehr kräftig, die Blätter sind doppelt gefiedert und im Allgemeinen an der Blattoberseite stachelig, an der Blatt-unterseite jedoch glatt. Im Juli/August wachsen zahllose Blüten, die eine lange und breite Rispe bilden.

Aralia dizygotheca
„Elegantissima"

Spitzblume Ardisia

Die Pflanzen der Gattung Ardisia stammen ursprünglich aus den warmen Gebieten Südasiens und Südamerikas, wobei einige der Arten auch in Australien vorkommen. Dieser sehr langsam wachsende Strauch ist leicht zu pflegen und durch seine kleinen, sternförmigen Blüten in Rispenform und besonders durch seine lebhaft gefärbten Beeren gekennzeichnet.

Die korallenroten Früchte von Ardisia

Familie	Myrsinaceae (Myrsinengewächse)
Aussehen	Strauch
Wuchshöhe	90 cm
Durchmesser	30–45 cm
Blütezeit	April–September
Standort	hell
Gießen	regelmäßig
Pflege	leicht

Blüten und Beeren entwickeln sich zumeist gleichzeitig, wobei sich die Blüten an den oberen Zweigen und die Früchte an den unteren Zweigen bilden. Beide zusammen ergeben eine sehr dekorative Wirkung, die von Frühjahr bis in den Sommer anhält.

Pflege: Alle drei bis vier Jahre sind die Pflanzen im **Februar** oder **April** in gute, frische Blumenerde umzutopfen. Unregelmäßige Äste sind im März direkt am Stamm zu entfernen. Im **Frühling** und im **Sommer** benötigt die Spitzblume regelmäßiges Gießen, von **April** bis **September** sogar ziemlich häufig, weil die Erde niemals trocken werden darf. Dabei ist dem Gießwasser stets ein Tropfen Flüssigdünger beizumengen. Licht und Wärme sind für die Spitzblume unbedingt nötig, wobei eine Raumtemperatur von rund 21 °C ideal für sie ist. Bei zu hohen Temperaturen beginnen die Blätter

Ardisia variegata

zu welken, auch die Beeren schrumpfen und fallen schließlich ab. Staub auf den Blättern wischt man am besten mit einem feuchten Schwamm ab. Im **Herbst** und **Winter** sollte die Pflanze an einem hellen, etwas sonnigen Ort stehen. Die ideale Temperatur liegt in dieser Zeit bei rund 15 °C. Ab **September** kann dann das Düngen eingestellt und das Gießen reduziert werden. Die Erde kann zwischendurch ruhig etwas austrocknen.

Vermehrung: Zur Vermehrung von Ardisia benötigt man unbedingt eine Aussaatschale, um die für die Keimung der **Samen** notwendige Temperatur aufrechterhalten zu können. Die Vermehrung durch Samen dauert sehr lange und erfordert Geduld und Sorgfalt. Im Frühling werden die Samen in feuchte Aussaaterde gesät und dann rund 5 mm mit Erde bedeckt. Die Keimungstemperatur liegt bei 24 °C. Nachdem die Keimlinge entwickelt sind, ist die Temperatur auf 15 °C zu reduzieren. Nach einem Jahr haben die Pflanzen erst eine Höhe von 2 cm erreicht! Im Frühling können für die vegetative Vermehrung auch **Seitensprossen** entfernt werden, an deren unteren Ende ein Rindensporn verbleiben sollte. Dieses Ende wird dann in ein Bewurzelungshormon getaucht und in gute Erde eingepflanzt. Das Substrat muss anschließend ständig feucht und bei einer konstanten Temperatur von 24 °C gehalten werden. Bei der entsprechenden Wärme bilden sich nach sechs bis acht Wochen allmählich die Wurzeln.

Gefahren und Vorsichtsmaßnahmen: Die Spitzblume verträgt über längere Zeiträume weder zu trockene noch zu kalte Luft und muss im Sommer regelmäßig gedüngt werden. Grüne Blattläuse befallen häufig die saftigen Knospen und jungen Blätter. Dagegen hilft ein Insektizid für Zimmerpflanzen. Wollläuse befallen hingegen ältere Blätter, Blattstiele und Blattachseln. Sie sind als weiße, wollige Bällchen leicht zu erkennen. Auch gegen diese Schmarotzer ist ein spezielles Insektizid oder die Behandlung mit Alkohol nötig.

Arten: *Ardisia crispa* zeigt dunkelgrüne, lederartige, lange und spitz auslaufende Blätter mit gewellten Blatträndern. Ende März bis Anfang Juni bilden sich Rispen aus weißen, duftenden Blüten, aus denen sich glänzende rote Beeren entwickeln, die mindestens bis zur nächsten Blüte auf der Pflanze verbleiben. Diese Art ist die bekannteste und häufigste Ardisia. *Ardisia humitis* entwickelt dunkelgrüne, etwas lederartige Blätter von 5 bis 15 cm Länge. Sie blüht in Form flacher, hängender Blütenrispen mit hellrosa Färbung, denen zuerst rötliche und dann schwarze, glänzende Beeren folgen. *Ardisia solanacea* bildet hellgrüne, 10 bis 15 cm lange, schmale und lederartige Blätter aus. Die Rinde der Zweige ist rotbraun gefärbt. Diese Art entwickelt eher unscheinbare rote oder violette Blüten und anfänglich rötliche Beeren, die mit der Zeit leuchtend schwarz werden.

Ardisia crispa, die häufigste als Zimmerpflanze kultivierte Art. Nach der Blüte, die zwischen Mai und Juni erfolgt, entwickeln sich leuchtend rote Beeren.

Flaschenbaum   Beaucarnea

Die Gattung Beaucarnea umfasst an die 20 Arten, von denen sich aber nur wenige als Zimmerpflanzen eignen. Die bekannteste davon ist *Beaucarnea recurvata*,
die aus den Wüstengebieten Mexikos stammt. Diese sehr leicht zu kultivierende
Pflanze benötigt vor allem milde Temperaturen, vor allem im Winter. In den heißen
Gebieten Mexikos kann diese Art bis zu 9 m Höhe erreichen, wird aber als Topfpflanze
maximal 1 m hoch.

Pflege: Der Flaschenbaum sollte im April umgetopft werden, sofern der Topf für die
Pflanze zu klein geworden ist. Als Standort benötigt er einen sehr hellen Platz und
verträgt dort auch Temperaturen von 21 °C und mehr. Im Frühling und im Sommer ist
Beaucarnea öfter zu gießen, aber zwischen den einzelnen Gießintervallen soll die
Erde jedesmal trocknen. Mit Beginn der Vegetationsperiode im Frühling bis zum
Sommerende ist der Pflanze mit dem Gießwasser ab und zu Flüssigdünger für Kakteen zu verabreichen. Während des Herbstes und im Winter benötigt die Pflanze
eine Temperatur von rund 10 °C und bekommt auch kein Wasser mehr, sie zehrt dann
nämlich von der Feuchtigkeit, die sie in ihrem dicken Stammfuß gespeichert hat. Bei
Überwinterungstemperaturen über 15 °C muss jedoch etwas gegossen werden. Um
das Wachstum im folgenden Frühling zu gewährleisten, sollte man der Pflanze unbedingt eine vegetative Ruhephase gönnen und stellt sie zu diesem Zweck zum Überwintern in einen kühleren Raum, jedoch nie unter 7 °C. Während der Wintermonate
braucht Beaucarnea so viel Licht wie möglich und darf keiner kalten Zugluft ausgesetzt sein. Hat man einen geeigneten Ort für die Pflanze gefunden, sollte sie den
ganzen Winter über am selben Platz stehen.

Vermehrung: Im Handel werden nur selten Samen von Beaucarnea angeboten,
findet man dennoch welche, werden sie im Februar/März in gute Aussaaterde
gesät. Da sie zur Keimung eine ständige Temperatur von 18 bis 21 °C benötigen,
empfiehlt sich die Verwendung eines beheizbaren Zimmertreibhauses. Haben die
Jungpflanzen eine Höhe von 5 bis 7 cm erreicht, dann können sie einzeln in Töpfe
eingesetzt werden. Viel häufiger als mit Samen erfolgt die Vermehrung von Beaucarnea durch ihre Seitentriebe, die man in einer Mischung aus Sand und Erde zur
Bewurzelung bringt.

Gefahren und Vorsichtsmaßnahmen: Beaucarnea bereitet als Zimmerpflanze nur wenig Probleme, die zudem
leicht zu lösen sind. Besonders ist darauf zu achten, dass
sie im Winter nicht zu stark gegossen wird, weil durch die
Staunässe Wurzelfäule entsteht, die sich auch auf den
Stamm ausbreiten kann. Gelegentlich können Wollläuse
Schäden verursachen. Sie sollten dann mit einem in
denaturierten Alkohol getränkten Pinsel betupft oder
mit speziellen Insektiziden bekämpft werden.

Arten: *Beaucarnea gracilis* weist einen an der Basis
stark verdickten, korbflaschenförmigen Stamm und eine
palmenartige Krone aus graugrünen Blättern auf, die
1,5 cm breit und 50 bis 70 cm lang werden und scharfran-
dig sind. Die Blütenstände mit rosafarbenen oder
roten Blüten bilden sich im Sommer an der Spitze der Krone.
Nolina longifoglia entwickelt feste, dünne Blätter, die
teils aufrecht stehen, teils im Bogen herunterhängen
und bis zu 1 m lang werden können. *Beaucarnea recurvata* (syn. *Nolina recurvata*) bildet einen dicken, fleischigen grau gefärbten Stamm mit zwiebelartig verdickter
Basis, in der das Wasser für Trockenzeiten gespeichert
wird. Diese Art entwickelt nur selten ihre traubigen weißen Blütenstände. *Beaucarnea stricta* bildet sehr steife
ausladende und scharfrandige Blätter von rund 1,5 cm Breite.

Familie	Agavaceae (Agaven- gewächse)
Aussehen	palmenartig
Wuchshöhe	200–400 cm
Durchmesser	90 cm und mehr
Blütezeit	Sommer (selten)
Standort	hell
Gießen	selten
Pflege	leicht

Beaucarnea recurvata

Begonie Begonia

Begonia elatior „Tacora"

Familie	Begoniaceae (Schiefblattgewächse)
Aussehen	krautige Staude
Wuchshöhe	20–60 cm
Durchmesser	20–50 cm
Blütezeit	Sommer
Standort	hell
Gießen	regelmäßig
Pflege	schwierig

Die Gattung Begonia umfasst mehr als 1000 Arten, die abhängig von der Form ihrer Wurzeln in drei Hauptgruppen unterteilt werden: rhizombildende, knollenbildende und faserwurzelbildende Begonien. Alle Varietäten weisen jedoch gemeinsame Merkmale auf, nämlich asymmetrische wechselständige Blätter sowie getrenntgeschlechtliche männliche und weibliche Blütenstände in Form von Trauben oder Dolden. Rhizombildende Begonien sind immergrüne Gewächse, die primär wegen ihrer auffallend schönen Blätter kultiviert werden. Die Varietäten und Hybriden der Knollenbegonien hingegen fallen im Sommer durch ihre großen schön gefärbten Blüten auf. Faserwurzelbildende Begonien zählen zwar ebenfalls zu den immergrünen Arten, manche von ihnen werfen aber einen Teil ihrer Blätter im Winter ab. Sie produzieren in Massen zierliche Blüten und variieren in ihrem Aussehen von aufrecht staudenförmig bis hängend.

Pflege: Während des **Frühlings** und im **Sommer** benötigen die rhizombildenden Begonienarten viel Licht, dürfen aber niemals direkt in der Sonne stehen. Sie bevorzugen in dieser Zeit eine Temperatur von rund 15 °C und sollten ein- bis zweimal wöchentlich gegossen werden oder häufiger, falls es sehr heiß ist. Die Knollenbegonien gedeihen ebenfalls am besten an einem hellen, vor direkter Sonneneinstrahlung geschützten Ort, auch sie sollten nicht allzu häufig gegossen werden. Steigen die Temperaturen über 18 °C, so kann man die Pflanzen in ein nasses Kiesbett stellen, um für erhöhte Luftfeuchtigkeit und Kühlung zu sorgen. Während der Wachstumsphase ist dem Gießwasser alle zwei Wochen etwas kaliumhaltiger Flüssigdünger beizumengen. Im **Frühling** wird die Pflanze in Blumenerde auf Torfbasis umgetopft, wobei zuvor einige Tonscherben über das Abflussloch im Topf gelegt werden, damit das Gießwasser gut abrinnen kann. Faserwurzelbildende Begonien erfordern eine etwas kompliziertere Pflege. Auch diese Arten schätzen Licht, aber keine direkte Sonnenbestrahlung. Sie gedeihen am besten bei einer Temperatur von rund 15 °C und sollten bei über 20 °C an einen kühlen Ort gebracht werden. Ihr Standort sollte über viel Frischluft verfügen, sie darf aber nicht im Zug stehen. Bei diesen Begonienarten reicht wöchentlich ein- bis zweimaliges Gießen, vorausgesetzt, die Temperaturen steigen nicht allzu hoch. Das Gießwasser sollte die Blüten nicht benetzen,

Begonia boweri „Tiger"

weil sich sonst unschöne Flecken bilden. Verwelkte Blüten und Blätter sind sofort zu entfernen, um gesunde Blätter durch Schimmelbildung nicht zu beeinträchtigen. Von April bis September ist alle zwei Wochen etwas FIüssigdünger zu verabreichen. Auch die im **Herbst** und **Winter** anfallenden Tätigkeiten unterscheiden sich je nach Begonientyp. Die rhizombildenden Begonien kommen an einen schattigen, nicht übermäßig trockenen Ort, wo sie dann während dieser Zeit nur mäßig gegossen werden, sodass die Erde zwischen den einzelnen Gießintervallen stets trocknen kann. Die Pflanzen benötigen jetzt auch keinerlei Düngung mehr und die Raumtemperatur sollte nicht unter 13 °C fallen. Wenn nötig kann man die Pflanze am Ende des Winters in ein Substrat aus drei Teilen Torf und einem Teil Sand umtopfen. Auch knollenbildende Begonien benötigen im Spätherbst allmählich immer weniger Wasser, wobei das Gießen dann ganz einzustellen ist, wenn die grünen Pflanzenteile von der Knolle abgefallen sind. Dann nimmt man die Knollen aus dem Topf, säubert sie von Erde und eventuellen Stängelresten und legt sie schließlich in eine Kiste mit trockenem Torf. Diese kommt über den Winter an einen kühlen, luftigen Ort, wo die Knollen weder schimmeln noch erfrieren sollten. Gegen eventuellen Pilzbefall können sie auch mit einem Fungizidpulver bestreut werden. Die faserwurzelbildenden Begonien bevorzugen eine Temperatur von rund 15 °C, überdauern aber auch 10 °C. Ihr jeweiliger Wasserbedarf hängt natürlich von der Umgebungstemperatur ab. Ende **Februar** sind diese Arten leicht zurückzuschneiden, damit sie im Frühling kräftiger und buschiger wachsen. Zu diesem Zeitpunkt erfolgt auch das Umtopfen, falls die Pflanzen schon so groß sind, dass ihre Wurzeln den Topf komplett ausfüllen.

Vermehrung: Rhizombildende Begonien lassen sich leicht druch **Spross-** oder **Blattstecklinge** vermehren. In letzterem Fall wird ein schönes, gesundes Blatt in quadratische Teile geschnitten und mit der Blattunterseite nach unten auf eine mit Sand-Torf-Gemisch gefüllte Schale gelegt. Die Schale wird anschließend an einen feuchten und nicht allzu hellen Platz gestellt. Nachdem sich die neuen Pflänzchen gebildet haben, sollten sie heller stehen. Die Knollenbegonien lassen sich ebenfalls mittels **Stecklingen** oder durch **Teilung der Knollen** vermehren. Im April werden von den Trieben rund 7 bis 10 cm lange Stücke als Stecklinge abgeschnitten oder die Knolle geteilt. Beide Stecklingsorten werden dann in eine Mischung aus Sand und Torf, zu gleichen Teilen, eingesetzt und bei einer Temperatur von ca. 20 °C gehalten. Nachdem sich die Wurzeln gebildet haben, werden die Pflänzchen dann einzeln in Töpfe gepflanzt. Überwinterte Knollen pflanzt man am besten von März bis April mit der konkaven Seite nach oben bei rund 18 °C in Treibkästen mit feuchtem Torf ein. Haben sie ausgetrieben, kommen sie in verschiedene Töpfe mit frischer Gartenerde mit einem Durchmesser von etwa 15 bis 24 cm. Größere **Knollen** können geteilt werden, wobei jeder Teil zumindest ein Auge aufweisen muss. Bei einigen Begonienarten entwickeln sich in den Blattachseln kleine **Brutzwiebeln.** Sie können im Herbst von der Pflanze entfernt und über den Winter in einem Kistchen bei 15 °C aufbewahrt werden. Im Frühling wird dann jede Brutzwiebel einzeln auf das Substrat in einen kleinen Topf gelegt, mit einer dünnen Schicht feuchter Torferde bedeckt und dann an einem hellen, aber sonnengeschützten Ort aufgestellt. Haben die Pflänzchen eine Größe von ca. 8 cm erreicht, so können sie wie erwachsene Pflanzen behandelt werden. Sie blühen allerdings erst nach zwei Jahren. Faserwurzelbildende Begonien lassen sich im Januar/Februar bei einer Temperatur von 18 bis 24 °C aus ihren **Samen** vermehren. Zu diesem Zweck füllt man eine Kiste mit feuchter Saaterde und verteilt die Samen darauf gleichmäßig. Die Kiste kommt sodann an einen schattigen Ort, bis die Samen keimen. Während der Entwicklungsphase benötigen die Pflänzchen allmählich immer mehr Licht und frische Luft, während die Raumtemperatur auf 18 °C abgesenkt wird. Die Vermehrung dieser Arten kann aber auch durch **Trieb-** oder **Blattstecklinge** erfolgen, die besonders im Frühling und Sommer leicht Wurzeln ausbilden. Die Stecklinge werden in 5 bis 7 cm lange Stücke zerteilt, deren Basis in ein

Begonia tamaya

Bewurzelungshormon getaucht und schließlich einzeln in Töpfe mit feuchter Blumenerde gesteckt. Diese sind an einen halbschattigen Platz mit mäßiger Luftfeuchtigkeit und mit einer Temperatur von 18 bis 24 °C zu bringen.

Gefahren und Vorsichtsmaßnahmen: Richtiges Gießen und eine geeignete Umgebungstemperatur sind bei Begonien zwei grundlegende Pflegefaktoren. Die Pflanzen lassen ihre Blätter hängen, wenn sie entweder zu häufig gegossen werden oder zu hohen Temperaturen ausgesetzt sind. In diesem Fall sollten sie an einen kühleren Ort gestellt werden, oder die Erde muss für einige Zeit austrocknen. Eine zu starke direkte Sonnenbestrahlung bewirkt häufig Blattschäden und durch den zusätzlichen Wasserentzug kann die Pflanze sogar eingehen. Begonien zeigen sich sehr anfällig für Schimmel aller Art und für Parasitenbefall. Grauschimmel (Botrytis) hinterlässt graue Flecken an der Blattoberfläche. Dieser Pilz entwickelt sich in feuchter, stickiger Luft, die Pflanzen benötigen daher reichlich Frischluft. Stängel und Blattunterseiten können darüber hinaus von Mehltau befallen werden, dann muss die Pflanze an einen luftigeren, aber nicht zugigen Ort gestellt und das Gießen eingestellt werden. Eine Behandlung mit einem entsprechenden Fungizid wird unbedingt notwendig.

Arten und Sorten: Zu den rhizombildenden Begonien zählen: *Begonia masoniana* („Eisernes Kreuz") mit typischen wie gesteppt wirkenden behaarten und dunkelgrünen Blättern, deren Zentrum eine scharf abgesetzte kreuzartige, braunrot gefärbte Zeichnung aufweist. Sie stammt aus Neuguinea und entwickelt fleischige, weiß behaarte und rot gefärbte Stiele; sie blüht selten. Die Art *Begonia rex* stammt aus Assam und setzt sich aus zahlreichen Hybriden mit sehr bunten Blättern zusammen. Die Blätter von „Helen Lewis" beispielsweise sind länglich, spitzoval, purpurrot

Einige Begonienarten, wie z. B. die Begonia olsonia*, werden wegen der Schönheit und bunten Vielfalt ihrer Blätter kultiviert.*

gefärbt und durch blaugrüne Blattadern in silbrig schimmernde und rosafarbene Zonen unterteilt. „Her Majesty" entwickelt sehr breite purpurrote Blätter mit olivgrünen und silberweißen Flecken. „Merry Christmas" zeigt hingegen glatte Blätter mit purpurroter Färbung im Zentrum und rötlich-silbrigen sowie dunkelgrün gefärbten Zonen am Rand. Die Blattränder sind lilafarben. *Begonia versicolor* fällt durch dunkelgrüne Blätter mit silberweißer, leuchtend grüner und bronzefarbener Zeichnung auf. Diese Art stammt aus China. Die Hybriden der Knollenbegonien *(Begonia x tuberhybrida)* entstammen einigen Arten, die in den südamerikanischen Anden beheimatet sind. Zu diesen Stammformen zählt etwa *Begonia clarkei* mit hellrosa Blüten, die sich im Sommer entwickeln. *Begonia pearcei* stammt auch aus Südamerika und zeigt zur selben Zeit schöne rote Blüten, wobei sich auch von dieser Art eine große Gruppe von Hybriden ableitet. *Begonia socotrana* wiederum ist die Stammform einer großen Gruppe von Hybriden, die im Winter blühen (Dezember bis Januar): die Sorten „Lorena" und „Hiemalis", welche 30 bis 40 cm hoch werden können und 2 bis 5 cm große, überaus farbintensive Blüten entwickeln. Die Heimat dieser selten kultivierten Begonien ist die Insel Sokotra. Von den faserwurzelbildenden Begonien sind zu erwähnen: *Begonia incana*, eine sukkulente Art aus Mexiko, die fleischige, aufrecht stehende und weiß beschuppte Stiele entwickelt. Die Blätter dieser Art zeigen die Form eines Schildes, und die Blattoberseite ist mit dichtem weißem Flaum bedeckt.

Begonia incana bildet im Sommer weiße Hängeblüten. *Begonia metallica* weist spitzovale, metallisch glänzende, olivgrün gefärbte Blätter mit tief liegender purpurroter Äderung auf. Sie stammt aus Brasilien.

Auf den Bildern zwei Varietäten der Art Begonia elatior *mit großen farbigen Blüten.*

Königsbegonie *Begonia rex*

Familie	Begoniaceae (Begoniengewächse)
Aussehen	krautige Staude, kriechender Wurzelstock
Wuchshöhe	20–30 cm
Durchmesser	20–50 cm
Blütezeit	Sommer
Standort	hell
Gießen	regelmäßig
Pflege	mittelschwer

Die Gattung Begonia umfasst mehr als 1000 Arten. Die Art Begonia rex zählt zu den bekanntesten davon, stammt aus Assam und setzt sich aus zahlreichen Hybriden mit sehr bunten, asymmetrischen, schief herzförmigen Blättern zusammen. Sie sind prachtvoll gezeichnet, groß mit einer runzeligen Oberfläche. Die Blüten erscheinen in vielfältigen Farben, der Wuchs ist niedrig mit kriechenden Rhizomwurzeln. Erste Züchtungen entstanden in Belgien um 850.

Die sehr beliebte, auch unter dem Namen Königsbegonie bekannte Zimmerpflanze besteht aus einem kurzen, dicken Spross, aus dem sich die an runden, fleischigen Stielen wachsenden Blätter entfalten. Die Farbe der sehr schön gezeichneten Blätter reicht von Silber über Rosa und Grün bis hin zu Purpur.

Pflege: Begonia rex liebt einen hellen, aber nicht sonnigen Standort und ist für jedes warme und helle Blumenfenster geeignet. Alle Begonien lieben besonders humusreiche und leicht saure Böden. Die Temperatur sollte bei 16 bis 22°C liegen und auch im Winter nicht unter 15 °C fallen. Die Pflanze braucht eine hohe Luftfeuchtigkeit und möglichst kalkfreies Wasser. Trockene Luft und Zugluft müssen möglichst vermieden werden. Die Pflanze sollte mäßig gedüngt und im **Winter** eher kühler und trockener gehalten werden. Staunässe führt sehr schnell zu Wurzelschäden, eine zu trockene Kultur führt hingegen zu einer längeren Kulturzeit. Im **Winter** sollte man die Blätter möglichst nicht mit Wasser benetzen, um Fäulnis zu vermeiden.

Gedüngt wird von **März bis Ende August**, etwa alle zwei Wochen. Umtopfzeit ist das **Frühjahr**. Während der ganzen Kulturzeit muss darauf geachtet werden, dass das Substrat stets gleichmäßig feucht gehalten wird, da es sonst zu Wachstumsschwankungen kommen kann.

Vermehrung: Sehr verbreitet ist vor allem die vegetative Vermehrung, die vor allem im Spätsommer und Herbst durchgeführt wird. Ideal für die Entnahme von **Blatt-stecklingen** sind Pflanzen im Alter bis zu 2 Jahren. Es werden dabei ganze Blätter mit ca. 2 cm langen Blattstielen gesteckt. Bereits nach 5 bis 6 Wochen können die Jung-pflanzen, die sich gebildet haben, eingetopft werden. Es ist darauf zu achten, dass die Mutterpflanzen bei diesem Verfahren immer bei einer Tageslänge von 12 bis 14 Stunden stehen. Besonders geeignet sind Sorten mit kleinem Laub, denn bei großblättrigen ist die Vermehrungsrate nicht ausreichend.

Ebenfalls möglich ist die Vermehrung durch **Blattteilstecklinge:** Dabei werden aus den Blättern keilförmige Stücke geschnitten und leicht schräg in Schalen gesteckt. Nach 6 bis 8 Wochen können die Pflanzen ausgestochen werden. Diese Methode ist sehr ergiebig, erfordert jedoch auch wesentlich sorgfältigeres Arbeiten.

Schließlich gibt es noch die sehr ergiebige und beliebte Form der Vermehrung durch **Blattstücke.** Dabei werden die Blätter in Quadrate von 3 x 3 cm geschnitten, ohne dass auf den Verlauf der Adern Rücksicht genommen wird. Danach werden sie mit geringem Abstand flach auf das Vermehrungssubstrat gelegt. Schon nach ca. 4 Wochen erscheinen die ersten Triebe. Nach weiteren 6 bis 8 Wochen können die Jungpflanzen dann ausgestochen werden. Bei diesem Verfahren müssen die Mutterpflanzen allerdings ständig bei einer Tageslänge von mindestens 14 Stunden gehalten werden.

Gefahren und Vorsichtsmaßnahmen: Fast alle Begonien sind sehr anfällig für Mehl-tau, der sich als weißer Belag auf Blättern und Stängeln bemerkbar macht. Er bildet sich vor allem dann besonders leicht, wenn das Wasser auf den Pflanzenteilen nicht schnell genug abtrocknen kann. Daher sollte man nicht sprühen, sondern lieber einen Luftbefeuchter verwenden. Wird die Pflanze zu nass gehalten, kommt es zu schlaffen, braunen Blättern, die dann bald absterben. Ist die Luftfeuchtigkeit zu hoch und die Temperatur zu niedrig, kann auch Grauschimmel auftreten. Man er-kennt ihn zunächst an braunen Flecken auf den Blättern, auf denen sich dann bald Schimmel bildet. In diesem Fall müssen die kranken Blätter entfernt und die Pflan-zen mit einem geeigneten Pilzmittel behandelt werden. Häufige Schädlinge bei Begonia rex sind Blattläuse, Älchen, Milben und Thripse. Übrigens sollten für alle Be-gonien flache Töpfe verwendet werden, da die Begonienwurzeln eher in die Breite und nicht in die Tiefe wachsen.

Spornbüchschen, Zimmerhopfen

Beloperone

Familie	Acanthaceae (Akanthusgewächse)
Aussehen	buschig
Wuchshöhe	60 cm
Durchmesser	30 cm
Blütezeit	April–Dezember
Standort	hell
Gießen	reichlich
Pflege	leicht

Beloperone ist eine bekannte, sehr dekorative Zimmerpflanze, die von April bis Dezember ohne Unterbrechung ständig neue ährenförmige Blütenstände hervorbringt, die aus rötlichen, auffälligen Hochblättern bestehen, zwischen denen sich die eigentlichen, meist recht kleinen Blüten hervorschieben.

Pflege: Beloperone benötigt viel Licht, darf aber nicht direkt in der Sonne stehen. Im **Frühling** und im **Sommer**, während der Hauptblüte, benötigt die Pflanze reichlich Wasser, wobei Staunässe zu vermeiden ist. Die für diese Art noch erträgliche Höchsttemperatur liegt um 24 °C und es empfiehlt sich, bei großer Hitze die Pflanze auf einen mit feuchtem Kies gefüllten Untersetzer zu stellen und sie zusätzlich regelmäßig zu besprühen. Während der gesamten Wachstumsphase sollte das Substrat alle zwei bis drei Wochen gedüngt werden. Ab **Herbst** und im **Winter** ist keine Düngung mehr zu verabreichen und nur alle zwei Wochen mäßig zu gießen. Beloperone verträgt im Winter Abkühlung auf bis 7 °C, benötigt aber viel frische Luft. Gegen Ende der kältesten Jahreszeit kann die Pflanze umgetopft werden. Zu diesem Zweck eignet sich ein nährstoffreiches Substrat, das anschließend gut festgedrückt wird, wobei darauf zu achten ist, dass die Wurzeln nicht beschädigt werden. Zu lange oder allzu dünne Zweige sind dabei zu kürzen, damit die Pflanze wieder ordentlich aussieht.

Vermehrung: Die Vermehrung des Zimmerhopfens erfolgt durch **Stecklinge** am besten im März und April. Man schneidet zu diesem Zweck blütenlose, rund 7 bis 8 cm lange Triebe so ab, dass an der Basis jedes Stecklings ein Rindensporn verbleibt, und steckt ihn dann in eine Mischung aus Sand und Torf zu gleichen Teilen, wobei das Substrat anschließend bei einer Temperatur von rund 21 °C leicht feucht zu halten ist. Zur Stecklingsbewurzelung eignet sich am besten ein Zimmertreibhaus. Die Knospen der ersten Blühperiode sollten von den Jungpflanzen entfernt werden, da sie der Pflanze zu viele Nährstoffe entziehen und diese im Wachstum hemmen würden.

Gefahren und Vorsichtsmaßnahmen: Bei zu ausgiebigem Gießen verlieren die Blätter allmählich ihre kräftige Farbe. Dann lässt man die Erde erst einmal längere Zeit austrocknen, entfernt die abgestorbenen oder verwelkten Blätter und düngt, wenn sich die Pflanze wieder erholt hat, vom Frühling bis zum Herbst, etwa alle zwei bis drei Wochen. Ein zugiger Standort mit zu trockener Luft bewirkt, dass die Pflanze ihre Blätter abwirft. Im Sommer benötigt Beloperone regelmäßiges Gießen, während sie im Winter nur selten gegossen und an einem vor Luftzug geschützten Ort aufgestellt werden soll. Genügend Licht spielt für diese Art ebenfalls eine wichtige Rolle, bei Lichtmangel beginnen nämlich die farbigen Hochblätter allmählich zu vergilben. Sollte sich an der Unterseite der Blätter die Rote Spinne zeigen, so ist dieser gefährliche Parasit sofort mit einem spezifischen Akarizid (milbentötendes Mittel) zu bekämpfen.

Arten und Kulturvarietäten: *Beloperone carnosa* entwickelt längliche kompakte Blütenstände mit rotbraun gefärbten Hochblättern und gelben rotfleckigen Blüten. *Beloperone guttata* (Bild links) bildet dünne, biegsame und recht zarte Triebe aus. Die Art stammt aus Mexiko und kann eine Höhe von 60 cm und mehr erreichen. Ihre Blätter sind oval, derb und behaart, die kleinen weißen Blüten sind purpurrot gefleckt und schieben sich zwischen den auffälligen, herzförmigen, braunrot gefärbten Hochblättern des ährigen Blütenstandes heraus. An jedem Zweig entwickeln sich zwei bis drei dieser bis zu 15 cm langen, hängenden Blütenstände. Die Varietäten „Lutea" und „Yellow Queen" weisen gelbe Hochblätter auf, während *Beloperone violacea* rund 8 cm lange, behaarte Blätter sowie Blütenstände mit kupferrot gefärbten Hochblättern und purpurrote Blüten ausbildet.

Browallie Browallia

Browallia stammt aus Südamerika und zählt zu den idealen Zimmerpflanzen. Es handelt sich dabei um größtenteils mehrjährige Arten, die aber als Zimmerpflanze meist wie einjährige behandelt werden und schon im Jahr der Aussaat blühen.

Pflege: Die Browallie sollte an einem hellen und sehr luftigen Ort und während der Blüte auch direkt an der Sonne stehen. Im **Frühling** und im **Sommer** benötigt sie Temperaturen zwischen 13 und 18 °C, erträgt aber auch höhere Temperaturen. Bis zur Bildung der Blüten zu Ende des Sommers erfolgt regelmäßig alle zwei Wochen eine Düngergabe. Nach der Blüte im **Herbst** kann die Pflanze entweder weggeworfen oder wie eine mehrjährige behandelt werden. In letzterem Fall sind die Zweige zu beschneiden und die Erde stets leicht feucht zu halten, die Temperatur darf auch im Winter nicht unter 10 bis 13 °C fallen, bis im März die neue Vegetationsphase einsetzt. Die Pflanze blüht allerdings im zweiten Jahr nicht mehr so reichlich.

Vermehrung: Im Februar keimen die **Samen** von Browallia am besten in einer leichten Aussaaterde und an einem feuchten, luftigen Ort bei Temperaturen zwischen 10 und 13 °C. Wenn die kleinen Pflänzchen groß genug sind, werden sie umgetopft und an einem hellen Ort aufgestellt. Aus den Samen, die erst gegen Ende des Sommers gesät werden, entwickeln sich Pflanzen, die dann vom Winter bis ins Frühjahr hinein blühen.

Gefahren und Vorsichtsmaßnahmen: Zu viel Wasser verursacht Wurzelfäulnis! Die Umgebung von Browallia muss stets gut gelüftet und die Luft feucht sein, regelmäßiges Besprühen mit der Sprühflasche oder ein nasses Kiesbett ist empfehlenswert, denn die allzu trockene Luft lässt die Blätter welken. Grüne Blattläuse schwächen die Pflanze und verursachen verschmutzte, klebrige Blätter. In diesem Fall ist ein Insektizid auf Pyrethrumbasis zu spritzen. Das kann bei Bedarf zwei- bis dreimal wiederholt werden.

Arten und Sorten: *Browallia speciosa* wächst bis zu 60 cm hoch, kann aber kleiner gehalten werden, indem man die Triebe im Frühjahr beschneidet. Sie trägt kleine, spitz zulaufende, leuchtend grüne Blätter und bringt blauviolette Blüten von rund 5 cm Durchmesser hervor. Von dieser Art stammen zahlreiche Varietäten ab: ,,Blue Troll'' entwickelt kleine, spitz endende leuchtend grüne Blätter und große blaurote Blüten an gekrümmten Stielen, die in der Mitte weiß gefärbt sind. Sie ist eine ideale Ampelblume. ,,Marine Blue'' hat blaue und ,,White Troll'' weiße Blüten. *Browallia viscosa* ist eine 30 bis 60 cm große Varietät mit leicht klebrigen Ästen und Zweigen und bringt blauviolette Blüten hervor.

Familie	Solanaceae (Nachtschattengewächse)
Aussehen	buschige Staude
Wuchshöhe	60 cm
Durchmesser	60 cm
Blütezeit	Juli–September
Standort	hell
Gießen	regelmäßig
Pflege	leicht

,,Blue Troll'' zählt zu den beliebtesten Varietäten der Art Browallia *speciosa.*

Brunfelsie Brunfelsia

Familie	Solanaceae (Nachtschattengewächse)
Aussehen	buschig
Wuchshöhe	70–100 cm
Durchmesser	70 cm
Blütezeit	Mai–Oktober
Standort	hell
Gießen	regelmäßig
Pflege	leicht

Die Arten der Gattung Brunfelsia stammen aus dem tropischen Amerika und von den Westindischen Inseln. Sie umfasst mehr als 30 Arten und ist mit der Kartoffelpflanze „verwandt". Wie bei ihr wechseln auch die Blüten von Brunfelsia ihre Blütenfarbe von einem Tag auf den anderen. Die anfänglich purpurrotviolett gefärbten Knospen gehen über ein helles Lavendelblau schließlich in Weiß über. Diese als Zimmerpflanze strauchig verholzte Art kann in Gebieten mit einem heißen Klima etwa die Größe eines kleinen Baumes erreichen.

Pflege: Im Frühling und im Sommer erfordert Brunfelsia ständig eine Temperatur von rund 21 °C, bei einigen Arten sogar um 26 °C. Die Pflanze sollte regelmäßig mit Wasser besprüht und auf einen Untersetzer mit feuchtem Kiesbett gestellt werden, wobei ihr Substrat ebenfalls ständig feucht zu halten ist, aber nicht zu stark gegossen werden darf. Mit Beginn der Blüte benötigt die Brunfelsie alle drei Wochen etwas Flüssigdünger. Während der Phase des größten Wachstums sollte sie an einem hellen Platz, aber nicht direkt an der Sonne stehen. Im Herbst, nach der Blüte, sollten die zu lang gewordenen Triebe so zurückgeschnitten werden, dass die Pflanze eine kompakte Form erhält. Zur gleichen Zeit erfolgt auch ein etwaiges Umtopfen. Dazu verwendet man eine Mischung aus guter Blumenerde auf Torfbasis und Humuserde. Im Winter benötigt Brunfelsia nur so viel Wasser, dass die Erde leicht feucht bleibt. Die ideale Temperatur liegt zwischen 10 und 13 °C.

Vermehrung: Die Vermehrung von Brunfelsia erfolgt im Spätfrühling mittels 7 bis 10 cm langen Spross-Stecklingen. Sie kommen in eine Mischung aus Sand und Torf zu gleichen Teilen, nachdem die Schnittflächen zuvor mit einem Bewurzelungshormon behandelt wurden. Zur Bewurzelung empfiehlt sich die Verwendung eines Zimmertreibhauses, in dem die Stecklinge an einem feuchten und schattigen Ort bei einer Temperatur von 21 °C problemlos Wurzeln ausbilden.

Gefahren und Vorsichtsmaßnahmen: In den Wintermonaten benötigt Brunfelsia nur wenig Wasser, und zwar vor allem bei Temperaturen unter 10 °C. Durch die übermäßige Nässe können die Wurzeln leicht faulen, worauf die Blätter zu welken beginnen. Ausgebleichte Blätter weisen auf einen Befall durch Schildläuse hin. Die betroffenen Stellen sind dann mit einem in denaturierten Alkohol getauchten Lappen oder Pinsel zu bestreichen. Grüne Blattläuse und andere Parasiten können dadurch bekämpft werden, dass die Pflanze mit einem spezifischen Insektizid behandelt wird.

Brunfelsia calycina *blüht den ganzen Sommer hindurch bis zum Herbst. Sie stammt aus Brasilien und erreicht eine Höhe von 70 cm.*

Arten und Sorten: *Brunfelsia calycina* erreicht eine Höhe von ca. 70 cm, stammt aus Brasilien und zeichnet sich durch glänzende lanzettliche Blätter aus. Ihre 3 bis 3,5 cm breiten dunkelpurpurnen Blütenblätter mit gewelltem Rand erscheinen den ganzen Sommer über bis zum Herbst. Die Varietät „Macrantha" entwickelt lavendelblaue oder purpurrote, bis zu 8 cm messende Blüten. *Brunfelsia latifolia* variiert in ihrer Größe zwischen 60 und 90 cm. Sie stammt aus den Tropen Südamerikas und bildet einen buschigen Strauch mit breiteren und rund 10 bis 13 cm langen, an der Unterseite behaarten Blättern. Am Ende des Winters und im Frühling erscheinen die stark duftenden lavendelfarbenen Blüten. *Brunfelsia undulata* ist eine eher seltene Art. Sie stammt von den Westindischen Inseln, wird bis zu 90 cm groß und zeigt leuchtend grüne, eiförmig lanzettliche Blätter und weiße Blüten. *Brunfelsia americana* ist ebenfalls auf den Westindischen Inseln beheimatet und wegen ihrer während der Nacht angenehm duftenden Blüten bekannt. Deshalb auch ihr Name „Königin der Nacht". Diese immergrüne Art entwickelt ovale, 10 bis 13 cm lange Blätter und weiße Blüten. In ihrer Heimat kann sie bis zu 2 m hoch werden.

Buntwurz Caladium

Die Gattung Caladium umfasst sieben mehrjährige Arten, die alle aus Südamerika stammen. Durch die lebhaften Farben und die dekorative Wirkung ihrer großen pfeilförmigen Blätter eignet sie sich als Zimmerpflanze besonders. Es existieren zahlreiche Hybriden und jede von ihnen zeigt ihre eigenen besonderen Farben, Formen und Blattmuster.

Pflege: Der Buntwurz gedeiht am besten an einem leicht schattigen Standort und verträgt aufgrund seiner Herkunft aus dem Regenwald keine zu intensive Sonneneinstrahlung, benötigt jedoch eine erhöhte Luftfeuchtigkeit und eine konstante Temperatur von ca. 21 °C. Zu **Frühjahrsbeginn**, im März, werden die Knollen in eine leicht saure Blumenerde gesetzt, der etwas Sand beigemengt wird, damit das Gießwasser gut abrinnen kann. Die Wachstumsphase zieht sich über den ganzen **Sommer** hin. Im Frühjahr genügt mäßiges Gießen und erst nachdem die Pflanze stark zu wachsen begonnen hat, benötigt sie wieder mehr Wasser. Dennoch sollte beim Gießen nicht übertrieben werden, weil ihre Wurzeln darunter leiden könnten. Zwischen den einzelnen Gießintervallen darf die Erde an der Oberfläche ruhig trocken werden. Schöne, gesunde Blätter lassen sich durch Verabreichung eines guten Blattdüngers erzielen, der etwa alle zwei Wochen dem Sprühwasser beigemengt wird. Gegen Ende des **Herbstes** sterben alle Blätter von Caladium ab. Von da an und auch den ganzen **Winter** hindurch dürfen die überdauernden Knollen nicht mehr gegossen werden, damit sie nicht faulen. Sie stehen in dieser Zeit an einem warmen Ort mit einer Mindesttemperatur von 16 °C. Jede Feuchtigkeit oder auch nur kurze Kälteeinwirkung lässt sie sofort schimmeln und dann verfaulen.

Vermehrung: Gegen Ende Februar oder Anfang März wachsen die ersten **Triebe** aus der Knolle. Die Triebe werden sorgfältig entnommen und einzeln in Blumenerde auf Torfbasis eingesetzt. Dazu kommt noch etwas Sand, um eine gute Drainage zu gewährleisten. Die Stecklinge benötigen anschließend eine konstante Temperatur von 21 °C. Falls die Knolle beim Entfernen der Seitentriebe verletzt wurde, muss man die Schnittstelle mit einem Fungizidpulver behandeln, damit sich keine Fäulnispilze ansiedeln können.

Gefahren und Vorsichtsmaßnahmen:
Verwelkte oder runzelige Blätter weisen darauf hin, dass die Pflanze zu wenig gegossen wurde oder die Luftfeuchtigkeit zu gering ist. Auch kalter Luftzug bewirkt dasselbe Krankheitsbild. Die Erde muss deshalb an der Oberfläche stets feucht gehalten und die Pflanze vor Zugluft geschützt werden. Wirken die Blätter hingegen kränklich und schwach, steht die Pflanze zu kühl. Sie muss dann rasch an einen wärmeren Standort kommen, weil sie sonst abstirbt. Blattläuse befallen vor allem die jungen Blätter, sie lassen sich wirkungsvoll mit einem Insektizid auf Pyrethrumbasis bekämpfen.

Familie	Araceae (Aronstabgewächse)
Aussehen	Staude
Wuchshöhe	25–40 cm
Durchmesser	50 cm
Blütezeit	Frühling (im Topf aber selten)
Standort	Halbschatten
Gießen	mittelmäßig
Pflege	leicht

Die Pflanzen der Gattung Caladium werden wegen ihrer Blätter geschätzt. Auf dem Bild: Caladium bicolor „Barriquinii".

Caladium
bicolor
„Candida"

Arten und Sorten: *Caladium bicolor* besitzt dunkelgrüne, herzförmige Blätter mit einer dunkelroten Äderung und weißen Flecken. Ihre Blütenstände sind von einem weißgelben Füllblatt (Spatha) mit grüner Spitze umrahmt. Diese Art stammt von den Westindischen Inseln, aus Guinea und Brasilien. Die Sorte *Caladium x hortulanum* „Candidum" zeigt sehr feine weißliche Blätter mit einer dunkelroten Blattnervatur. „Freda Hempel" entwickelt hingegen Blätter mit einem roten Zentrum und dunkel-grünem Rand. Die Blätter von „Lord Derby" sind blassrosa, haben eine grüne Äde-rung und dunkelgrüne Ränder. *Caladium humboldtii* wird fast 35 cm hoch und fällt durch kleine, pfeilförmige und lebhaft grün gefärbte Blätter mit Flecken auf, die zwischen der Äderung fast durchsichtig sind. Die Art *Caladium picturatum* (syn. *Ca-ladium sagittifolium*) unterscheidet sich von den anderen Arten durch ihre längeren und schmäleren grünen Blätter mit weißer Blattäderung. Ihre Varietäten entwickeln Blätter, deren Farben von Rot bis Braun und Grün variieren. *Caladium steudnerifo-lium* weist graubraune Blattstiele mit silbernen Streifen auf und stammt aus Kolum-bien. Ihre Blätter sind im Allgemeinen leuchtend grün gefärbt, glänzen wachsartig und sind herzförmig. Die Oberseite zeigt weißgraue Flecken, die Unterseite ist einfar-big grün.

Eine Komposition dreier verschiedener Caladium-Sorten, die besonders die verschiedenen Blattfarben hervorstechen lässt.

Korbmarante Calathea

Die Gattung Calathea umfasst rund 300 immergrüne, mehrjährige Arten, die einen Wurzelstock bilden und aus den subtropischen Gebieten Südamerikas stammen. Sie werden wegen der Schönheit und der dekorativen Wirkung ihrer charakteristischen ovalen Blätter als Zimmerpflanzen kultiviert. Die Blätter zeigen an der Blattoberseite schöne Zeichnungen in grünen und gelben Farben, denen die purpurroten Farbmuster auf der Blattunterseite entsprechen. Der so erzielte Farbkontrast, die Form der Zeichnung und ihre Verteilung auf den Blättern erinnern ein bisschen an die Zeichnung einer Pfauenfeder. Einige Arten bringen auch zierliche Blüten hervor. Diese Pflanzen werden immer noch Marante genannt, weil früher viele Calathea-Arten noch zur Gattung der Maranta, mit der sie große Ähnlichkeit haben, gezählt wurden.

Familie
Marantaceae
(Pfeilwurz-
gewächse)

Aussehen
buschige
Staude

Wuchshöhe
bis 100 cm

Durchmesser
30–50 cm

Blütezeit
Sommer
(selten im Topf)

Standort
Schatten

Gießen
reichlich

Pflege
mittelschwer

Pflege: Calathea gedeiht am besten in einer feuchten, schattigen Umgebung bei Temperaturen, die nicht unter 18 °C liegen dürfen. Falls die Wurzeln der Pflanze den Topf ganz ausfüllen, topft man sie im **März** vor Beginn der Vegetationsphase um.

Dafür benötigt man gute Humuserde, die reich an Nährstoffen ist. Von **April** bis **September** benötigen die Korbmaranten täglich reichlich Wasser. Um die Luftfeuchtigkeit zu steigern, sind die Blätter zusätzlich täglich zu besprühen und die Pflanze ist auf einen Untersetzer mit feuchtem Kiesbett zu stellen. Während dieser Zeit muss sie alle zwei bis drei Tage mit Flüssigdünger versorgt werden. Schatten und hohe Luftfeuchtigkeit sind auch im **Herbst** und **Winter** sehr wichtig. Die Pflanze benötigt dann zwar nicht mehr so viel Wasser wie im Sommer, aber die Erde muss dennoch ständig feucht bleiben.

Vermehrung: Die Vermehrung erfolgt am besten durch **Teilung** von üppig gewachsenen Pflanzen. Der beste Zeitpunkt dafür ist Ende März oder im April, wobei Teile des geteilten Wurzelstockes samt Blättern in dieselbe Erde eingesetzt werden, die auch für erwachsene Pflanzen geeignet ist. Sie benötigen danach Schatten und feuchte Luft. Sorgfältiges Gießen ist Voraussetzung für gutes Gedeihen.

Gefahren und Vorsichtsmaßnahmen: Wie alle Pflanzen, die aus tropischen Wäldern stammen, benötigt auch Calathea eine feuchte Atmosphäre und gefiltertes diffuses Licht. Werden die Blätter bleich oder beginnen sie zu welken, waren sie einer zu starken Sonneneinstrahlung ausgesetzt. Es genügt dann, die Pflanze an einen schattigeren Ort zu stellen. Rollen sich die Blattränder ein und verfärben sich schließlich bräunlich, ist die Luft zu trocken. In diesem Fall sind die Blätter täglich zu besprühen und der Topf ist auf einen mit feuchtem Kies gefüllten Untersetzer zu stellen. Die Rote Spinne befällt nicht selten die Unterseiten der Calathea-Blätter. Hier hilft nur ein spezielles Akarizid.

Arten und Sorten: *Calathea grandiflora* entwickelt gekräuselte, leuchtend grüne Blätter von rund 30 cm Länge und produziert oft auch gelbe Blüten auf röhrenförmigen Ährenblütenständen. *Calathea insignis* (syn. *Calathea lancifolia*) ist eine buschige, 30 bis 40 cm hohe Art. Ihre langen und schmalen Blätter weisen einen gewellten Rand auf. Die Blattoberseite ist gelbgrün mit dunkelgrünen Flecken, die abwechselnd lang und kurz von der zentralen Äderung zu den Rändern hin verlaufen. Die Blattunterseite ist hingegen purpurrot bis braun gefärbt. *Calathea makoyana* zeichnet sich durch ihre bis zu 15 cm langen, ovalen Blätter aus, die auf langen, dünnen Stielen sitzen. Die Blätter sind auf der Oberseite silbrig grün gefärbt und weisen ovale dunkelgrüne Flecken entlang der Nervatur auf. Das Blattmuster an der Unterseite ist hingegen purpurrot gefärbt. *Calathea ornata* bringt dünne und zierliche Blätter hervor, die auf langen Stängeln sitzen. Die jungen Blätter sind noch weiß oder weiß gestreift und verfärben sich mit der Zeit an der Oberseite rötlich grün, an der Unterseite rot. Die Varietät „Sanderiana" zeigt breite grünbraune Blätter mit dünnen weißen oder rosafarbenen Streifen, die paarig oder zu dritt von der Blattmitte zu den Rändern hin verlaufen. Die Varietät „Roseolineata" weist hingegen dunkelrosa Linien auf. *Calathea veitchiana* erkennt man an ihren harten, lederartigen, ovalen und ungefähr 30 cm langen Blättern, deren Zeichnung in den verschiedensten Grünschattierungen auftritt, auch sie ähneln der Zeichnung einer Pfauenfeder. Diese Art kann bis zu 60 cm hoch werden. *Calathea zebrina* (Bild vorige Seite oben) zeichnet sich durch smaragdgrüne Blätter mit dunkleren Streifen aus, die fast waagrecht von der Mitte des Blattes ausgehen.

Links und vorige Seite unten:
Zwei Varietäten von Calathea
makoyana.

Pantoffelblume Calceolaria

Die Arten der Gattung Calceolaria stammen aus Süd- und Zentralamerika, wobei sich alle Spezies durch die Form ihrer rundlichen Blüten auszeichnen, die an einen Pantoffel erinnert. Ihr Name leitet sich daher vom lateinischen Wort *calceolus* ab, was nichts anderes als Pantoffel bedeutet. Die meisten Calceolaria-Arten sind krautige Pflanzen, von denen viele interessante Hybriden herausgezüchtet wurden, die sich als Zimmerpflanzen bestens eignen. Sie werden wie zweijährige Pflanzen kultiviert, d. h. sie blühen erst im Jahr nach der Aussaat. Man kann die Pflanzen aber schon im blühenden oder knospenden Zustand kaufen, wobei man sie dann aber nur wenige Monate behalten kann.

Pflege: Im **Frühling** und im **Sommer** sollte die Pantoffelblume nur dann gegossen werden, wenn die Oberfläche der Erde beginnt, trocken zu werden. Dabei ist unbedingt darauf zu achten, dass das Substrat weder völlig trocken fällt, noch mit Wasser vollgesogen ist. Es empfiehlt sich, alle zwei Wochen mit Flüssigdünger zu düngen. Als Standort eignet sich ein vor der direkten Sonne geschützter Platz im Halbschatten. Sowohl das Wachstum der Pflanze als auch die Entwicklung der Blüten lassen sich durch feuchte Umgebung verbessern. Verwelkte Blüten und Blätter sind aus ästhetischen Gründen sofort von der Pflanze zu entfernen. Im **Herbst** und im **Winter** bevorzugen die jungen Pflanzen Temperaturen über 7 °C, die Erde muss stets feucht bleiben. Im Februar kommen sie dann in neue Töpfe, um im darauffolgenden Sommer zu blühen. Sie benötigen dann frische Luft und eine Temperatur von höchstens 13 °C.

Vermehrung: Die Aussaat von Calceolaria erfolgt im März oder Juni. Wer über kein Frühlingsbeet verfügt, kann dazu auch eine Saatkiste verwenden, die auf ein warmes Fensterbrett gestellt wird. Die kleinen Calceolaria-**Samen** werden zuerst auf der Oberfläche der Aussaaterde verstreut und dann mit Zeitungspapier abgedeckt. So können die Samen im Dunkeln keimen. Sowohl die Erde als auch die Umgebung müssen dabei ständig feucht gehalten werden. Nach dem Keimen wird das Zeitungspapier entfernt. Im August und September, wenn die Pflanzen schon groß genug sind, kommen sie dann mit guter Blumenerde in einzelne Töpfe mit einem Durchmesser von 7 bis 10 cm.

Gefahren und Vorsichtsmaßnahmen: Grüne Blattläuse befallen besonders Pflanzen in einer zu warmen Umgebung. Dagegen hilft ein entsprechendes Insektizid und der Standort muss unbedingt gewechselt werden, um einem neuen Befall vorzubeugen. Bei allzu feuchten Bedingungen kann sich hingegen Grauschimmel (Botrytis) entwickeln, den man mit einem entsprechenden Pilzmittel bekämpft.

Arten und Sorten: *Calceolaria arachnoidea* ist eine sehr dekorative Art, wird aber dennoch seltener als andere kultiviert. Sie erreicht eine Höhe von bis zu 30 cm und entwickelt lebhaft purpurrote Blüten. *Calceolaria burbridgei* zählt ebenfalls zu den eher selteneren Vertretern und bringt von August bis Ende Oktober kleine gelb und weiß gefärbte Blüten hervor. Die meisten Hybriden sind aus der Art *Calceolaria crenatiflora* hervorgegangen und unter der Bezeichnung *Calceolaria x herbechybrida* bekannt. Die Blütenfarben dieser stark verzweigten und 30 bis 60 cm hohen Pflanze variieren von Gelb bis Orange, Rosa und Bronzefarben. Ihre Blätter sind oval, dünn und leicht behaart. „Grandiflora" ist eine Varietät mit besonders großen gelb bis rot gefärbten Blüten, die häufig rotbraune oder braune Flecken und Tüpfel aufweisen. Als „Multiflora nana" wird eine Zwergvarietät mit zarten, gezähnten Blättern bezeichnet. Sie bringt eine Unzahl von gelben, orange gefärbten oder roten Blüten hervor, die in Trauben an den Enden der Zweige sitzen.

Familie	Scrophularia-ceae (Rachenblütler)
Aussehen	krautige Staude
Wuchshöhe	30–60 cm
Durchmesser	30 cm
Blütezeit	Sommer
Standort	Halbschatten
Gießen	selten
Pflege	leicht

Calceolaria wird wegen ihrer rundlichen, pantoffelförmigen Blüten als Pantoffelblume bezeichnet.

Cattleya Cattleya

Familie	Orchidaceae (Orchideengewächse)
Aussehen	Staude
Wuchshöhe	25–50 cm
Durchmesser	20–60 cm
Blütezeit	Januar–März
Standort	warm, hell
Gießen	reichlich
Pflege	mittelschwer

Diese Gattung, die aus ca. 40 Naturarten und einigen Varietäten besteht, gilt als der Inbegriff einer Orchidee. Sie gehören wegen ihrer schönen, farbenprächtigen und großen Blüten schon seit langer Zeit zu den gefragtesten und beliebtesten Orchideen. Sie sind in fast jedem Blumengeschäft zu finden. Sie wurden nach dem englischen Orchideensammler William Cattley benannt, der im 19. Jahrhundert lebte. Alle Arten dieser Gattung leben epiphytisch (auf Bäumen) in den Urwäldern Mittel- und Südamerikas. Sie haben kräftige Wurzeln und recht große, dunkelgrüne und dickledrige Blätter. Aufgrund der Blattanzahl unterscheidet man einblättrige und zweiblättrige Arten, wobei die einblättrige Gruppe relativ wenige, aber dafür große Blüten besitzt, die zweiblättrige dafür viele und etwas kleinere Blüten. An der Basis der Blätter wächst am Ende der Vegetationsperiode eine flache grüne Blütenscheide. Darin entwickelt sich dann der Blütenstand und wächst langsam aus ihr hervor.

Pflege: Cattleyen, vor allem die zweiblättrigen Arten, lassen sich relativ leicht pflegen, wenn man die Vegetations- und Ruhezeiten berücksichtigt. Die Gattungen lieben warm-temperierte Bedingungen: Im **Sommer** 29 bis 17 °C, im **Winter** 21 bis 12 °C. In der Vegetationsphase sollte kräftig, in der Ruhezeit sehr sparsam (alle 2 bis 4 Wochen) gegossen werden. Zeigen sich Knospen an der Pflanze, sollte wieder mehr Wasser gegeben werden. Die Bulben dürfen in der Ruhezeit ein wenig, aber nicht zu sehr schrumpfen. Von März bis September muss recht kräftig gedüngt werden, während der Ruhepause gar nicht. Die Gattungen brauchen eine ausgeprägte Ruhezeit: Nach dem Abschluss des Neutriebes sollten sie trockener und kühler gehalten werden, um ein Durchtreiben zu vermeiden. Cattleyen und ihre Verwandten mögen es sehr hell, sonst bilden sich keine Blüten. Nur im **Hochsommer** vertragen sie keine direkte Mittagssonne. An der Färbung der Blätter kann man gut erkennen, wie diese Orchideen mit Licht versorgt sind: Eine helle gelbgrüne Blattfärbung (eventuell mit rotem Anteil) deutet auf zu viel Licht hin. Kommen schwarze, scharf begrenzte, trockene Flecken dazu, hat die Pflanze einen Sonnenbrand. In diesem Fall muss gerade mittags für mehr Schatten gesorgt werden. Dunkelgrün hingegen deutet auf zu wenig Licht hin. Cattleya-Blätter, welche die richtige Lichtmenge bekommen, haben eine Blattfärbung, die zwischen diesen beiden Färbungen liegt. Umtopfen sollte man im frühen **Frühjahr** bis in den frühen **Sommer** (bei Triebbeginn). Dabei sollten die Pflanzen nicht zu tief getopft werden; der Neutrieb muss sich frei entfalten können, da er sonst fault. Ein besonders lockeres Substrat ist empfehlenswert. Die Pflanzgefäße sollten dabei so gewählt werden, dass möglichst nicht häufiger als alle 3 Jahre verpflanzt werden muss.

Vermehrung: Sie erfolgt durch **Teilung**. Bereits einige Zeit vor dem Umtopfen wird der Erdspross durchtrennt. Die einzelnen Stücke sollten mindestens drei bis fünf Pseudobulben aufweisen. Die einzelnen Stücke lassen sich dann beim Umpflanzen leicht voneinander lösen.

Gefahren und Vorsichtsmaßnahmen: Man unterscheidet, wie oben erwähnt, zwischen ein- und zweiblättrigen Cattleyen. Nur die zweiblättrigen kommen für die Fensterbank in Frage. Ihre eher kleinen Blüten blühen auch länger. Bei zu trockener Luft kann ein vorsichtiges Öffnen der Blütenscheide notwendig werden. Kleinwüchsige Arten lassen sich übrigens auch auf Baumfarnstücken pflegen.

Arten und Sorten: Die Gattung besteht aus ca. 40 Arten, wobei die Anzahl der Züchtungen fast unüberschaubar ist. Besonders geeignet für die Fensterbank ist *Cattleya bowringiana*. Eine bekannte zweiblättrige Art ist *Cattleya aurantiaca*.

Bergpalme Chamaedorea

Familie	Palmae (Palmen)
Aussehen	palmenartig
Wuchshöhe	30–300 cm
Durchmesser	30–200 cm
Blütezeit	Sommer
Standort	indirektes Licht
Gießen	reichlich
Pflege	leicht

Die Gattung Chamaedorea umfasst rund 100 Arten von kleinen, langsam wachsenden Palmen, die aus den Regenwäldern Südamerikas stammen. Einige Arten davon lassen sich als Zimmerpflanzen kultivieren. Ihr Stamm ist dünn, aber kräftig und bildet eine kompakte und grazile Rosette aus schmalen, leichten und dünnen Palmwedeln. Die älteren Wedel sterben nach einer gewissen Zeit ab und werden nacheinander von jüngeren Blättern ersetzt. Am schönsten entwickelt sich diese Palmenart, wenn sie ungestört wachsen kann. Nach zwei oder mehr Jahren kann es vorkommen, dass sie sogar ihre kleinen gelben Blüten hervorbringt.

Pflege: Als Pflanzenerde bewährt sich für Chamaedorea eine Mischung aus drei Teilen Gartenerde und einem Teil Laubhumus oder zerkleinertem Torf. Das Umtopfen erfolgt im **März**, aber nur, wenn die Wurzeln den Topf schon komplett ausfüllen, was im Allgemeinen jedes zweite Jahr der Fall ist. Im **Frühling** und im **Sommer** muss man Chamaedorea reichlich gießen, so etwa zwei- bis dreimal wöchentlich. Alle zwei bis drei Wochen ist dem Gießwasser Flüssigdünger für Grünpflanzen beizumengen. Die Pflanze bevorzugt eine Temperatur von rund 18 °C, verträgt jedoch auch höhere Temperaturen. Sie liebt einen hellen Standort, der jedoch nicht prall besonnt sein darf. Direkte Sonnenstrahlen würden die Wedel versengen. Um ausreichend Feuchtigkeit zu gewährleisten, müssen die Blätter häufig besprüht oder der Topf auf einen mit nassem Kies gefüllten Untersetzer gestellt werden. Genügend Frischluft ist ebenfalls wichtig, wobei aber kein Luftzug entstehen darf. Im **Herbst** und im **Winter** benötigt Chamaedorea nur so viel Wasser, dass die Erde nicht ganz austrocknet. Dabei hängt die Häufigkeit des Gießens natürlich von der Raumtemperatur ab. Im Allgemeinen genügt einmal wöchentliches Gießen. Bei Temperaturen über 18 °C muss die Pflanze zusätzlich besprüht werden, um genügend Feuchtigkeit zu erhalten, andernfalls beginnen die Blätter braun zu werden. Es empfiehlt sich auch, sie ab und zu mit einem feuchten Tuch zu reinigen.

Vermehrung: Für die Aussaat der Chamaedorea-**Samen** benötigt man feuchte Blumenerde, die aus gleichen Teilen Sand und Torf besteht. Die Samen werden entweder gleich 2,5 cm tief eingesetzt oder zunächst auf der Oberfläche verteilt und dann erst in die Erde gepflanzt, wenn sie zu keimen begonnen haben. Diese Methode erlaubt es, die Entwicklung der Keimlinge direkt zu beobachten. Bei der Keimung muss darauf geachtet werden, dass die Erde stets feucht bleibt und die Temperatur in der Treibkiste zwischen 24 und 26 °C liegt. Haben die Pflanzen ihre ersten Blätter gebildet, so kommen sie einzeln in Töpfe mit 7 cm Durchmesser, in denen sich eine Mischung aus Blumenerde und gut kompostierter Lauberde befindet. Die Pflanzen benötigen anschließend eine Temperatur von 18 °C.

Chamaedorea elegans *kann in wenigen Jahren eine Höhe von ca. 2 m erreichen.*

Gefahren und Vorsichtsmaßnahmen: Ein richtiges Maß von Wasser, Dünger und Temperatur stellt das wichtigste Kriterium für das Gedeihen dieser Pflanze dar. Beginnt sie zu welken oder wächst sie nur sehr langsam, so liegt dies zweifellos an der Pflege. Werden die Blätter gelb und zeigen sich an der Unterseite feine Spinngewebe, dann liegt ein Befall durch die Rote Spinne vor. Diese Milben lassen sich durch ein entsprechendes milbentötendes Mittel bekämpfen. Blattläuse und Schildläuse treten an der Chamaedorea ebenfalls auf und können dann durch ein entsprechendes Insektizid vernichtet werden.

Chamaedorea cataractarum *ist eine Zwergpalme mit einer intensiv grünen, dichten Krone aus Palmwedeln.*

Arten und Sorten: *Chamaedorea cataractarum* ist eine Zwergpflanze mit einem grünen, weiß gefleckten Stamm und einer regelmäßigen und kompakten Wuchsform mit dichter, intensiv grüner Krone aus Blattwedeln. Bei den jungen Pflanzen bilden sich gelegentlich Blüten, denen rötliche Beeren als Früchte folgen. *Chamaedorea elatior* eignet sich ideal als Zimmerpflanze. Sie stammt aus Südmexiko, entwickelt dünne binsenähnliche Blattstiele und dunkelgrüne und breit befiederte Wedel. *Chamaedorea elegans* (syn. *Neanthe elegans*) gehört zu den schnellwüchsigen Palmenarten. Sie kann in sechs bis sieben Jahren bis zu 2 m hoch werden und stammt aus Mexiko. Diese Art entwickelt lange, dünne Blattstiele und bis zu 60 cm lange elegante Wedel aus lanzettlichen, 25 mm breiten Fiederblättern. Die beliebte Varietät „Bella" ist in den Bergwäldern Ostguatemalas beheimatet und unterscheidet sich von den anderen typischen Arten durch ihre Kompaktheit und durch ihr langsameres Wachstum. Sie weist kräftige Blattstiele und schmale, eher dünne und leichte Wedel auf. *Chamaedorea metallica* (syn. *Chamaedorea tenella*) entwickelt einen kräftigen, aber schlanken, 60 bis 90 cm hohen Stamm. Die Heimat dieser Art ist Mexiko. Die Wedel zeigen die Form eines gezähnten Fächers, weil sie aus einzelnen verwachsenen Fiederblättchen bestehen, die nur an der Spitze voneinander getrennt sind.

Grünlilie   Chlorophytum

Familie
Liliaceae (Lilien-
gewächse)

Aussehen
Rosette

Wuchshöhe
25 cm

Durchmesser
30 cm

Blütezeit
das ganze Jahr
über

Standort
indirektes Licht

Gießen
reichlich

Pflege
leicht

Die Gattung Chlorophytum umfasst rund 250 immergrüne, mehrjährige krautige Arten mit Wurzelstock, die in Ost- und Südafrika beheimatet sind. Sie zählen zu den am leichtesten zu kultivierenden Zimmerpflanzen. Es gibt sie in zahlreichen Varietäten, die alle lange, elegant gebogene und meist weiß-grün gestreifte Blätter und kleine weiße Blüten aufweisen. Aus der Mitte der Rosette älterer Pflanzen wachsen lange und drahtige Blütenstände, an denen sich nach der Blüte Jungpflanzen bzw. Kindel mit Blättern und Wurzeln entwickeln. Solange man sie nicht entfernt, hängen sie wie ein grün-weißer Wasserfall herab, der den Blick jedes Besuchers auf sich zieht, vor allem wenn Chlorophytum als Ampelpflanze wächst.

Pflege: Im Frühling und im Sommer muss Chlorophytum vor allem bei Temperaturen über 26 °C vor direkter Sonneneinstrahlung geschützt werden; die Pflanze bevorzugt halbschattige Standorte mit etwas höherer Luftfeuchtigkeit. In dieser Zeit wird auch reichlich gegossen, wobei dem Gießwasser stets etwas Flüssigdünger beizumengen ist. Im Herbst und im Winter benötigt die Grünlilie einen luftigen Platz, der nicht dem Luftzug ausgesetzt ist, und die Temperatur darf jetzt nicht unter 17 °C fallen. Ende des Winters ist die Pflanze dann umzutopfen, wenn die Wurzeln den Topf schon ausfüllen, weil er durch den Wurzeldruck bersten kann. Damit die Blätter während dieser kalten Jahreszeit nicht ihre schöne Färbung verlieren, sollte die Pflanze direkt am Licht stehen.

Vermehrung: Die einfachste Vermehrungstechnik besteht darin, die an der Spitze der Blütenschäfte wachsenden Kindel abzunehmen und im Wasser Wurzeln bilden zu lassen. Man kann sie aber auch länger an der Mutterpflanze belassen und erst dann abtrennen, wenn sie schon eigene Wurzeln gebildet haben. Letztere Methode ist eher zu empfehlen, weil der fleischige Stängel für die Kindel wie eine Art Nabelschnur ist, über die sie ihre Nährstoffe erhalten. Die Pflanze sollte dabei solange im Schatten stehen, bis die Wurzeln fertig entwickelt sind. Nach dem Einsetzen können die Kindel wie ältere Pflanzen behandelt werden. Falls man die kleinen Pflänzchen im Wasser bewurzelt, dauert es rund einen Monat, bis sie soweit sind, dass sie eingepflanzt werden können. Die Grünlilie lässt sich aber auch durch Teilung vermehren; die Pflanze wird in ihrer Mitte durchtrennt und die Teile werden separat eingesetzt.

Gefahren und Vorsichtsmaßnahmen: Beim Gießen ist für Chlorophytum das richtige Maß sehr wichtig. Falls die Pflanze zu viel Wasser erhält, beginnen die fleischigen Wurzeln im Topf durch Staunässe zu faulen und die Blätter an Farbintensität zu verlieren. Zu wenig Wasser verursacht hingegen Bräunung der Blattspitzen. Gelegentlich wird die Pflanze von der Roten Spinne oder von der Wolllaus befallen; zu deren Bekämpfung verwendet man entsprechende Pflanzenschutzmittel.

Arten: *Chlorophytum comosum* (syn. *C. capense, C. elatum*) weist grüne Blätter mit gewelltem Rand auf, die eine schmale Rosette bilden, an deren Mitte lange weiße Blütenstände wachsen, die zahlreiche kleine, ebenfalls weiße Blüten tragen. *Chlorophytum laxum* ist eine kleine Art mit bandförmigen, leuchtend grünen, weiß gerandeten Blättern. An den Enden ihrer Blütenschäfte bilden sich Rispen kleiner weißer Blüten. *Chlorophytum undulatum* ist eine rund 30 cm hohe Art mit schmalen, harten Blättern, deren Ränder etwas rau sind. In der Mitte der Blattrosette entwickelt sich ein Blütenstand, der rund 5 cm messende weiße Blüten trägt.

Klimme, Känguruwein Cissus

Cissus antarctica *weist herzförmige, glänzend dunkelgrüne Blätter mit braunen Blattadern auf.*

Die Arten der Gattung Cissus stammen aus Ostasien, Afrika und Südamerika und sind größtenteils Kletterpflanzen, die sich als Zimmerpflanzen hervorragend eignen. Manche von ihnen vertragen problemlos auch kalte und schattige Standorte und sind darüber hinaus leicht zu pflegen. Es gibt rund 35 Arten und zahlreiche Varietäten von Cissus, die sich durch die Form und Farbe ihrer Blätter unterscheiden. Einige Arten entwickeln sukkulente Sprosse in außergewöhnlichen Formen. Aufgrund des Wachstumsverhaltens ergeben sich verschiedene Möglichkeiten bei der Wahl ihres Standortes; so etwa als Kletter- oder Hängepflanze, aber auch als Ampelpflanze. Ihre enge Verwandtschaft mit der Weinrebe zeigt sich auch darin, dass die meisten Arten Ranken bilden, die sich an Klettergerüsten festklammern können.

Familie
(Vitaceae
Weinreben-
gewächse)

Aussehen
Kletterpflanze

Wuchshöhe
30–180 cm

Durchmesser
30–90 cm

Blütezeit
Sommer
(unbedeu-
tende Blüten)

Standort
Halbschatten

Gießen
reichlich

Pflege
leicht

Pflege: Will man Cissus als Kletterpflanze kultivieren, so kann man ein oder zwei Holzstäbe in die Erde stecken, dass sich die Pflanze daran emporranken kann. Dabei sollten die Wurzeln nicht verletzt werden. Als Hängepflanze hingegen lässt man Cissus selbst Halt suchen oder man bindet die Sprosse locker an ein Gerüst. Mit fortschreitendem Wachstum der Pflanze werden diese Stützen dann durch längere Stäbe oder ein richtiges Klettergerüst ersetzt. Ende des **Frühlings** erfolgt der jährliche Rückschnitt, wobei dies bei einem zu üppigen Wuchern während der Wachstumsphase auch öfter geschehen kann. Dies trifft vor allem für die Zeit zwischen Ende **März** und Ende **August** zu. In diesen Monaten benötigt Cissus reichlich Wasser. Es darf sich aber niemals Staunässe bilden, weil die Wurzeln sonst leicht zu faulen beginnen. Im **Frühling** und im **Sommer** wächst Cissus am besten bei Temperaturen von 18 bis 24 °C, nur die Art *Cissus discolor* benötigt Temperaturen zwischen 27 und 30 °C. Nun muss der Pflanze ausreichend Frischluft und Feuchtigkeit zugeführt werden. Zu diesem Zweck kann man sie entweder besprühen oder noch besser in einen mit nassem Kies gefüllten Untersetzer stellen. Alle zwei bis drei Wochen ist dem Gießwasser etwas Flüssigdünger beizumengen. Im **Herbst** und im **Winter** genügt den meisten Cissus-Arten eine Temperatur von 7 °C, ausgenommen *Cissus discolor*, der mindestens 13 °C zur Überwinterung benötigt. Bei niedrigen Temperaturen verlieren die Blätter dieser Pflanze zuerst ihre Farbe und fallen dann ab. Diese Art bevorzugt auch einen hellen Standort, während die anderen besser im Halbschatten gedeihen. Die Pflanzen benötigen jetzt auch nur mehr gerade so viel Wasser, dass sie nicht vertrocknen. Von Dezember bis März wird sie nicht gedüngt. Die sukkulenten Arten verlangen viel Licht und es genügt ihnen auch während der Wachstumsphase wenig Wasser, während sie im Winter unbedingt trocken bleiben müssen.

Vermehrung: Im Frühling können junge Cissus-Triebe als 5 bis 7 cm lange **Stecklinge** so abgeschnitten werden, dass ein Stückchen des Mutterastes dran bleibt. Die Schnittstelle der Stecklinge wird dann mit Hormonpulver bestreut und in eine Mischung aus Sand und Torf zu gleichen Teilen eingesetzt. Die Temperatur für die

Bewurzelung sollte zwischen 24 und 26 °C liegen und die Erde für zwei bis drei Wochen feucht gehalten werden, d. h. bis die ersten Wurzeln wachsen, wobei sich in einer Treibkiste die Idealtemperatur konstant halten und der ganze Prozess beschleunigen lässt. Sobald die Stecklinge Wurzeln gebildet haben, kommen sie in einen Topf mit guter Erde. Sie benötigen nun Schatten, Feuchtigkeit und viel frische Luft, um schnell zu wachsen. Einige sukkulente Cissus-Arten können auch durch Samen vermehrt werden. Diese werden in eine Mischung aus Sand und Torf zu gleichen Teilen gesät und dann mit einer Schicht grobem Sand bedeckt. Sie keimen in fünf bis sechs Wochen. Sind die Pflänzchen ausreichend groß geworden, so werden sie umgetopft.

Gefahren und Vorsichtsmaßnahmen: Cissus-Arten sind vitale Pflanzen, die selten von Krankheiten oder Parasiten befallen werden. Man sollte jedoch stets auf die Blätter achten. Hängen sie welk herunter oder werden runzelig, steht die Pflanze zu kalt. Sie benötigt dann einen wärmeren Standort. Sterben die Blätter hingegen ab, dann wurde die Pflanze zu intensiv gegossen. Man muss diese dann einige Zeit austrocknen lassen und nur so viel gießen, dass die Erde stets leicht feucht bleibt. Wenn die Blätter verwelken, braun werden oder abfallen, liegt die Ursache dafür meistens in einer zu direkten Sonneneinstrahlung. Wenn eine sechs bis sieben Jahre alte Pflanze plötzlich eingeht, ist das eine Folge ihres Alters.

Arten und Sorten: *Cissus antarctica* bringt zahlreiche herzförmige, glänzend dunkelgrüne Blätter hervor, die ca. 10 cm lang und 5 cm breit werden und eine dünne Äderung aufweisen. Sie stammt aus New South Wales in Australien. Die erwachsene Pflanze kann auch Blüten und ungenießbare Früchte bilden, dies kommt bei Topfpflanzen kaum vor. *Cissus discolor* ist eine kräftige Kletterpflanze. Lässt man sie in einem großen Topf frei wachsen, kann sie bis zu 2 m hoch werden. Die Blätter sind 15 cm lang. An der Oberseite durchziehen tief liegende grüne Adern die silbrig weiße Blatt-

spreite mit purpurroten und grünen Flecken, während die Blattunterseite einheitlich rotbraun gefärbt ist. Die ursprüngliche Heimat dieser Art liegt auf der Insel Java und in Kambodscha, von wo aus sie auch nach Australien gelangte. *Cissus hypoglauca* ähnelt in der Form einem Strauch und erreicht eine Höhe von bis zu 2 m. Diese Art weist zusammengesetzte dicke, lederartige, dunkelbraun gefärbte Blätter auf, die aus fünf glänzenden, gezähnten Blättchen bestehen. *Cissus quadrangularis* ist eine sukkulente Kletterpflanze, deren Sprosse entlang ihrer gesamten Länge von vier ausgeprägten Rippen verstärkt werden. Die herzförmigen, fleischigen Blätter verfügen über einen unregelmäßig gesägten Rand. Diese Art stammt aus Ostafrika und Somalia. *Cissus rhombifolia* (syn. *Rhoicissus rhomboidea*) zeigt lange, kräftige, filzige Sprosse mit zahlreichen Ranken, deren Enden gegabelt sind und sich einrollen. Die zusammengesetzten Blätter sind samtig, dunkelgrün und bestehen aus drei rhombisch geformten Blättchen. Die Heimat dieser Art liegt in Südamerika und auf den Westindischen Inseln. Die einfach zu pflegende Varietät dieser Art, „Mandaiana", zeichnet sich durch ihre kräftigen, dicken Sprosse sowie durch glänzende, fleischige, feste und dunkelgrün gefärbte Blätter aus.

Zitrone Citrus limon

Citrus limon stammt aus Südostasien, Nordburma und Südchina. Es handelt sich um eine zu einem Busch oder Baum heranwachsende Zitruspflanze mit breit-lanzettlichen, matt glänzenden grünen Blättern, die bis zu 8 cm lang werden. Neue Blätter sind zunächst meist purpurfarben. Die Pflanze wächst weit verzweigt, die an den bedornten Trieben wachsenden Früchte sind als Zitronen bekannt.

Die Blüten sind weiß, werden bis zu 4 cm groß und verströmen einen sehr angenehmen, starken Duft. Auch die Blüten sind zum Teil purpurfarben, solange sie noch nicht geöffnet sind. Die Zitronenbäume können je nach Alter bis zu 3 m hoch werden.

Familie	Rutaceae (Rautengewächse)
Aussehen	buschiger Strauch
Wuchshöhe	100–200 cm
Durchmesser	70–150 cm
Blütezeit	vor allem im Frühjahr
Standort	hell
Gießen	mittelmäßig
Pflege	mittelschwer

Pflege: Zitruspflanzen lieben einen warmen, sonnigen Platz und fühlen sich zwischen **Mai und September** auch im Freien oder im Wintergarten wohl. Die ideale Temperatur sollte im **Winter** zwischen 8 und 10 °C betragen. Im **Sommer** muss die Pflanze möglichst sonnig stehen, für die Überwinterung als Kübelpflanze genügt ein einigermaßen heller, kühler Raum. Kleinere Pflanzen kann man auch ohne Winterruhe an einem hellen Platz im Zimmer überwintern. Die Überwinterungstemperatur kann auch knapp über der Frostgrenze liegen, allerdings darf man die Pflanzen dann nur sehr sparsam gießen.

Das Substrat sollte durchlässig und leicht sauer sein. Zitruspflanzen haben nur einen mäßigen Wasserbedarf, wobei die Wurzeln nicht ständig im Wasser stehen dürfen. Das Substrat darf nicht dauerhaft nass sein, weil sonst die feinen Haarwurzeln zersetzt werden. Andererseits sollte der Wurzelballen aber auch nicht ganz austrocknen. Das Wasser darf niemals zu kalkhaltig sein, da die Pflanze sonst eingehen kann. In größeren Zeitabständen können die Zitronenbäume leicht zurückgeschnitten werden. Von **Frühling** bis **Herbst** wird ein- bis zweimal wöchentlich gedüngt, im **Winter** wird alle 4 bis 8 Wochen mit Citrusdünger gegossen.

Vermehrung: Die Vermehrung durch Samen ist zwar möglich, aber nicht empfehlenswert. Bei der **Veredelung** wird der Trieb eines gut fruchtenden Bäumchens im März auf die **Wildlinge** gepfropft. Bei der Vermehrung durch **Stecklinge**, die ganzjährig möglich ist, wird durch das ausgereifte Holz ein schräger Längsschnitt gemacht. Anschließend werden die Schnittflächen mit einem Bewurzelungsmittel behandelt. Dann steckt man sie in Töpfe, wobei die Bewurzelungsdauer ca. 4 bis 6 Wochen beträgt (Luft- und Bodentemperatur nicht unter 25 °C, Luftfeuchtigkeit 80 bis 90%). Schließlich werden sie weiterkultiviert, indem man sie einzeln in Töpfe setzt.

Gefahren und Vorsichtsmaßnahmen: Wie alle Zitruspflanzen sollte auch Citrus limon vor Zugluft geschützt werden. Zitronen sind sehr kalkempfindlich. Bei Neuaustrieb kann es gelegentlich zu Blattlausbefall kommen. Besonders bei einem zu warmen Standort und bei mangelnder Belüftung können Spinnmilben und Schildläuse auftreten. Umgepflanzt wird normalerweise alle 2 Jahre, wobei die beste Zeit zum Umtopfen das Frühjahr ist.

Arten und Sorten: *Citrus limon meyerii* zeichnet sich durch dickere Früchte, einen gedrungeneren Wuchs und dadurch ein elegantes Aussehen aus. Sie ist vor allem für Kübel geeignet und sehr robust. *Citrus medica* (Zitronatzitrone) hat Früchte mit sehr dicker Schale, welche zu Zitronat verarbeitet wird. Die meistkultivierte Sorte ist *Eureka*, ein attraktiver und fast dornenfreier Baum, der ganzjährig Früchte und Blüten hervorbringt. *Citrus limon Lisbon* hat ihren Ursprung in Portugal, ist gegenüber Temperaturschwankungen sehr tolerant und vor allem zur Kultur im Kübel geeignet. Typisch ist die zitzenförmige Ausstülpung, die hier sehr ausgeprägt ist und sehr dekorativ wirkt. Erwähnenswert ist auch *Citrus limon Lunario*, eine Ganzjahres-Zitrone, die nach der Hauptblütezeit im Frühjahr auch während der übrigen Zeit des Jahres blüht und fruchtet.

Orange Citrus sinensis

Familie
Rutaceae
(Rauten-
gewächse)

Aussehen
Strauch

Wuchshöhe
50–200 cm

Durchmesser
40–120 cm

Blütezeit
vor allem im
Frühjahr

Standort
Sonne bis
Halbschatten

Gießen
mittelmäßig

Pflege
mittelschwer

Orangenbäume sind sehr beliebt und dekorative Zimmerpflanzen, die aber in freier Natur auch bis zu 8 m hoch werden können. Bei Citrus sinensis handelt es sich um eine bis zur Baumgröße heranwachsende, aufwärts strebende Zitruspflanze. Sie wächst dicht, mit breiter Verzweigung und wird als Kübelpflanze oft als kleines Bäumchen angeboten. Die Blätter sind dunkelgrün glänzend, eiförmig bis langoval und bis zu 8 cm lang. Die großen weißen Blüten werden bis zu 4 cm groß und verströmen einen sehr angenehmen, starken Duft. Die Pflanze besitzt lange Stacheln. Die Früchte sind zunächst grünlich und nehmen später eine orange Färbung an. Die Heimat von Citrus sinensis ist China.

Pflege: Die Pflanze braucht einen sonnigen, aber nicht zu warmen Standort, sie ist ideal für den luftigen Wintergarten. Das Substrat sollte durchlässig und leicht sauer sein. Wie alle Zitruspflanzen darf auch der Orangenbaum nur mäßig gegossen werden. Dabei dürfen die Wurzeln nicht ständig im Wasser stehen. Das Substrat sollte nicht dauerhaft nass sein, weil sonst die feinen Haarwurzeln zersetzt werden. Der Wurzelballen darf aber auch nicht ganz austrocknen. Das Wasser darf niemals zu kalkhaltig sein, da die Pflanze sonst dauerhaft eingehen kann. Im **Sommer** sollte die Pflanze möglichst sonnig stehen, für die Überwinterung als Kübelpflanze genügt ein relativ heller, kühler Raum. Im **Sommer** kann die Pflanze auch im Freien im Halbschatten stehen. Vor allem während der Wachstumsphase braucht sie etwas mehr Wärme. Die ideale Temperatur beträgt im Sommer zwischen 15 und 20 °C, im **Winter** kann sie knapp über der Frostgrenze liegen (4 bis 6 °C).

Vermehrung: Die Vermehrung durch Samen ist zwar möglich, aber nicht empfehlenswert. Bei der **Veredelung** wird der Trieb eines gut fruchtenden Bäumchens im März auf die **Wildlinge** gepfropft. Bei der Vermehrung durch **Stecklinge**, die ganzjährig möglich ist, wird durch das ausgereifte Holz ein schräger Längsschnitt gemacht. Anschließend werden die Schnittflächen mit einem Bewurzelungsmittel

behandelt. Dann steckt man sie in 5-cm-Töpfe, wobei die Bewurzelungsdauer ca. 4 bis 6 Wochen beträgt (Luft- und Bodentemperatur über 25 °C, Luftfeuchtigkeit 80 bis 90%). Schließlich werden sie weiterkultiviert, indem man sie in 10-cm-Töpfe setzt.

Gefahren und Vorsichtsmaßnahmen: Die Pflanze ist vor allem anfällig für Schild- und Wollläuse, Spinnmilben und Thripse. Wie alle Citruspflanzen sollte auch Citrus sinensis vor ständiger Zugluft geschützt werden. Achtung: Citrus sinensis verträgt keinen Frost und ist auch empfindlich gegenüber zu trockener Zimmerluft! Im Sommer muss reichlich gedüngt und gegossen werden, da sonst die Blätter gelb werden können.

Arten und Sorten: Es gibt zahlreiche Zuchtformen, die in drei Gruppen (Navel-, Blond- und Blutorange) von großer wirtschaftlicher Bedeutung eingeteilt werden. Als Zimmerpflanze hat vor allem die Sorte *Valencia* Bedeutung, die die wohl frosthärteste unter den zahlreichen Sorten ist und vor allem zu Saft verarbeitet wird. Die bekannteste und schmackhafteste Sorte unter den Blutorangen ist *Ruby Blood*, deren Fruchtfleisch, Schale und Saft rötlich gefärbt sind. Navel-Orangen sind kernlos und haben einen Nabel an der Fruchtspitze. Erwähnenswert ist hier vor allem *Washington Navel* mit sehr großen und süßen Früchten im Winter. Im Handel werden heute ständig neue Sorten angeboten.

Clivie   *Clivia*

Die Gattung Clivia stammt aus Südafrika und umfasst vier immergrüne, mehrjährige Arten, die wegen ihrer schönen orangefarbigen Blüten als Zimmerpflanzen sehr beliebt sind. Im Frühling entwickelt Clivia im Zentrum ihrer Blätter einen dicken und langen Blütenschaft, an dessen Ende sich die zierlichen, röhrenförmigen Blüten zu einer kugeligen Dolde vereinen. Die Farbe der Blüten reicht dabei von Orangerot bis Apricot und Gelb. Sie blühen nur wenige Tage, werden aber ständig durch neue ersetzt, sodass die gesamte Blüte mehrere Wochen andauert. Falls der Blütenschaft nicht entfernt wird, können sich die Blüten zu roten, eiförmigen Früchten entwickeln, in denen die Samen heranreifen. An ausgewachsenen Pflanzen bilden sich hin und wieder Tochterpflanzen mit dunkelgrünen, dekorativen Blättern.

Pflege: Die Clivie wird im **Frühling** umgetopft, sobald die Wurzeln den Topf ganz ausfüllen, d. h. etwa alle drei bis vier Jahre. Sowohl im Frühling als auch im **Sommer** bevorzugt die Pflanze einen hellen Standort, der jedoch nicht direkt an der Sonne liegen darf, da die Blätter sonst Verbrennungen erleiden. Die Pflanze verträgt aber problemlos Temperaturen bis 21 °C. Während der Blütezeit und dann bis September benötigt Clivia regelmäßiges Gießen, etwa alle zwei Wochen etwas flüssigen Dünger. Nach dem Abblühen wird der Blütenschaft abgeschnitten. Im **Herbst** und im **Winter** sollte Clivia an einen hellen Standort bei einer Temperatur von rund 10 °C stehen. Bis zur Zeit der Knospenbildung sollte man nur wenig gießen und die Erde nur leicht feucht halten. Gegen Februar, wenn sich die Blütenknospen zeigen, kann die Temperatur erhöht werden, sollte aber 18 °C nicht übersteigen, wenn man eine vorzeitige und allzu kurze Blüte vermeiden will.

Vermehrung: Die Clivie vermehrt sich eigenständig, indem sie an ihrer Basis **Tochter-pflanzen** bildet. Sie können leicht entfernt und einzeln in Töpfe eingepflanzt werden. Die Pflanze kann aber auch durch **Teilung** vermehrt werden. Im Februar nimmt man dazu die Mutterpflanze aus dem Topf und schneidet den Wurzelstock mit einem scharfen Messer in mehrere Teile. Anschließend kommen die einzelnen Stücke in Töpfe mit einem Durchmesser von 7 bis 13 cm. Die Erde ist dann leicht feucht zu halten, und die Pflanze erst an einen helleren Ort zu stellen, wenn sie angewachsen ist. Dort ist sie von nun an wie eine ausgewachsene Pflanze zu behandeln. Im Allgemeinen blühen diese vermehrten Pflanzen erst im nächsten Jahr. Man kann Clivien auch aus Samen ziehen, die im März ausgesät werden. Dafür verwendet man eine Saaterde, der etwas grober Sand beigemengt wird. Die Erde muss danach stets feucht sein und eine Temperatur von 21 °C aufweisen. Eine aus **Samen** gezogene Pflanze blüht erst nach rund acht Jahren.

Gefahren und Vorsichtsmaßnahmen: Zu reichliches oder zu seltenes Gießen führt dazu, dass sich die Blätter der Clivie einrollen und gelb werden. Sobald sich die Erde trocken anfühlt, ist regelmäßig zu gießen. Ein allzu nasses Substrat muss hingegen einige Zeit abtrocknen, bevor man wieder mit dem mäßigen, aber regelmäßigen Gießen beginnen kann. Clivia wird am Ansatz oder an den Unterseiten der Blätter häufig von Wollläusen befallen. Sie können mit Hilfe eines Tuches oder Pinsels, die zuvor in denaturierten Alkohol getaucht wurden, abgewischt werden. Dieser Vorgang kann bei Bedarf nach einer Woche wiederholt werden. Bei starkem Befall hilft nur eine Behandlung mit einem speziellen Spritzmittel.

Familie	
Amaryllidaceae (Amaryllis-gewächse)	
Aussehen	
fächerförmig	
Wuchshöhe	
30–70 cm	
Durchmesser	
30–40 cm	
Blütezeit	
März–August	
Standort	
indirektes Licht	
Gießen	
mittelmäßig	
Pflege	
leicht	

Die glockenförmigen orange-roten Blüten von Clivia bilden eine kugelige Dolde.

Clivia miniata entwickelt band-förmige, dicke und fleischige Blätter, die in Form eines Fächers angeord-net sind und aus deren Zentrum der Blütenschaft herausragt.

Arten: *Clivia gardenii* entwickelt schmale, lanzettliche Blätter, die bis zu 70 cm lang werden. Sie stammt aus den bewaldeten Gebieten Transvaals und Natals und bildet im Mai in ihrem Zentrum einen kurzen, dicken Blütenschaft, an dessen Ende eine Dolde von orangegelben, grün gerandeten Blüten sitzt. *Clivia miniata* zeigt band-förmige, dunkelgrüne, dicke und fleischige Blätter, die rund 60 cm lang werden und sich fächerförmig nach außen krümmen. Der Blütenschaft dieser Art wächst aus dem Zentrum und trägt bis zu 20 schöne trompetenförmige Blüten, die orange, rot oder apricotfarben sind. Auch sie stammt aus Transvaal und Natal. *Clivia nobilis* ist eine 30 bis 45 cm hohe Art, die von April bis Juli doldenartige Blütenstände mit 40 bis 60 trompetenförmigen, halb hängenden, orangeroten Blüten mit grünen Rändern entwickelt.

Kroton, Wunderstrauch Codiaeum

Die Gattung Codiaeum stammt aus den Wäldern Malaysias und von den pazifischen Inseln. Diese auch Wunderstrauch oder Kroton genannten Pflanzen werden wegen ihrer schönen Zierblätter, die zahlreiche verschiedene Farben, Formen und Zeichnungen aufweisen, als Zimmerpflanzen kultiviert. Codiaeum-Arten müssen regelmäßig zurückgeschnitten werden und können eine Höhe von ca. 1 m erreichen. Ihre Pflege erfordert jedoch einige Erfahrung. Sie benötigen das ganze Jahr über Wärme, weil sie sonst die Blätter verlieren und absterben. Darüber hinaus bevorzugen sie einen sehr hellen Standort, damit die Blätter ihre prächtige Färbung behalten. Im Sommer entwickeln sich bei erwachsenen Pflanzen in den Blattachseln oftmals kleine, sternförmige gelbe Blüten.

Familie
Euphorbiaceae (Wolfsmilchgewächse)

Aussehen
strauchförmig

Wuchshöhe
60–100 cm

Durchmesser
20–45 cm

Blütezeit
Sommer

Standort
indirektes Licht

Gießen
reichlich

Pflege
schwierig

Pflege: Sollten die Wurzeln von Codiaeum keinen Platz mehr im Topf haben, wird die Pflanze am besten im **Februar** in neue, nährstoffreiche Erde umgetopft. Falls sie über den Winter unregelmäßig und schütter gewachsen ist, muss sie im **März** vorsichtig zurückgeschnitten werden, dabei quillt an den Schnittstellen weiße Milch hervor. Um die Schnittstellen besser zu vernarben, werden sie mit Schwefel- oder Kohlepulver bestäubt. Während der anschließenden Vegetationsphase, d. h. von **März** bis Ende **Oktober**, benötigt die Pflanze nun einen luftigen und hellen Standort. Direkte Sonnenbestrahlung muss vermieden werden, da sie zu Verbrennungen der Blätter führt. Die Raumtemperatur sollte bei rund 18 °C liegen. Codiaeum wächst sehr rasch und muss daher morgens regelmäßig gegossen und besprüht werden. Alle 10 bis 15 Tage ist dem Gießwasser eine kleine Dosis Flüssigdünger beizumengen. Gegen Oktober kann diese Dosis allmählich verringert werden, weil sich die Pflanze nun in ihre Ruhephase begibt. Im Winter darf die Temperatur niemals unter 15 °C sinken, weil die Pflanze dann stirbt, denn durch die Kälte faulen ihre Wurzeln! Codiaeum benötigt über den Winter unbedingt einen hellen Standort in einem warmen und luftigen Zimmer, wobei Zugluft zu vermeiden ist. Die Pflanze braucht auch keinen Dünger und nur wenig Wasser.

Vermehrung: Wenn Codiaeum nach einigen Jahren ihre untersten Blätter verliert, kann man versuchen, durch **Abmoosen** eine neue Pflanze heranzuziehen. Haben sich kräftige Wurzeln gebildet, so wird der bewurzelte Spross abgeschnitten und dann eingetopft. Die beschnittene Pflanze entwickelt dann unterhalb der Schnittstelle neue Seitentriebe. Von den größeren Seitentrieben können im Frühling 7 bis 10 cm lange **Stecklinge** abgeschnitten werden, an denen sich möglichst zwei Blattpaare und eine Knospe befinden sollten. Auf die Schnittstelle kommt dann Hormonpulver und der Steckling wird mit der Schnittstelle nach unten in nährstoffreiche Erde und Sand, zu gleichen Teilen, eingepflanzt. Dieses Substrat ist solange zu gießen, bis die Stecklinge Wurzeln gebildet haben. Dabei benötigen sie einen schattigen Standort bei einer Temperatur von ca. 24 °C. Falls man einen Treibkasten verwendet, sollte der Deckel zweimal am Tag heruntergenommen oder ein entsprechender Spalt zur Durchlüftung offen gelassen werden. Dadurch wird verhindert, dass sich Kondenswasser und somit Schimmel bildet. Haben sich nach drei bis vier Wochen Wurzeln gebildet, so setzt man die Stecklinge in Töpfe mit nährstoffreicher Erde. Die Vermehrung von Codiaeum kann auch durch **Samen** erfolgen, wobei die Aussaat im Januar oder Februar vorgenommen wird. Als Saaterde eignet sich dabei dasselbe Substrat wie für die Stecklinge. Nach dem Keimen benötigen die Pflänzchen eine Temperatur von 21 °C sowie ausreichend Frischluft.

Gefahren und Vorsichtsmaßnahmen: Die Blattunterseiten und Blattachseln von Codiaeum werden häufig von Wollläusen befallen. Sie lassen sich mit einem in denaturierten Alkohol getauchten Pinsel leicht entfernen. Kleine braune Pusteln an Stängeln und an der Unterseite der Blattspreiten deuten hingegen auf Schildläuse hin. Sie sind entweder wie die Wollläuse zu bekämpfen oder mit einem spezifischen Insektizid zu behandeln. Die Rote Spinne befällt die Pflanzen vor allem dann, wenn die Luft am Standort zu trocken ist. Die Anwesenheit dieser Parasiten ist an ihren dünnen weißen Gespinsten an der Blattunterseite und den Stängelansätzen zu erkennen.

Bei Befall durch die Rote Spinne empfiehlt sich die Verwendung eines Spezialmittels, wobei die Pflanze zusätzlich gut zu gießen und in einer feuchten Umgebung zu halten ist. Bei zu viel oder zu wenig Wasser welken die Blätter und fallen schließlich ab. Dasselbe gilt auch, wenn die Umgebung der Pflanze zu kalt oder zu schattig ist oder wenn sie zu wenig gedüngt wird. Eine zu lange direkte Sonneneinstrahlung hinterlässt Brandflecken auf den Blättern.

Arten und Sorten: *Codiaeum aucubaefolium* ist eine kräftige und leicht zu kultivierende Pflanze mit dicken, fedrigen, glänzend grünen Blättern, die unregelmäßig gelb gefleckt sind. *Codiaeum bogoriense* weist ovale, lange dunkelgrüne Blätter mit gelben Zeichnungen auf. *Codiaeum spirale* ist ein buschiger, kompakter Strauch mit harten, schmalen Blättern, die gelb bis rot geädert sind, und stammt aus Malaysia. *Codiaeum variegatum* var. *pictum* ist in Malaysia, Südindien und Sri Lanka beheimatet. Ihre dicken, fedrigen, immergrünen, dunklen Blätter verfügen über eine herrliche Blattäderung in diversen Schattierungen von Rosa bis Gelb. Es gibt zahlreiche Varietäten davon: ,,Disraeli'' hat lanzettliche, spatelige grüne Blätter mit gelben Flecken und ebenfalls gelber Nervatur sowie einer ziegelroten Blattunterseite. ,,Reidii'' unterscheidet sich von den anderen Varietäten durch eine intensivere Färbung der Blätter. Diese sind länglich, leicht gewellt, grün und mit gelben bis rötlichen Schattierungen und gelben oder roten Adern versehen. Die Pflanze entwickelt eine gedrungene Form, die großen Blätter lassen sie sehr dekorativ erscheinen. ,,Black Prince'' zeigt breite, ovale, steife und etwas ledrige Blätter. Sie sind schwarzgrün gefärbt und weisen gelbe, orangerote und scharlachrote Flecken auf.

Zwei beliebte Sorten von Codiacum variegatum: *,,Disraeli'' (links) und ,,Norma'' (vorige Seite)*

Buntnessel   Coleus

Die Arten, die zur Gattung Coleus gehören, wachsen in der natürlichen Umgebung als kleine immergrüne, mehrjährige Sträucher. Als Zimmerpflanzen werden sie aber meist wie einjährige Pflanzen kultiviert. Coleus wird vor allem wegen seiner bunt gezeichneten und dekorativen Blätter geschätzt. Diese Gattung stammt aus den tropischen Gebieten Afrikas und Asiens und ist trotz ihres exotischen Aussehens sehr leicht zu pflegen, vor allem wenn die Pflanzen alljährlich erneuert werden. Die beliebtesten Coleus-Arten sind Hybriden und unterscheiden sich untereinander durch die Kombination und Anordnung ihrer Blattfarbe, die von Hellgrün bis Grünspanfarben, von Purpurrot bis Cremefarben, von Dunkelgrün bis Orange und Gelb reichen kann. Auch die Form der Blätter einzelner Sorten variiert stark. Sie können herzförmig bis lanzettlich oval, ihr Rand gezähnt oder gewellt sein. Coleus bildet auch unscheinbare weiße, purpurrote oder blaue Blüten an kleinen aufrecht stehenden Blütenständen, man sollte sie jedoch entfernen, um dadurch das Wachstum der dekorativen Blätter zu fördern.

Pflege: Alle Coleus-Arten lieben das Sonnenlicht und sollten daher am hellsten Ort des Hauses stehen, damit sich die Farbenpracht ihrer Blätter möglichst voll entwickeln kann. Im **Frühling** und im **Sommer**, während der heißesten Tage, ist Coleus vor direktem Sonnenlicht zu schützen, da die Blätter sonst zu welken beginnen. Die Idealtemperatur für Coleus liegt bei rund 15 °C, verträgt aber bei etwas Schatten leicht Temperaturen bis zu 24 °C. Die Triebspitzen sollten regelmäßig beschnitten werden, um ein kompaktes Wachstum der Pflanze zu fördern. Dasselbe gilt auch für die Blüten, weil sie recht unauffällig sind und dennoch die für die volle Entwicklung der Blätter nötige Energie der Pflanze verbrauchen. Von April bis September muss Coleus reichlich gegossen und alle zwei bis drei Wochen mit einem flüssigen Dünger gedüngt werden. Coleus benötigt darüber hinaus auch Frischluft und Luftfeuchtigkeit. Besprüht man die Pflanze, was alle paar Tage geschehen sollte, so ist darauf zu achten, dass auf den Blättern keine Wassertropfen zurückbleiben, denn diese wirken in der Sonne wie kleine Lupen und verursachen Brandflecken. Im **Herbst** verliert die Pflanze dann allmählich ihr schönes Aussehen, weil ihre Blätter an der Basis abfallen und die Stängel kahl werden. Sie lässt sich als mehrjährige Pflanze zwar überwintern, sollte aber besser jedes Jahr aus Stecklingen neu gezogen werden. Die Temperaturen dürfen bei der **Überwinterung** nicht unter 13 °C fallen, wobei die Erde etwas feucht, aber nicht nass sein sollte. Sie benötigt einen hellen, jedoch vor Zugluft geschützten Standort. Erst wenn die Pflanze wieder neues Wachstum zeigt, d. h. in den ersten Frühlingstagen, benötigt sie wieder Dünger und etwas mehr Wasser. Sobald sich die ersten neuen Triebe an der Basis und im unteren Bereich des Stammes zeigen, können die älteren unregelmäßigen Äste darüber zurückgeschnitten werden, weil dadurch das Wachstum der Bodentriebe gefördert wird. Sie verleihen der Pflanze wieder eine buschige, runde und gefällige Form.

Vermehrung: Im Januar oder Februar werden Coleus-**Samen** etwa 2 mm tief in eine mit grobem Sand vermischte Saaterde gesteckt. Hierbei sollte möglichst ein Treibkasten verwendet werden, um die Keimtemperatur konstant zu halten, die 21 °C nicht übersteigen darf. Die Aussaaterde muss stets feucht gehalten werden. Steht diese Vorrichtung nicht zur Verfügung, so kann man die Samen auch in einen Topf säen, ihn dann mit Folie zudecken und auf ein Fensterbrett in die Sonne stellen. Dadurch wird eine

Die Pflanzen der Gattung Coleus werden besonders wegen ihrer farbenprächtigen und dekorativen Blätter geschätzt.

Familie	Labiatae (Lippenblütler)
Aussehen	krautige Staude
Wuchshöhe	60–90 cm
Durchmesser	30–60 cm
Blütezeit	Sommer
Standort	indirektes Licht, Halbschatten
Gießen	reichlich
Pflege	leicht

gleichbleibend feuchte und warme Umgebung gewährleistet. Die Vermehrung von Coleus erfolgt aber meist durch **Stecklinge**. Zur Stecklingsgewinnung werden von den neuen Trieben zwischen April und September 7 bis 10 cm lange Stücke abgeschnitten, die Schnittstelle dann in ein Bewurzelungshormon getaucht und in die Erde gesteckt, wobei dieser vorher etwas grober Sand beigemengt wurde, damit das Wasser besser abfließen kann. Die Stecklinge benötigen anschließend eine Temperatur von 18 bis 21 °C und eine feuchte, aber luftige Umgebung. Erst nachdem sich kräftige Wurzeln gebildet haben, werden die Stecklinge eingetopft.

Gefahren und Vorsichtsmaßnahmen: Coleus benötigt reichlich Wasser und regelmäßiges Besprühen, vor allem dann, wenn das Klima heiß und trocken ist. Auch während der kalten Monate muss die Erde feucht gehalten werden. Fehlende Feuchtigkeit lässt die Blätter rasch gelb werden oder welken und abfallen. Beim Gießen darf man nicht übertreiben. Zu viel Wasser lässt den Stamm faulen, an dessen Basis sich dann ein dunkler und runzeliger Ring bildet. Zu wenig Nährstoffe im Substrat oder zu wenig Licht beeinträchtigen ebenfalls das Wachstum der Pflanze, indem ihre Blätter bei Lichtmangel an Farbe verlieren. Darüber hinaus sind unbedingt zu niedrige Temperaturen und kalte Zugluft zu vermeiden, weil die Buntnessel sonst schnell verwelkt. Ist dies passiert, so sind die betroffenen Teile abzuschneiden und die Pflanze ist dann in einen warmen Raum zu stellen, in dem mindestens 13 °C und keine Zugluft herrschen. Manchmal werden die jungen Coleus-Triebe auch von Wolläusen, grünen Blattläusen oder von Blasenfüßen befallen. Erstere lassen sich mit einem in denaturierten Alkohol getauchten Pinsel entfernen, während die beiden anderen mit einem Insektizid auf Pyrethrumbasis zu bekämpfen sind.

Arten und Sorten: *Coleus blumei* erreicht eine Höhe von 60 bis 90 cm und stammt aus Java. Diese Art weist ovale Blätter mit tief gezähnten hellgrünen Rändern und einer purpurroten oder kupferroten konzentrischen Bänderung auf. Von dieser Art stammen die auffälligsten Hybriden ab: „Carefree" mit handförmig gelappten grünen Blättern, deren Rand eingeschnitten und deren Mitte unterschiedlich – von Dunkelrot über Braunrot bis Gelbgrün – gefärbt ist. „Rainbow" zählt dabei zu den außergewöhnlichsten Sorten: Sie entwickelt große cremefarbene Blätter mit dunkelroter Äderung und einem dunkelroten, fast schwarzen Rand. „Sabre" wird rund 30 cm hoch und ist von der Basis an dicht verästelt, wodurch sie besonders buschig und kompakt wirkt. Ihre lanzettlichen Blätter zeigen rote, gelbe und grüne Flecken. *Coleus frederici* unterscheidet sich von den anderen Arten durch ihre purpurrotblauen Blüten, die in langen Ähren zusammenstehen. Sie stammt aus Angola und verfügt über dunkelgrüne Blätter mit einer ausgeprägten Äderung und gezähnten Rändern. *Coleus rehneltianus* zählt eher zu den Kletter- als zu den strauchigen Pflanzen. Ihre Blätter sind ähnlich gezähnt wie die einer Brennnessel, haben ein bräunlich purpurrotes Zentrum und breite grüne Bänder entlang der Ränder. Diese Pflanze stammt ursprünglich aus Sri Lanka.

„Brightness" zählt zu den zahlreichen Hybriden von Coleus blumei, *einer auf Java beheimateten Art.*

Kolumnee Columnea

Die Gattung Columnea stammt aus den Regenwäldern Südamerikas und umfasst über 150 Arten von immergrünen Pflanzen, die in der Natur als Epiphyten auf Bäumen wachsen. Dort verankern sie sich mit ihren Adventivwurzeln in deren Rinde fest. Columnea ist deshalb jedoch keine Schmarotzerpflanze, sie holt sich ihre Nährstoffe lediglich aus Zersetzungsprodukten in der Rinde der Bäume, auf denen sie lebt. In ähnlicher Weise versorgt sie sich mit Feuchtigkeit. Columnea ist eine immergrüne Pflanze mit ovalen dunkelgrünen Blättern, die recht fleischig und paarweise gegenständig angeordnet sind. Columnea wird vor allem wegen ihrer außergewöhnlichen Blüten kultiviert, die sich in ihren Blattachseln bilden. Die Blüten sind leuchtend orangerot und weisen ein röhrenförmiges Aussehen auf. Die Kolumnee benötigt Wärme und viel Feuchtigkeit, da sie sonst ihre Blätter verliert und sich auch keine Blüten bilden.

Pflege: Die Kolumnee eignet sich vor allem als Ampelpflanze, wo ihre hängenden Triebe frei zur Entfaltung gelangen. Zum Eintopfen verwendet man Erde auf Torfbasis, vermischt mit etwas grobem Sand, damit das Gießwasser gut abrinnen kann. Von **März** bis **September** muss die Erde ständig feucht gehalten werden, damit sich die Blüten gut entfalten, wobei alle drei bis vier Wochen mit Flüssigdünger zu düngen ist. Bei kümmerlichem Wachstum benötigt Columnea schon im **Frühjahr** sofort nach der Blüte Dünger, sonst sollte man sie ruhig ungestört gedeihen lassen. Im **Sommer** kann die Temperatur auf 24 bis 27 °C ansteigen, die Luft muss dann jedoch feucht sein und die Pflanze darf nicht direkt in der Sonne stehen. Im Herbst und im Winter ist besonders auf die richtige Temperatur zu achten, weil sie nie unter 15 °C sinken darf. Columnea beginnt bei Kälte zu welken und stirbt schließlich ab. Sie verträgt auch keine Zugluft und bevorzugt einen hellen Standort, der nicht direkt in der Sonne liegen darf. Gegossen wird mäßig.

Vermehrung: Die Aussaat von Columnea-**Samen** erfolgt im Februar/März in Erde, die zu gleichen Teilen aus Sand und Torf besteht. Die Schale kommt dann an einen halbschattigen Ort bei einer Temperatur von 24 bis 27 °C und muss anschließend ständig feucht gehalten werden. Die Keimlinge entwickeln sich nach etwa drei bis vier Wochen. Man kann zur Vermehrung von Columnea aber von den stärkeren Trieben auch 7 bis 10 cm lange **Stecklinge** abschneiden und sie dann in eine Mischung aus Erde und 30 Prozent grobem Sand stecken. Die Stecklinge sollten solange an einem leicht schattigen und ständig feuchten Platz stehen, bis sie Wurzeln gebildet haben. Die Stecklingszucht kann zu jeder Jahreszeit erfolgen, solange nur die Temperaturen hoch genug sind.

Familie	Gesneriaceae (Gesneriengewächse)
Aussehen	hängend
Wuchshöhe	30–90 cm
Durchmesser	30–60 cm
Blütezeit	November–April
Standort	indirektes Licht
Gießen	reichlich
Pflege	schwierig

Columnea sanne

Columnea micro-
phylla „*Variegata*"

Gefahren und Vorsichtsmaßnahmen: Zu häufiges Gießen von Columnea kann schnell zu einem Befall durch Grauschimmel (Botrytis) führen, der das Absterben der Pflanze nach sich zieht. Daher ist in diesem Fall bereits im Anfangsstadium einzugreifen. Die Pflanze sollte einige Zeit lang trocken stehen und dann müssen die befallenen Teile weggeschnitten werden. Anschließend wird mit einem Fungizid behandelt.

Arten und Sorten: *Columnea x banksii* entwickelt zwischen Herbst und Frühling in den Blattachseln zinnoberrote Blüten, die gelb gezeichnet sind. Die kleinen, ovalen, fleischigen und dunkelgrünen Blätter wachsen paarweise gegenständig, ihre Sprosse sind lang und hängend. *Columnea crassifolia* stammt aus den Wäldern Südmexikos und Guatemalas und ist eine recht ungewöhnliche Art mit dicken, fleischigen, halb aufrecht stehenden Sprossen; sie weist fleischige grüne Blätter und orangerote Röhrenblüten auf. *Columnea gloriosa* zählt zu den Hängepflanzen und stammt aus Costa Rica. Ihre im Vergleich zu *Columnea x banksii* längeren und breiteren Blätter sind mit winzigen rötlichen Haaren bedeckt. Ihre außen leuchtend roten und innen gelb gefärbten Blüten werden rund 7 cm lang. *Columnea microphylla* stammt ebenfalls aus Costa Rica und entwickelt lange, hängende Sprosse mit orangeroten, innen gelb gefärbten Blüten; ihre Blätter sind filzig und grünbräunlich gefärbt.

Conophyten, Lebende Steine Conophytum

Conophytum ist eine Gattung von sukkulenten Arten, die aus den trockenen Gebieten Südafrikas stammen. Diese Pflanzen fallen vor allem wegen ihrer eigenartigen Blätter auf. Sie sind dick und glatt sowie fleischig und rundlich und verwachsen paarweise miteinander bis auf einen kleinen Spalt. Ihre Färbung variiert von Grüngrau bis Blaugrau. Conophyten blühen im Sommer, wobei sich aus dem Spalt zwischen den Blättern je eine zierliche, gestielte Blüte emporschiebt, die je nach Art gelb bis weiß, orange bis rosa oder violett bis rot gefärbt ist. Die Blüten haben die Besonderheit, sich im Sonnenlicht zu öffnen und sich während der Nacht zu schließen.

Pflege: Conophytum gedeiht am besten in Schalen oder flachen Gefäßen mit Kakteenerde, die man auch selbst herstellen kann, indem man gute Blumenerde zu einem Drittel mit grobem Sand vermengt, damit das Gießwasser gut abrinnen kann. Die Wachstumsperiode dieser Sukkulenten liegt zwischen **Mai** und **Juli**, wobei sich im Inneren der alten Blätter ein neues Blätterpaar zu entwickeln beginnt. Während dieser Zeit sind die Pflanzen nur leicht zu gießen, damit sie nicht austrocknen und die neuen Blätter nicht absterben. Von Ende Juli bis Anfang **Oktober** braucht dann die Pflanze etwas mehr Wasser und auch etwas Dünger. Erst gegen Sommerende, zur Zeit der intensivsten vegetativen Entwicklung, muss regelmäßig, wenn auch zurückhaltend gegossen werden. Im **Dezember** beginnt schließlich die Ruhephase für Conophytum, während dieser kritischen Zeit ist besondere Vorsicht angebracht. Die alten Blätterpaare trocknen bis auf Reste einer papierartigen Haut ein und geben die darunter liegenden jungen Blätter frei. Jetzt darf die Erde nur bei Temperaturen über 15 °C ab und zu befeuchtet werden. Erst Ende **März** erhält die Pflanze wieder mehr Wasser, um ihre Ruhephase zu beenden. Ab dieser Zeit benötigt sie dann einen sehr hellen Standort mit einer Temperatur von 13 bis 15 °C.

Vermehrung: Im Juli können neugebildete Blätter als **Stecklinge** abgeschnitten werden, am Ansatz sollte ein Stück des Stammes stehen bleiben. Die Schnittfläche muss anschließend heilen, bis sich eine Kallusschicht gebildet hat. Dann kommt der Steckling in Aussaaterde, die mit einem Drittel grobem Sand vermischt wurde.

Gefahren und Vorsichtsmaßnahmen: Conophytum benötigt nur wenig Wasser, weil bei anhaltender Nässe die gesamte Pflanze leicht zu faulen beginnt. In diesem Fall wird die Pflanze aus der Erde genommen, um sie einige Tage trocknen zu lassen, nachdem die angefaulten, braunen und kraftlosen Wurzeln entfernt wurden. Hat sich die Pflanze erholt, so muss anschließend nur noch wenig gegossen werden. Sollten sich auf den jungen Blättern Blattläuse zeigen, ist die ganze Pflanze unverzüglich mit einem geeigneten Insektizid zu behandeln.

Arten: *Conophytum louisae* (Bild rechts) entwickelt zwei 1,5 bis 2 cm lange und 1,5 cm breite, dicke Blätter. Sie verwachsen paarig zur Form eines länglichen grünblauen Herzens. Die zartgelben, schönen Blüten haben rund 2 cm Durchmesser. Ihre Heimat liegt in Namibia. *Conophytum tischeri* zeigt ebenfalls herzförmige, 1 bis 1,5 cm lange graugrüne Blätter mit dunkelgrünen Flecken. Auch diese Art stammt aus Namibia.

Familie
Mesembryan-themaceae (Mittags-blumen-gewächse)

Aussehen
sukkulent

Wuchshöhe
1–5 cm

Durchmesser
1,5–7,5 cm

Blütezeit
August–November

Standort
indirektes Licht

Gießen
selten

Pflege
schwierig

Keulenlilie Cordyline

Familie Agavaceae (Agavengewächse)	
Aussehen palmenartig	
Wuchshöhe 50–90 cm	
Durchmesser 30–60 cm	
Blütezeit Sommer (selten im Topf)	
Standort indirektes Licht	
Gießen mittelmäßig	
Pflege leicht	

Die Gattung Cordyline umfasst rund 15 Arten von immergrünen Pflanzen, die aus Australien stammen, aber auch in Asien verbreitet sind. Nicht selten werden diese Arten mit dem Drachenbaum verwechselt, dem sie stark ähneln. Sie lassen sich leicht kultivieren und entwickeln lange, lanzettliche und immergrüne Blätter, die je nach Art länger oder breiter bzw. mit dunkelgrünen oder roten Zeichnungen und Blatträndern versehen sind. Es gibt zahlreiche Sorten der Keulenlilie, die sich durch besonders lebhafte Farben der Streifung ihrer

Nahaufnahme der Blütenrispen von Cordyline australis

Blätter unterscheiden. Sie können rosa, rot oder cremefarben sein, während die Grundfärbung der Blätter dunkelgrün, weiß, bronze oder purpurrot ist. Mit zunehmendem Alter verliert die Keulenlilie ihre untersten Blätter und ähnelt dann im Aussehen immer mehr einer Palme. Wird die Pflanze schließlich zu kahl, so kann man sie durch Abmoosen leicht verjüngen. Cordyline zählt zu den langlebigsten Pflanzen und man kann sich bei entsprechender Pflege, mäßigem Gießen und Düngen sowie einem hellen Standort lange an ihren schönen Blättern erfreuen. Interessant ist auch, dass auf Neuseeland früher die Blätter von *Cordyline australis* als Gemüse verzehrt wurden.

Cordyline terminalis „Firebrand" mit gebogenen roten Blättern

Pflege: Im Frühjahr erfolgt das Umtopfen von Cordyline, aber erst nachdem man sich vergewissert hat, dass die Wurzeln im Topf keinen Platz mehr haben. Dazu eignet sich ein Substrat, das ca. 30 Prozent groben Sand für eine gute Drainage enthält. Im **Frühling** und im **Sommer** benötigt die Pflanze viel Licht, darf aber nicht direkt in der Sonne stehen, weil dadurch die Blätter zu welken beginnen. Während der heißen Jahreszeit benötigt Cordyline wöchentlich etwa zweimal Wasser, während der Vegetationsphase sollte alle zwei bis drei Wochen flüssiger Dünger ins Gießwasser gemischt werden. Von März bis Ende September erträgt Cordyline auch Temperaturen von 24 bis 27 °C, benötigt aber einen luftigen und feuchten Standort und sollte ein- bis zweimal die Woche besprüht werden. Im **Herbst** und im **Winter** sollten die Raumtemperaturen zwischen 15 und 21 °C liegen und nie unter 13 °C fallen.

Cordyline australis
*ähnelt mit ihren
linealischen und
gebogenen Blättern
einer kleinen Palme.*

Kalte Zugluft ist zu vermeiden, gegossen wird nur einmal wöchentlich. Dabei darf keine Staunässe entstehen, weil sonst die Wurzeln zu faulen beginnen. Zum Ende des Winters, mit den ersten warmen Tagen, werden die Blätter wieder besprüht und gereinigt.

Vermehrung: Die Aussaat von Cordyline-**Samen** erfolgt Ende Februar oder im März, indem die Samen 2 cm tief in eine Mischung aus zwei Teilen Saaterde und einem Teil grobem Sand kommen. Am besten eignet sich dafür ein Zimmergewächshaus, aber auch ein gewöhnlicher Behälter, den man nach dem Säen mit einer durchsichtigen Folie abdeckt. Anschließend stellt man das Gefäß an die Sonne, wo die Temperatur nun konstant bei 27 °C gehalten werden muss, weil die Samen bei niedrigen Temperaturen zu faulen beginnen. Wenn die Pflanze schon alt ist und an der Basis ihre Blätter verloren hat, so kann man sie im Frühjahr auch **abmoosen** und den bewurzelten **Steckling** dann einpflanzen.

Gefahren und Vorsichtsmaßnahmen: Im Sommer ist Cordyline ein- bis zweimal wöchentlich mit Wasser zu besprühen. Dadurch wird vermieden, dass ihre Blätter welk herunterhängen oder gar abfallen. Bei Temperaturen über 27 °C muss die Keulenlilie vor Sonne geschützt werden. Staunässe durch zu häufiges Gießen oder Kälte lassen ihre Wurzeln faulen. In diesem Fall lässt man erst einmal die Erde abtrocknen und stellt die Pflanze außerdem an einen wärmeren Ort. Schildläuse befallen gelegentlich die Unterseiten der Blätter oder deren Ansätze am Stamm. Sie müssen dann einzeln mit einem in denaturierten Alkohol getauchten Pinsel behandelt werden, als Alternative hilft auch ein spezielles Insektizid. Bei Befall durch die Rote Spinne muss die Pflanze mit einem spezifischen Akarizid behandelt werden.

Arten und Sorten: *Cordyline australis* ist ein immergrünes Bäumchen, das im Aussehen einer Palme ähnelt und in der freien Natur bis zu 10 m hoch werden kann. Sie stammt aus Australien und ihre linealischen, gebogenen Blätter werden 60 bis 90 cm lang sowie 5 cm breit und bilden eine dichte Rosette. In der Wohnung blüht diese Art nur selten, bringt aber in der Natur wunderschöne weiße Blütenrispen hervor. *Cordyline terminalis*, eine großwüchsige Art aus Polynesien und Indien, erreicht im Topf nur eine Höhe von ca. 90 cm. Ihre linealischen, 30 bis 35 cm langen Blätter sind anfänglich rot und nehmen erst mit der Zeit eine grünkupferrote Färbung mit rötlichen Schattierungen an den Rändern an. Die Varietät „Tricolor" zeigt bunte Blätter mit rosaroten, roten oder cremefarbenen Flecken auf einem dunkelgrünen Grund. Die Varietät „Firebrand" entwickelt gebogene rötliche Blätter. „Red Edge" zeigt hingegen dunkelrote oder purpurrote Blätter mit grüner Zeichnung.

Dickblatt Crassula

Familie	Crassulaceae (Dickblattgewächse)
Aussehen	sukkulent, aufrecht oder hängend
Wuchshöhe	30–90 cm
Durchmesser	30–45 cm
Blütezeit	Mai–Juli
Standort	voll sonnig
Gießen	selten
Pflege	leicht

Die Gattung Crassula umfasst rund 150 ein- oder mehrjährige Arten, die vorwiegend aus Südafrika stammen. Sie sind dort in den heißesten Gebieten anzutreffen und haben sich perfekt an die verschiedenen Lebensbedingungen angepasst. Es handelt sich dabei um sukkulente Pflanzen in verschiedenen Formen und Größen. Die meisten Arten wachsen aufrecht, es gibt aber auch buschige, kriechende und kletternde Spezies unter ihnen. Die dickfleischigen Blätter sind im Allgemeinen gekreuzt gegenständig und entweder mit einem dichten Haarflaum oder mit einer Wachsschicht überzogen, sie können ebenso wie die fleischigen Sprosse der Pflanzen Wasser speichern. Ihre Blüten zeigen die Form eines Sternes und sind bei einigen Arten winzig, bei anderen hingegen groß. Im Allgemeinen bilden sie dolden-, trauben- oder rispenförmige Blütenstände.

Crassula arborescens *ist eine in Südafrika beheimatete Pflanzenart mit dickfleischigen, wachsbereiften Blättern.*

Pflege: Füllen die Wurzeln den Topf komplett aus, so ist Crassula im **Frühling** umzutopfen. Als Substrat empfiehlt sich spezielle Kakteenerde oder eine Mischung aus zwei Teilen Blumenerde und einem Teil grobem Sand, der das überflüssige Wasser gut abrinnen lässt. Von **April** bis Mai benötigt Crassula nur dann Wasser, wenn die Erde ziemlich trocken ist. Die zugeführte Menge sollte im Lauf der Zeit allmählich erhöht werden, wobei jedoch immer nur so viel gegossen wird, dass die Erde zwar nass ist, sich jedoch keine Staunässe bildet. Anschließend lässt man die Blumenerde wieder austrocknen. Als Pflanzgefäße eignen sich am besten flache Schalen mit maximal 15 cm Durchmesser. Die Pflanze selbst benötigt einen sonnigen Standort und eine Temperatur von rund 21 °C, obwohl auch Temperaturen bis 27 °C für Crassula kein Problem darstellen. Während der heißen Tageszeit darf das Dickblatt weder gegossen noch mit Wasser besprüht werden, weil es sonst zu faulen beginnt. Von April bis **August** ist einmal die Woche zu düngen, indem dem Gießwasser ca. zwei Tropfen Flüssigdünger hinzugefügt werden. Ab **September** benötigen die Pflanzen dann immer weniger Wasser und auch Dünger und ab **November** muss die Düngung eingestellt werden. Erst ab Mitte März erhält die Pflanze wieder Dünger und mehr Wasser. Über den **Winter** sollte die Temperatur niemals unter 13 °C fallen, wenn man seine Pflanze bereits im Frühling zum Blühen bringen will.

Vermehrung: Zwischen Mai und Juli kann man zum Zweck der Vermehrung von den Sprossen 10 bis 15 cm lange **Stecklinge** mit zwei bis drei Blattpaaren entnehmen. Sobald die Schnittfläche trocken ist, werden die Stecklinge etwa 5 cm tief in eine Mischung aus Sand und Torf eingepflanzt. Die Erde muss anschließend leicht feucht und bei einer Temperatur von 21 °C gehalten werden. Nach der Wurzelbildung kann man die Stecklinge eintopfen und wie erwachsene Pflanzen behandeln. Die Vermehrung von Crassula ist aber auch durch **Samen** möglich. Die Aussaat erfolgt dann entweder im März oder im Oktober in ein Gefäß mit sandiger Erde, die Samen anschließend mit einer dünnen Schicht Blumenerde bedecken. Die Erde muss ebenfalls leicht feucht und bei einer Temperatur von 15 °C gehalten werden. Sind die jungen Pflänzchen kräftig genug, dann werden sie einzeln eingetopft.

Die Gattung Crassula umfasst buschige, kriechende, kletternde oder aufrecht wachsende Arten, wie etwa Crassula ovata.

Gefahren und Vorsichtsmaßnahmen: Zu häufiges Gießen lässt Sprosse und Blätter von Crassula faulen. In der kalten Jahreszeit muss Staunässe unbedingt vermieden werden. Aus den genannten Gründen sollte die Erde zwischen den Wassergaben immer austrocknen. Crassula reagiert zudem empfindlich auf kalte Zugluft, indem ihre Blätter zuerst verwelken und dann abfallen. Wollläuse entfernt man am besten mit einem mit denaturiertem Alkohol getränkten Wattebausch oder einem speziellen Insektizid für Fettpflanzen.

Arten: *Crassula arborescens* wächst in der Natur Südafrikas wild und kann dabei eine Wuchshöhe von 4 m erreichen. Als Topfpflanze wird diese aufrecht wachsende Art aber selten höher als 1 m. Sie ist stark verästelt und trägt oben rot gerandete silbergraue Blätter. Ihre weißen Blüten öffnen sich zwischen März und Juni. *Crassula falcata* (syn. *Rochea falcata*) eignet sich mit ihrem nur rund 30 cm hohen Stamm besonders als Ampelpflanze. Durch ihre starke Verästelung bildet sich ein dichter Busch mit hängenden Sprossen. Sie entwickelt blaugrüne, spitze Blätter und orangerote Blütendolden. *Crassula lycopodioides* verfügt über aufrecht wachsende Triebe, deren fleischige Blätter dachziegelartig übereinander liegen. Sie wird rund 25 cm groß und entwickelt von Frühjahr bis zum Sommer winzige Blüten. *Crassula perforata* ist ein kleiner, breit wachsender Strauch mit winzigen gegenständigen, graugrün gefärbten und rot gefleckten Blättern. *Crassula portulacea* (syn. *Crassula argentea*) erreicht etwa eine Höhe von 1 m. Ihr kräftiger Stamm wird an der Basis bis zu 7 cm dick und trägt zahlreiche fleischige Äste, auf denen ovale, ebenfalls fleischige, dunkelgrün gefärbte und rot geränderte Blätter sitzen. Die Blüten erscheinen im Frühling und sind weiß oder rosa gefärbt. *Crassula rupestris* ist eine kleine Art mit dünnen Sprossen und kleinen, eiförmigen, graugrün gefärbten Blättern mit rötlichen Rändern; sie entwickelt rosa Blüten.

Crossandra Crossandra

Familie
Acanthaceae
(Akanthus-
gewächse)

Aussehen
buschiger
Halbstrauch

Wuchshöhe
60 cm

Durchmesser
30–45 cm

Blütezeit
März–Oktober

Standort
indirektes
Licht, Halb-
schatten

Gießen
selten

Pflege
schwierig

Die Gattung Crossandra umfasst rund 50 sehr schöne, immergrüne Halbstrauch-arten, die in den tropischen Gebieten Asiens und Afrikas beheimatet sind. Leider handelt es sich dabei um problematische und sehr anspruchsvolle Pflanzen, die auch im Haus eine Umgebung benötigen, die ihrem natürlichen schattigen, warmen und feuchten Habitat entspricht. Als Gegenleistung für gute Pflege entwickelt Crossan-dra äußerst dauerhafte schöne Blüten, die sich zu Frühlingsbeginn öffnen und bis in den Spätherbst hinein halten. Die Blätter sind groß, leuchtend dunkelgrün gefärbt und von elliptisch lanzettlicher Form mit gewellten Rändern und stark ausgeprägten Blattadern.

Pflege: Im März ist Crossandra umzutopfen, falls die Wurzeln den Topf schon ganz ausfüllen. Damit das Wasser gut abrinnen kann, sollten vorher einige Tonscherben über das Abflussloch im Topf gelegt werden. Crossandra wächst und blüht von März bis **Oktober**, in dieser Zeit muss eine Mindesttemperatur von ca. 21 °C gegeben sein. Bei höheren Temperaturen benötigt die Pflanze reichlich Feuchtigkeit und einen halbschattigen Standort. Im Allgemeinen verlangt sie viel Licht, darf aber nicht direkt in der Sonne stehen, weil dadurch die Blüte unterbrochen wird und die Blätter Scha-den erleiden. Im **Frühling** und im **Sommer** genügt es, Crossandra einmal wöchent-lich mäßig zu gießen. Während der Wachstumsphase ist dem Gießwasser alle zwei Wochen etwas Flüssigdünger hinzuzufügen. Nach dem Ende der Blüte empfiehlt es sich, die Pflanze auf etwa ein Drittel zurückzuschneiden. Im **Herbst** und im **Winter** darf die Temperatur nie unter 15 °C fallen und bei höheren Temperaturen benötigt Crossandra einen feuchten, vor Zugluft und Sonne geschützten Standort.

Vermehrung: Crossandra lässt sich durch **Kopfstecklinge** (7 bis 10 cm) vermehren, die im März von den Trieben abgeschnitten werden. Die Schnittfläche wird dann mit Hormonpulver bestäubt und die Stecklinge werden in eine Mischung aus Sand und Torf eingepflanzt und anschließend bei einer Temperatur von 21 °C aufgestellt. Nachdem sich Wurzeln gebildet haben, pflanzt man sie in einen Topf.

Gefahren und Vorsichtsmaßnahmen: Crossandra darf nur mäßig und mit lauwarmem Wasser gegossen werden. Die welken Blätter und Blüten sind stets zu entfernen, weil damit Schimmel- und Fäulnisbildung vermieden wird.

Arten: *Crossandra infundibuli-formis* (syn. *Crossandra unduli-folia*) weist große, leuchtend grüne, rund 5 cm lange Blätter und orangerote Blüten auf, die in konischen Ähren zusammen-stehen. *Crossandra nilotica* kann bis zu 60 cm und höher werden und verfügt über leuch-tend dunkelgrüne Blätter und lebhaft orangerote Blüten, die in den Blattachseln oder an den Triebspitzen entspringen und zu Ähren vereint sind.

Crossandra infundibuliformis
*bildet große leuchtende Blätter
und zarte Blütenähren aus.*

Palmfarn Cycas revoluta

Diese palmenähnliche Pflanze stammt aus Südostasien (vor allem von den Inseln Südjapans) und ist dort eine sehr beliebte Zierpflanze. Bemerkenswert ist ihr Alter: Sie kann älter als 100 Jahre werden und wird daher auch „Dinosaurier" unter den Pflanzen genannt. Fälschlicherweise wird sie manchmal auch als Sagopalme bezeichnet. Sie ist allerdings eine Weiterentwicklung der Farne und erinnert lediglich in ihrem Aussehen an eine Palme. Ebenso wie die Palmen gehört sie zu den modernen Blütenpflanzen, anstatt sich wie die Farne über Sporen fortzupflanzen. Palmfarne haben breit gefiederte, flache Blätter, die jedes Jahr schubweise neu erscheinen. Sie sind ledrig, haben eine scharfe Spitze und eine kräftige Mittelrippe. Im Zentrum der Pflanze können sich goldgelbe Blüten- und Fruchtstände bilden. Die Samen sind hart, orangerot und keimen sehr langsam. Palmfarne wachsen langsam und erreichen nach sehr langer Zeit Baumgröße. Cycas revoluta kann sehr alt werden, wobei die Altersbestimmung schwierig ist, weil der Palmfarn wie auch Palmen keine Jahresringe besitzt. Der nach vielen Jahren entstehende Stamm ist dunkelbraun und hat eine raue Oberfläche. Palmfarne sind seit etwa 100 Jahren in Europa bekannt und werden vor allem zur Gestaltung von Höfen und Plätzen oder als Grabschmuck verwendet. Vor allem in Wintergärten kommt Cycas revoluta als dekorative Kübelpflanze gut zur Geltung.

Familie
Cycadaceae (Palmfarngewächse)

Aussehen
palmenartig

Wuchshöhe
200–300 cm

Durchmesser
50–150 cm

Blütezeit
keine

Standort
hell

Gießen
mäßig

Pflege
mittelschwer

Pflege: Der Palmfarn braucht aufgrund seiner Herkunft einen hellen, möglichst vollsonnigen Standort. Allerdings verträgt die Pflanze keine direkte Mittagssonne. Nach der Überwinterung sollte sie langsam an die Sonne gewöhnt werden, da sie sonst Sonnenbrand bekommen kann und die nur langsam wachsenden Wedel sehr unansehnlich werden. Das Licht sollte nicht nur aus einer Richtung kommen, da sonst die neu gebildeten Wedel nur in eine Richtung wachsen. Als Zimmerpflanze braucht der Palmfarn mindestens Zimmertemperatur, wobei der Standort sehr luftig sein sollte. Im **Winter** liegt die ideale Temperatur zwischen 12 und 15 °C. Im **Sommer** sollte man die Pflanze möglichst ins Freie stellen. Palmfarn braucht nicht sehr viel Wasser, das Substrat muss dabei unbedingt durchlässig sein. Die Pflanze darf nicht zu feucht gehalten werden, andererseits sollte sie aber auch nicht total austrocknen. Es ist empfehlenswert, sie ab und zu leicht antrocknen zu lassen. Cycas revoluta ist empfindlich gegenüber Staunässe. Durch das langsame Wachstum braucht der Palmfarn kaum Dünger. Während des Wachstums (d. h. der Bildung von neuen Wedeln) sollte man ihn mit einem Grünpflanzendünger einmal wöchentlich, ansonsten nur einmal pro Monat düngen.

Vermehrung: Die Vermehrung erfolgt über **Samen**, was allerdings nicht ganz einfach ist. Im Frühjahr wird in ein Sand-Torf-Substrat ausgesät. Die Keimzeit beträgt 2 bis 3 Monate bei einer Temperatur von ca. 30 °C. Manchmal bilden sich auch **Seitentriebe**, die man nach einiger Zeit abnehmen kann. Vor allem bei älteren Pflanzen ist es möglich, **Basistriebe mit Wurzeln** sorgfältig abzutrennen. Eine ungewöhnliche Vermehrungsmethode ist das **Kleinschneiden des Stamms**. Aus den kleinen Stückchen können sich bei passenden Bedingungen zahlreiche neue Pflanzen bilden.

Gefahren und Vorsichtsmaßnahmen: Cycas revoluta braucht viel Wärme. Die Temperatur darf im Winter nicht unter 12 °C fallen. Ansonsten ist die Pflanze nicht schwer zu halten, sie ist lediglich anfällig für Schild- und Wollläuse. Man muss darauf achten, dass die Pflanze während der Ausbildung der Wedel keine Standortveränderung erfährt. In dieser Zeit sollte nicht einmal der Topf gedreht werden, da sonst die Wedel krumm wachsen. Lediglich eine Standortveränderung ins Freie ist ratsam, sofern die Temperaturen passend sind. Ein Umtopfen ist nur alle 3 bis 5 Jahre nötig.

Alpenveilchen Cyclamen

Die Gattung Cyclamen umfasst rund 20 mehrjährige Knollen bildende Arten, die aus den unterschiedlichsten Habitaten stammen, und zwar aus den alpinen Waldregionen, dem südlichen Mittelmeerraum, dem Iran und aus dem südlichen Somalia. Die robusteren Arten lassen sich sogar im Freien an einem schattigen Ort kultivieren, während sich die empfindlichen nur als Zimmer- oder Gewächshauspflanzen eignen. Die Zimmer-Alpenveilchen sind attraktive, weit verbreitete Pflanzen, deren Blüte von November bis März währt. Blätter und Blüten wachsen aus dicken, faserigen, oben abgeflachten Knollen. Die Wurzeln entspringen an deren nach außen gewölbten Unterseite. Bei guter Pflege kann ein Alpenveilchen drei bis vier Jahre lang wachsen und blühen, länger jedoch nicht.

Familie	Primulaceae (Primelgewächse)
Aussehen	buschig, krautige Staude
Wuchshöhe	30 cm
Durchmesser	30–40 cm
Blütezeit	November–März
Standort	indirektes Licht
Gießen	mittelmäßig
Pflege	schwierig

Pflege: Gegen Frühlingsende, nach der Blütezeit, benötigt die Pflanze einen schattigen Standort, wenn möglich im Freien. In dieser Zeit verlangsamen sich ihre vegetativen Aktivitäten, wobei sie im Sommer in ihre Ruhephase eintritt und nicht mehr viel Pflege beansprucht. Zuvor sind unbedingt die trockenen und verwelkten Blätter sorgfältig zu entfernen. Die Blattstängel werden direkt an der Knolle abgebrochen, damit keinerlei Reste zurückbleiben, die dann zu faulen beginnen könnten. Ab und zu benötigt das Alpenveilchen nun etwas Wasser, wobei nur die Erde, nicht aber die Knolle selbst zu gießen ist. Sobald sich im Herbst die ersten Knospentriebe gebildet haben, muss häufiger bewässert werden. Im Herbst und im Winter benötigt Cyclamen so viel Wasser, dass die Erde ständig leicht feucht bleibt. Zu diesem Zweck wird das Wasser am besten in den Untersetzer

Die prächtigen Blüten von Cyclamen persicum

gegossen und nach gut 20 Minuten der Rest, der vom Erdreich nicht aufgesogen wurde, weggeschüttet. Auf diese Weise verhindert man, dass sich in der abseitigen Mulde der Knolle Wasser ansammelt und diese durch die Staunässe dann zu faulen beginnt. Das Alpenveilchen entwickelt Ende September, Anfang Oktober Blütenknospen und blüht dann bis zum April des folgenden Jahres. Während dieser Zeit benötigt es ausreichend Licht, aber keine direkte Sonneneinstrahlung und Temperaturen von 10 bis 15 °C. Als idealer Standort eignet sich ein kühles Zimmer. Die trockene Luft von beheizten Zimmern lässt Blätter und Blüten schnell verwelken und trocknet die Pflanzen aus. Alle zwei bis drei Wochen ist dem Gießwasser

etwas Flüssigdünger hinzuzufügen, dadurch fördert man die volle Entwicklung der Blüten und Blätter. Während der Blütezeit benötigt Cyclamen auch etwas Feuchtigkeit und Frischluft. Zu diesem Zweck kann man den Topf auf einen mit feuchtem Kies gefüllten Untersetzer stellen. Verwelkte Blätter und Blüten sind sofort zu entfernen, wobei man diese am besten mitsamt dem Stiel seitlich von der Knolle bricht. Unmittelbar nach der Blütezeit, wenn die Blätter zu welken beginnen, sollten nun Pflanzen umgetopft werden, die für ihren Topf schon viel zu groß geworden sind. Cyclamen blüht nämlich auch dann reichlich, wenn die Wurzeln etwas eingeengt sind. Als Cyclamen-Erde empfiehlt sich eine Mischung aus gleichen Teilen Gartenerde, Laubhumus, Torf und Sand. Einige Tonscherben an der Topfbasis fördern dabei das Abrinnen des Wassers.

Vermehrung: Von Juli bis September können die Cyclamen-**Samen** in gute Blumenerde mit einer Handvoll grobem Sand gesät werden. Die Keimtemperatur sollte anschließend zwischen 18 und 24 °C liegen. Das Aussaatgefäß kommt nun an einen schattigen, aber warmen Ort. Die Erde sollte ständig feucht gehalten werden. Nach ca. fünf bis sechs Wochen keimen die Samen. Cyclamen lässt sich aber auch durch Teilung ihrer Knolle vermehren. Im späten Frühjahr werden zu diesem Zweck zuerst die Wurzeln vom Erdreich gesäubert. Dann wird die Knolle so zerteilt, dass sich an jedem Teil einige Knospenaugen befinden.

Anschließend setzt man sie einzeln in Töpfe und stellt sie an einen kühlen Ort. Sobald die Pflänzchen groß genug sind, werden sowohl die aus Samen als auch die durch **Teilung der Knollen** gewonnenen Pflänzchen in 5-cm-Töpfe gesetzt und an einem feuchten Ort bei einer Temperatur von 15 bis 18 °C aufgestellt. Mit zunehmendem Wachstum benötigen sie dann etwas größere Töpfe, bis sie im Mai/Juni des Folgejahres endgültig in 10 bis 15 cm große Töpfe eingepflanzt werden.

Gefahren und Vorsichtsmaßnahmen: Alpenveilchen benötigen unbedingt einen trockenen und kühlen Standort. Beschädigte Blätter und Blüten müssen entfernt werden. Beim Gießen ist Zurückhaltung empfohlen. Zu viel Wasser lässt nämlich die Blätter zuerst verblassen, dann welken und führt an den Wurzeln, Knollen und Stielen zu Fäulnisbildung. Bei trockener Luft, zu hohen Temperaturen oder einem zu sonnigen Standort rollen sich die Blätter ein und vergeilen. Cyclamen bevorzugt einen schattigen Platz, Temperaturen von 15 bis 18 °C und leicht feuchte Erde.

Cyclamen
frangiatum

Arten und Sorten: *Cyclamen balearicum* blüht von März bis April und entwickelt dann zahlreiche kleine Blüten, die leicht duften, zart weißrosa gefärbt sind und einen rötlichen Schlund aufweisen. Diese Art stammt von den Balearen. *Cyclamen graecum* zeigt herzförmige, leicht samtige Blätter mit silberweißer Zonierung. Die Pflanze ist in Griechenland beheimatet und entwickelt unterschiedlich gefärbte Blüten, in Farben von zartem Rosa bis Karminrot. *Cyclamen libanoticum* verfügt über dunkelgrüne Blätter, die vielfach gelb gefleckt und unterseits verschieden gefärbt sind. Die Heimat dieser Spezies liegt im Libanon. Die Blüten sind blass rosaviolett gefärbt und ziemlich groß. *Cyclamen persicum* entwickelt herzförmige dunkelgrüne Blätter mit grauer oder silber-grauer Zonierung und unter-schiedlich gefärbten Blüten, deren Färbung von Rosa, Blass-violett und Rot bis zu Purpurrot reicht. Diese Pflanze stammt aus Nordafrika und dem östli-chen Mittelmeerraum und wird in zahlreichen Zuchtvarietäten angeboten. „Bonfire" ist eine schöne kompakte Art mit harmo-nisch gefleckten Blättern und glänzenden scharlachroten Blüten. „Candlestick" hingegen ist ein sehr zierliches Alpenveil-chen mit zarten rosa Blüten mit dunkelrosa Streifen. Die Varietät Rokoko" entwickelt Blütenblät-ter, die leicht fleischig und gekräuselt sowie an den Rän-dern mehr oder weniger intensiv rosa und in der Mitte dunkelrosa gefärbt sind. „Vogt's Double" entwickelt doppelte, unter-schiedlich rosa gefärbte Blüten.

Eine Blüte der Cyclamen frangiatum *in Großaufnahme*

Cymbidie, Kahnorchidee Cymbidium

Familie
Orchidaceae
(Orchideen-
gewächse)

Aussehen
buschige
Staude

Wuchshöhe
30–90 cm

Durchmesser
50–80 cm

Blütezeit
November–
März

Standort
indirektes Licht

Gießen
mittelmäßig

Pflege
schwierig

Die Gattung Cymbidium umfasst ca. 50 Arten und zahlreiche Sorten, die vor allem Blumenfreunde ansprechen, die Orchideen lieben und über einen nicht allzu heißen Standort für deren Zucht verfügen. Einige der als Zimmerpflanzen kultivierten Arten sind im natürlichen Habitat Epiphyten, d. h. sie leben als Überpflanzen auf Bäumen. Manche Cymbidium-Arten sind jedoch Bodenpflanzen und leben in den Halbwüsten Australiens. Eine blühende Cymbidium ist eine wahre Pracht. Auf den langen Blütenschäften stehen bis zu 15 etwa 5 bis 10 cm breite eindrucksvolle Blüten, die ungefähr sechs Wochen blühen, dabei entwickelt jede Pflanze pro Saison drei oder mehr Blütenschäfte. Die immergrünen, schmalen und spitz zulaufenden Blätter sprießen direkt auf Erdniveau aus flachen Pseudobulben. Die zahlreichen Hybriden von Cymbidium werden in Standard- und Zwergsorten unterteilt, wobei die Vertreter der ersten Gruppe bis zu 90 cm hohe Pflanzen mit leicht gebogenen Blättern umfassen, während Letztere nur eine Höhe von etwa 40 cm erreichen.

Pflege: Cymbidium wird nur etwa alle drei bis vier Jahre im **Frühjahr** umgetopft. Hierbei soll gute Blumenerde verwendet werden, die man auch selbst aus drei Teilen zerkleinerter Rinde, zwei Teilen Torf und einem Teil Holzkohle herstellen kann. Dazu kommen noch Perlitkügelchen oder ein ähnliches Material. Zur Verbesserung der Drainage empfiehlt es sich, zuvor einige Tonscherben oder Steine über die Ablussöffnung im Topf zu geben. Von **April** bis **September** benötigt Cymbidium viel Wasser, aber das Substrat muss zwischen den einzelnen Wassergaben immer austrocknen, weil zu viel Wasser die Wurzeln faulen lässt. Während der Wachstumsphase ist außerdem alle zwei Wochen zu düngen, indem man dem Gießwasser einige Tropfen Flüssigdünger hinzufügt. Im **Sommer** muss der Pflanze bei großer Hitze zusätzliche Feuchtigkeit durch Besprühen zugeführt werden. Sie braucht jetzt einen hellen, aber nicht zu sonnigen Platz bei einer Temperatur zwischen 15 und 24 °C. Viele Arten von Cymbidium blühen im **Herbst** und während des **Winters** und benötigen in dieser Zeit besondere Pflege. Diese Orchideen bevorzugen vor allem während der Blütezeit einen hellen, vor direktem Sonnenlicht und Zugluft geschützten, kühlen Standort. Als Gießwasser sollte möglichst Regenwasser oder nicht zu kalkhaltiges, lauwarmes Leitungswasser

verwendet werden. Die Erde muss zwischen den Gießintervallen austrocknen. Die Raumtemperatur sollte zwischen 15 und 18 °C liegen. Zwischen Ende September und Anfang Oktober bilden sich allmählich die Blütenschäfte. Die Pflanze benötigt noch weitere zwei bis drei Monate, bis sich die Blüten selbst öffnen. Sollten die Schäfte sehr lang sein, so müssen sie gestützt werden, damit sie durch das Gewicht der Blüten nicht einknicken.

Vermehrung: Die Kahnorchidee wird nach der Blüte durch **Teilung des Stockes** vermehrt. Man zieht die Pflanze einfach aus dem Substrat und trennt die Pseudobulben vorsichtig voneinander, wobei jeder Teil zumindest über eine Knospe verfügen muss. Die geteilten Stücke werden anschließend in Substrat auf Torfmoorbasis eingesetzt. Die Töpfe sollten nur leicht größer sein als die Wurzelballen. Diese Pflanzen kommen nun an einen schattigen Ort, bis sie sich neu bewurzelt haben, wobei die Erde stets feucht zu halten ist. Zuletzt werden sie in etwas größere Töpfe eingesetzt, in denen sich ein für erwachsene Pflanzen geeignetes Substrat sowie einige kleine Steine oder Tonscherben als Drainage befinden.

Gefahren und Vorsichtsmaßnahmen: Bei zu trockener Luft ist Cymbidium für die Rote Spinne besonders anfällig. Diesen Schmarotzer bekämpft man am besten mit einem entsprechenden milbentötenden Mittel. Die Pflanze muss regelmäßig gegossen werden, sobald die Erde trocken ist, darf dabei aber nicht zu viel Wasser erhalten, weil ihr dies schadet.

Arten und Sorten: *Cymbidium devonianum* entwickelt 2 bis 4 cm große, dunkel gelbgrün bis olivbraun gefärbte Blüten mit karminroten Flecken und purpurroter Lippe. Die Art ist in Assam und Sikkim in Indien beheimatet. *Cymbidium pumilum* ist eine Erdorchidee aus Südchina. Sie verfügt über fast 30 cm lange, bandförmige, leuchtend grüne Blätter, ihre Blüten sind wachsartig, rötlich braun und gelb gefärbt und rund 5 cm groß. Von dieser Art stammen zahlreiche Hybriden ab. „Albomarginatum" zeigt rötlich braune Blüten mit weißer Lippe und roten Flecken, ihre Blätter sind weiß gerandet. „Flirtation", eine kompakte und kleine Orchidee, entwickelt Blüten in verschiedenen weißgrünen, rosa und rotbraunen Schattierungen mit weißer Lippe und dunkelbraunen Flecken. „Mary Pinchess Del Rey" ist hingegen eine Varietät mit gelben Blüten. *Cymbidium tigrinum* ist eine nicht sehr große Art aus Indien und Birma. Ihre Blätter werden höchstens 15 cm lang und ihre Blütenschäfte tragen drei bis sieben gelbgrün gefärbte, 5 cm große Blüten mit einer dreiteiligen Lippe. Während der Mittelteil weiß und rot gefleckt ist, weisen die beiden gelben Seitenteile eine rötliche Äderung auf. Die äußerst anmutige Zwergsorte *Cymbidium virescens* stammt aus Japan. Sie weist dünne Blätter und stark duftende, grüne und rote Blüten mit einer rot gefleckten, weißen Lippe auf. Die Varietät „Angustifolium" verfügt über intensiv grüne Blüten mit prächtigen purpurroten Streifen und einer weißgelben, purpurrot gefleckten Lippe.

Links und auf der gegenüberliegenden Seite: Drei verschiedene Hybriden von Cymbidium, der Kahnorchidee

Dieffenbachie Dieffenbachia

Familie	Araceae (Aronstabgewächse)
Aussehen	aufrecht, fleischig
Wuchshöhe	80 – 180 cm
Durchmesser	60 – 90 cm
Blütezeit	Sommer (selten im Topf)
Standort	indirektes Licht
Gießen	mittelmäßig
Pflege	leicht

Die Gattung Dieffenbachia umfasst rund 30 immergrüne, mehrjährige Arten, die aus den tropischen Wäldern Südamerikas und von den Westindischen Inseln stammen. Sie zählen aufgrund der dekorativen Wirkung ihrer vielfältig gezeichneten und marmorierten Blätter zu den bei uns am häufigsten kultivierten Zimmerpflanzen. Manche Arten entwickeln dicke Stämme, andere wiederum eher zierliche und dünne, aber alle zeigen ein mehr oder weniger kompaktes Aussehen. Die bekannteste Art ist *Dieffenbachia picta*, auch *Dieffenbachia maculata* genannt, deren Heimat in den tropischen Gebieten Brasiliens liegt. Ehe man an einer Dieffenbachie arbeitet, sollten unbedingt Handschuhe angezogen werden, weil ihr Pflanzensaft giftig ist und zu Schwellungen der Schleimhäute sowie zu Hautreizungen führt.

Pflege: Vor Beginn der Wachstumsphase am Anfang des **Frühlings** erfolgt das Umtopfen. Dazu verwendet man gute Blumenerde oder bereitet diese aus einer Mischung von zwei Teilen Humus, einem Teil Torf und einem Teil kompostierter Lauberde und etwas Sand selbst zu. Die Erde muss dann rund um die Pflanze gut festgedrückt und anschließend stets feucht gehalten werden. Der **Sommer** stellt für die Entwicklung der Dieffenbachia die beste Jahreszeit dar, da sie Wärme und Temperaturen von 21 °C bis 30 °C bevorzugt. Sie benötigt in dieser Zeit viel Licht, das die Bildung der schönen Blattzeichnung fördert. Die Erde sollte stets feucht bleiben, dabei darf jedoch keine Staunässe auftreten, weil sonst die Wurzeln zu faulen beginnen. Durch Besprühen der Blätter mit Wasser, wenn möglich mit Regenwasser, lässt sich die Luftfeuchtigkeit zusätzlich erhöhen. Dieffenbachia legt auch im **Herbst** und im **Winter** keine Ruhephase ein, wächst aber in dieser Zeit nicht so üppig. Sie benötigt nun eine Mindesttemperatur von 15 bis 18 °C, viel Licht sowie ein Besprühen der Blätter an sonnigen Tagen. Gießen ist dann nur einmal wöchentlich nötig, wobei jedoch die Erde stets feucht bleiben muss. Obwohl die Pflanze jetzt auch kühlere Temperaturen verträgt, darf sie keinesfalls kalter Zugluft ausgesetzt werden.

Vermehrung: Zu Frühlingsbeginn können von Dieffenbachia ungefähr 5 bis 10 cm lange Stamm- oder Kopfstecklinge abgeschnitten werden, an denen sich mindestens eine Knospe befinden muss. Dabei muss man unbedingt die Giftigkeit des

Dieffenbachia benötigt einen feuchten, sehr hellen Standort, der nicht der direkten Sonneneinstrahlung ausgesetzt sein darf.

austretenden Pflanzensafts beachten und Handschuhe tragen. Die Schnittfläche wird mit Hormonpulver bestäubt; dann für ein bis zwei Tage abtrocknen lassen. Danach werden die Stecklinge eingepflanzt und die sandig humöse Erde gut festgedrückt. Die Temperatur im Treibkasten ist auf 24 bis 27 °C einzustellen und die Erde ist stets feucht zu halten. Einmal täglich sollte die Abdeckung abgenommen werden, um für Frischluft zu sorgen. Nach wenigen Wochen haben sich die ersten Wurzeln gebildet. Jetzt erst kommen die Stecklinge in gute Blumenerde oder in Mischerde für große Pflanzen. Bestimmte Exemplare wachsen stark in die Höhe und verlieren dann ihre untersten Blätter. In einem solchen Fall empfiehlt es sich, die Pflanze durch Abmoosen zu verjüngen.

Gefahren und Vorsichtsmaßnahmen: Welke, farblose oder herabhängende Blätter sind ein Zeichen für zu viel Wasser oder einen zu kalten Standort. Während der Wachstumsphase benötigt die Pflanze ausreichend Dünger, weil die Blätter sonst bleich werden und ihre schöne Zeichnung verlieren. Dieffenbachia wird nicht selten von der Roten Spinne befallen, besonders wenn die Luft zu trocken ist. Als Symptome bilden sich dann kupferfarbene Flecken auf ihren Blättern, die später rötlich und durchscheinend werden. Hier hilft nur eine Behandlung mit einem entsprechenden Akarizid. Grüne Blattläuse entwickeln gelegentlich Kolonien auf jungen Blättern. Auch hier empfiehlt sich der Einsatz eines speziellen Insektizids. Klare Wassertropfen, die sich an der Spitze der Blätter bilden, sind jedoch kein Anzeichen von einer Krankheit. Es handelt sich dabei vielmehr um das normale physiologische Phänomen der „Guttation".

Arten und Sorten: *Dieffenbachia bausei* entwickelt ovale Blätter mit gelbgrünen Spitzen, dunkelgrünen Rändern und weißen Flecken auf der gesamten Blattspreite. Der Stamm erreicht eine Höhe von rund 20 cm. *Dieffenbachia oerstedii* stammt aus Costa Rica und verfügt über große ovale dunkelgrüne Blätter mit weißen Blattadern und einen elfenbeinfarbenen Streifen entlang der Rippen. *Dieffenbachia picta* (syn. *Dieffenbachia maculata*) entwickelt große ovale, leuchtend grüne Blätter mit elfenbeinfarbenen Flecken und Zeichnungen. Diese Art kann gelegentlich kolbenartige Blütenstände mit einer Spatha entwickeln. Die Varietät „Splendens" bringt große hellgrüne Blätter mit weiß-cremefarbenen Flecken und leicht gewellten Rändern hervor. „Exotica", die häufigste Varietät, hat fast gänzlich cremegelbe Blätter mit einem dünnen hellgrünen Rand. „Amoena" (syn. *Dieffenbachia amoena*) sticht durch ihr kompaktes Aussehen hervor, das ihr der kräftige Stamm verleiht. Sie wird ca. 60 bis 90 cm hoch und weist fast 60 cm lange und 25 cm breite Blätter auf, die intensiv dunkelgrün gefärbt und weiß-cremefarben gefleckt sind. Die Varietät „Tropic Snow" besitzt feste, ledrige Blätter mit cremefarbener und dunkelgrüner Zeichnung auf leuchtend grünem Grund. „Pia" zeigt hellgrün und gelb-cremefarben gefleckte Blätter mit einem dunkelgrünen Streifen in der Mitte. *Dieffenbachia wallisii* ist eine sehr große Art. Sie wird über 4 m hoch und verfügt über lanzettliche, grünrot gefärbte Blätter mit einem grau-cremefarbenen Zentrum.

Eine Topfkomposition, bestehend aus Dieffenbachia seguine *und* Dieffenbachia exotica. *Die unterschiedlich marmorierten und variabel gezeichneten Blätter sind typisch für diese Arten.*

Drachenbaum, Drachenlilie Dracaena

Familie
Agavaceae
(Agaven-
gewächse)

Aussehen
strauchartig

Wuchshöhe
120 cm

Durchmesser
50 cm

Blütezeit
Sommer
(selten im Topf)

Standort
indirektes Licht

Gießen
reichlich

Pflege
leicht

Dracaena wird vor allem wegen der Schönheit und der dekorativen Wirkung ihrer Blätter kultiviert, die der Pflanze ein prächtiges Aussehen verleihen. Ausgewachsene, üppige Exemplare können im Sommer gelegentlich cremeweiße Blüten bilden. Die meisten Arten der Gattung Dracaena stammen aus den Tropen Afrikas und von den Kanarischen Inseln, sie werden gelegentlich mit Keulenlilien (Cordyline) verwechselt. Die Vertreter dieser Gattung ähneln ihnen zwar stark, stammen aber aus Australien sowie Asien und verlangen eine andere Behandlung. Man sollte daher über die jeweilige Pflanze Bescheid wissen, um bei der Pflege keine Fehler zu begehen.

Pflege: Alle zwei Jahre muss Dracaena umgetopft werden, oder auch jährlich, falls sie sehr schnell wächst. Dieser Vorgang erfolgt am besten im Frühling, wobei die nächstgrößere Topfgröße als Gefäß verwendet wird. Als Erde empfiehlt sich Komposterde oder Torferde, wobei man zuvor einige Tonscherben oder Steine für eine bessere Drainage über das Abflussloch im Topf geben sollte. Die Wurzeln des Drachenbaums benötigen viel Platz, hierbei reicht ein 15-cm-Topf im Allgemeinen für eine 40 cm hohe Pflanze aus. Im Frühling und im Sommer bevorzugt die Pflanze einen hellen, vor direkter Sonneneinstrahlung geschützten Standort. Ihre Umgebung muss feucht und warm bei einer Temperatur von ca. 25 bis 27 °C gehalten werden. Steigt die Temperatur, so braucht die Pflanze mehr Feuchtigkeit. Zu diesem Zweck sind die Blätter täglich zu besprühen und die Erde ist stets feucht, jedoch nicht nass zu halten. Zweimal wöchentlich sollten dem Gießwasser einige Tropfen Flüssigdünger hinzugefügt werden. Im Herbst und im Winter benötigt der Drachenbaum keine Düngung und nur wenig Wasser, aber die Erde darf auch jetzt nicht austrocknen und die Temperatur soll nie unter 15 °C fallen. Die Blätter sind wöchentlich zu besprühen, um für die notwendige Feuchtigkeit zu sorgen.

Dracaena
pleomele

Vermehrung: Im März erfolgt die Aussaat der Dracaena-Samen, wobei die Temperatur für die Keimung konstant bei 27 °C gehalten werden muss. Dafür eignet sich besonders ein Aussaatgefäß mit elektrischer Heizung. Die kleinen Pflanzen kommen anschließend, sobald sie groß genug sind, einzeln in 7-cm-Töpfe und müssen dann vor direktem Sonnenlicht geschützt und bei 21 bis 24 °C gehalten werden. Man kann zur Vermehrung aber auch Stecklinge von der Spitze eines zu hoch gewachsenen Stammes oder von einem Seitentrieb entnehmen, dann in ca. 7 cm lange Stücke schneiden und die alten Blätter entfernen. Diese Stecklinge kommen in eine Mischung aus gleichen Teilen Sand und Torf, zudem sollte die Schnittstelle zuvor mit einem Hormonpulver behandelt werden. Das Gefäß mit den Stecklingen wird anschließend in eine Treibkiste gestellt, zugedeckt und bei einer Temperatur von 24 °C stets leicht feucht gehalten. Sobald die Stecklinge Wurzeln gebildet haben und sich die ersten Blätter zeigen, können sie einzeln in 7-cm-Töpfe mit normaler Gartenerde eingetopft werden.

Gefahren und Vorsichtsmaßnahmen: Zu hohe Feuchtigkeit oder Trockenheit schadet der Pflanze und die Blätter beginnen zu welken. Die Erde ist daher auf die richtige Feuchtigkeit zu überprüfen und das Gießverhalten dementsprechend zu ändern. Zu tiefe Temperaturen bewirken in etwa denselben Effekt, die Pflanze sollte dann an einen wärmeren Standort gebracht werden. Schildläuse auf den Blattunterseiten, die kleinen Pusteln ähneln, sind mit speziellen Insektiziden zu bekämpfen.

Arten und Sorten: *Dracaena deremensis* kann Höhen von bis zu 1,2 m erreichen. Ihre geraden und eher steifen Stämme tragen lanzettliche dunkelgrüne Blätter mit je einem weiß-grünen Streifen in der Mitte. Diese Art ist die Stammurform zahlreicher Varietäten. „Bausei" etwa weist eine hellgrüne Nervatur in der Blattmitte auf, während „Souvenir de Augustus Schryer" eine Rosette aus leuchtend grünen Blättern mit einem breiten cremefarbenen Randstreifen bildet. Die Blätter von „Warneckei" hingegen sind seitlich mit zwei hellen und in der Mitte mit einem dritten hellgrünen Streifen versehen. Zu den größten und langlebigsten Arten zählt *Dracaena draco*, die in ihrer Heimat, den Kanarischen Inseln, mit 10 m die Höhe eines Baumes erreichen kann. Ihre dicken und fleischigen Blätter sind grünblau gefärbt und zeigen eine rötliche Schattierung entlang ihrer Ränder. Ihre schönen Blüten sind ebenfalls grünlich gefärbt. *Dracaena fragrans* entwickelt kahle, verholzte und kräftige Stämme, an deren Spitze dunkelgrüne, gelb gestreifte und überhängende Blätter und duftende Blüten stehen. Topfpflanzen dieser Art blühen jedoch nur selten. Sehr verbreitet ist die Sorte „Massangeana" *Dracaena godseffiana* (syn. *Dracaena surculosa*) hat 7 cm lange, ovale, eher lange und schmale Blätter, die in Zweier- oder Dreiergruppen auf dünnen und biegsamen Ästen wachsen. Sie entwickelt sich buschig und bevorzugt schattige Plätze. Die Zwergsorte „Florida Beauty" weist Blätter mit zahlreichen weißgelben Flecken auf. *Dracaena marginata*, eine der am leichtesten zu kultivierenden Arten, verfügt über dünne und elegante Stämme, an denen grüne, rot gerandete, schmale und gebogene Blätter sitzen. Die Varietät „Tricolor" zeigt noch farbenprächtigere Blätter, die ein schmales cremefarbenes Streifenmuster aufweisen. *Dracaena sanderiana* erreicht Höhen von 60 bis 120 cm. Ihre rosettenförmig angeordneten grünen Blätter sind schmal, spindelförmig, leicht gewellt und gelb gerandet.

Dracaena deremensis *weist dunkelgrüne, gelbgrün gerandete Blätter mit hellen Streifen in der Mitte auf.*

Echeverie Echeveria

Familie	Crassulaceae (Dickblattgewächse)
Aussehen	rosettenartig
Wuchshöhe	8–30 cm
Durchmesser	6–30 cm
Blütezeit	April–Oktober
Standort	direktes Sonnenlicht
Gießen	selten
Pflege	leicht

Die rund 150 Arten der Gattung Echeveria sind leicht zu kultivierende Zimmerpflanzen, da sie tagsüber große Temperaturschwankungen und auch den Temperaturwechsel von heißen Tagen und kalten Nächten von ihrem natürlichen Habitat her gewöhnt sind. Diese sukkulenten Pflanzen stammen aus Mittelamerika sowie dem nordwestlichen Teil Südamerikas und werden wegen ihrer schönen Rosetten aus fleischigen, dachziegelartig angeordneten Blättern sehr geschätzt.

Pflege: Wenn nötig, werden die Pflanzen alljährlich im **April** umgetopft, wobei Kakteenerde zu verwenden ist. Im **Frühling** und im **Sommer** benötigt Echeveria einmal wöchentlich reichlich Wasser. Dabei dürfen ihre Blätter nicht benetzt werden. Ständiges Restwasser in der Rosette kann dazu führen, dass die Blätter zu faulen beginnen. Es empfiehlt sich, die Pflanze solange in einen mit Wasser gefüllten Untersetzer zu stellen, bis die Erde ausreichend Wasser aufgenommen hat. Alle vier Wochen sollten dem Wasser einige Tropfen Flüssigdünger hinzugefügt werden. Die Pflanze benötigt eine Temperatur von 15 bis 21 °C und ist vor allzu starker Sonnenbestrahlung zu schützen. Einige Arten entwickeln auf den Blättern einen Wachsüberzug, den Reif, der jedoch nicht entfernt werden darf. Im **Herbst** und im **Winter** braucht Echeveria nur wenig Wasser, dabei hängt die Menge von den Temperaturen ab. Sollten sie unter 7 °C sinken, muss die Pflanze an einen wärmeren und helleren Ort gebracht werden.

Die Arten der Gattung Echeveria sind sukkulente Pflanzen mit Rosetten von fleischigen Blättern und gelbrot oder orangerot gefärbten Blüten.

Vermehrung: Die Vermehrung von Echeveria kann mittels Blattstecklingen erfolgen, welche zu diesem Zweck vorsichtig vom Stamm entfernt, dann mit der Blattbasis voran in feuchte Erde eingesetzt und schließlich an einen hellen Ort gestellt werden. Dabei ist darauf zu achten, dass die Erde stets feucht bleibt und eine Temperatur von 15 bis 18 °C aufweist. Der Blattsteckling selbst verwelkt, während er neue Blätter und Wurzeln bildet. Man kann zur Vermehrung auch jene Tochterrosetten verwenden, die sich am Fuße der Mutterrosette rund um den Stamm herum bilden. Diese werden im März vorsichtig von der Mutterpflanze abgetrennt, ein bis zwei Tage getrocknet und dann in eine mit grobem Sand vermischte Erde gepflanzt. Auf diese kommt dann noch einmal eine Schicht groben Sandes.

Gefahren und Vorsichtsmaßnahmen: Ungenügende Pflege oder ein zu hohes Alter der Pflanzen führen dazu, dass die untersten Blätter verwelken und abfallen. In diesem Fall schneidet man den vitalen oberen Teil der Pflanze ab, lässt die Schnittstelle dann zwei bis drei Tage abtrocknen und setzt die Rosette anschließend in eine mit grobem Sand vermischte Erde ein.

Arten und Sorten: *Echeveria derenbergii* weist glatte graugrüne, fleischige Blätter auf, die eine rund 7 cm breite Rosette bilden. Ihre gelborangefarbigen Blüten erscheinen im Frühjahr. „Dorosa" ist eine Sorte mit einer größeren, rund 18 cm messenden Rosette. Sie verfügt über hellgrüne, an den Enden rot gefärbte Blätter mit zart behaarten Rändern. „Worfield Wonder" ist leicht zum Blühen zu bringen und kann in milden Wintern sogar im Freien überdauern. Die bis zu 30 cm hohe *Echeveria gibbiflora* weist kahle Äste und Stämme mit Rosetten aus großen fleischigen, spateligen und graugrün gefärbten Blättern auf, die leicht rosa schimmern. Im Herbst bildet sie große gelbe und rote Blüten aus. Die Blätter von „Carunculata" zeigen an der Blattoberseite unregelmäßige warzige Ausbildungen, während die Blätter von „Metallica" rötlich bis rosafarben sind. *Echeveria glauca* zeigt eine dichte Rosette von grünblauen Blättern, die älteren unter ihnen sind entlang der Ränder rötlich gefärbt. Ihre lebhaft roten Blüten stehen in Gruppen von bis zu 20 an langen Blütenschäften. *Echeveria harmsii* (syn. *Oliveranthus elegans*) ist ein kleiner, verzweigt wachsender Strauch. Die Blätter der eher flachen Rosetten sind grün und lanzettlich. Seine 2,5 cm großen scharlachroten Blüten stehen einzeln oder in Trauben an der Spitze langer Stiele. *Echeveria setosa* entwickelt eine kompakte Rosette ohne sichtbaren Stamm. Ihre Blätter sind mit einem dichten weißen Flaum überzogen, die Blüten orangefarben. Die Rosette von *Echeveria zahnii* ist biegsam und sitzt auf einem kurzen Stamm. Ihre graugrünen Blätter zeigen auf der Oberseite zarte rosa Flecken, die glockenförmigen orangegelben Blüten sitzen auf rund 15 cm langen Sprossen.

Echeveria setosa *zeigt eine kompakte Rosette und orangefarbene Blüten auf langen Sprossen.*

Seeigelkaktus Echinopsis

Familie Cactaceae (Kakteen)	
Aussehen kugelig oder zylindrisch	
Wuchshöhe 8–150 cm	
Durchmesser 8–70 cm	
Blütezeit Juni–Septem- ber	
Standort direktes Sonnenlicht	
Gießen wenig	
Pflege leicht	

Die Kakteen-Arten der Gattung Echinopsis stammen aus Südamerika, wo sie eine beträchtliche Größe erreichen können und strauch- oder baumförmig wachsen. Sie sind sehr einfach zu pflegen und blühen an einem hellen und sonnigen Ort. Ihr länglich kugeliger, dicker Stamm weist stachelig besetzte Rippen auf. Entlang dieser Rippen sitzen die so genannten Areolen, aus denen sternförmig angeordnete Stacheln wachsen. Mit rund drei Jahren entwickeln diese Kakteen erstmals lange prächtige und leicht duftende Blüten, die weiß bis rosa gefärbt sind. Sie öffnen sich am Abend etwa eine halbe Stunde vor Sonnenuntergang und bleiben dann nur für die folgende Nacht und den nächsten Tag geöffnet. Die Pflanze blüht bei guter Pflege den ganzen Sommer hindurch, indem sie ständig neue Blüten hervorbringt.

Detail der stachligen Rippen

Pflege: Wenn die Wurzeln den Topf schon gänzlich ausfüllen, wird der Seeigelkaktus im **Frühjahr** in gute Kakteenerde oder in eine mit grobem Sand vermischte Humuserde umgetopft. Im **Sommer** benötigt die Pflanze viel Licht und Sonne bei einer Temperatur von ca. 15 bis 24 °C. Zwischen den einzelnen Wassergaben sollte die Erde stets trocken werden. Staunässe ist unbedingt zu vermeiden. Von April bis September ist die Pflanze drei bis vier Wochen mit Flüssigdünger zu düngen, der dem Gießwasser hinzugefügt wird. Im **Herbst** und im **Winter** haben die Seeigelkakteen ihre Ruhephase. Sie benötigen dann auch eine Temperatur von rund 7 bis 10 °C, gutes Licht und Sonne sowie nur sehr wenig Wasser.

Vermehrung: Die Echinopsis-**Samen** kommen in Aussaaterde und werden dann mit einer dünnen Schicht Kakteenerde bedeckt und anschließend an einen schattigen, feuchten Ort bei einer Temperatur von 18 bis 24 °C gestellt, bis sie keimen. Eine einfachere Methode der Vermehrung besteht darin, **die jungen Kakteen**, die sich häufig an der Mutterpflanze bilden, **abzunehmen** und nach Abkeimung der Wunde wieder einzusetzen. Kakteen können auch durch **Teilung** vermehrt werden, indem die Sprosse mit einem scharfen Messer zerteilt und dann an den Schnittflächen getrocknet werden. Nach Heilung der Schnittfläche können sie auf feuchter Erde liegend bewurzelt werden. Sobald sich die Wurzeln gebildet haben, werden sie eingetopft. Danach muss die Erde zwei bis drei Wochen eher trocken bleiben, damit die neuen Pflanzen nicht zu faulen beginnen.

Echinopsis multiplex

Echinopsis
huatscha

Gefahren und Vorsichtsmaßnahmen: Zu häufiges Gießen lässt die Pflanze faulen und schließlich schrumpfen. Vor jeder Wassergabe sollte daher die Erde immer trocken sein. Wenn die Kakteen im Wuchs entarten oder nicht blühen, dann fehlt es ihnen an Licht. Am besten nimmt man dann einen Seitenspross und zieht daraus eine neue Pflanze. Bei Befall durch Wollläuse entfernt man diese am besten mit einem mit Alkohol getränkten Wattebausch oder einer Bürste. Man kann aber auch mit einem entsprechenden Insektizid sprühen.

Arten und Sorten: *Echinopsis aurea* entwickelt einen kugeligen Stamm mit zahlreichen Seitensprossen. Die Art stammt aus Argentinien und bildet viele zitronengelbe Blüten aus. Die Sorte „Aurantiaca" hat einen grünbraunen stacheligen Stamm und bildet ganze Gruppen schöner orangeroter Blüten aus. *Echinopsis eyriesii* ist für die großen weißvioletten, 20 bis 25 cm langen und 10 bis 12 cm breiten Blüten bekannt. Der anfänglich kugelige dunkelgrüne Stamm wächst zu einer Säule aus und bildet über 15 Rippen mit grauen Areolen. Jede von ihnen trägt 14 braune, rund 8 mm lange Stacheln. *Echinopsis huatscha* (syn. *Trichocerus huatscha*) entwickelt stachelige, kriechende, 7 cm lange Stämme mit vielen Rippen. Aus den eng nebeneinander liegenden Areolen ragen zahlreiche gelbbraune Stacheln. Die Färbung der Blüten der *Varietät „Rubriflorus"* reicht von einem kräftigen Gelb bis zu einem rötlichen Orange. *Echinopsis oxygona* (syn. *Echinopsis multiplex*) zählt zu den bekanntesten und spektakulärsten Echinopsis-Arten. Ihre kugelförmigen Stämme, die erst mit dem Alter in die Länge wachsen, sind von 12 bis 14 Rippen geprägt. Darauf befinden sich die Areolen, aus denen Gruppen von kräftigen braunen Stacheln ragen. Die blassrosa Blüten duften stark und werden 18 bis 20 cm lang und 15 cm breit. *Echinopsis silvestrii* unterscheidet sich von den anderen Kakteen dadurch, dass diese Art nur selten Seitensprosse bildet. Der Stamm ist kugelförmig, grüngrau gefärbt und mit mehr als 20 Rippen versehen, aus denen gelbgrüne Stacheln ragen. Die großen, trichterförmigen Blüten sind weiß. *Echinopsis spachiana* (syn. *Trichocerus spachianus*) kann 90 bis 120 cm hoch werden und der lebhaft grüne Stamm verfügt über zahlreiche Rippen und Gruppen von gelbbraunen Stacheln. Diese Art zeichnet sich dadurch aus, dass sie bis zu 25 cm lange weiße Blüten bildet, die während der Nacht aufblühen, wobei die äußeren Blütenblätter grün gefärbt sind. *Echinopsis tubiflora* entwickelt einen länglichen Stamm mit vorstehenden, gewellten Rippen und langen schwarzen Stacheln. Die glockenförmigen Blüten sind bläulich weiß gefärbt.

Blattkaktus Epiphyllum

Familie
Cactaceae
(Kakteen)

Aussehen
strauchartig

Wuchshöhe
40–90 cm

Durchmesser
20–40 cm

Blütezeit
April–Juli

Standort
indirektes Licht

Gießen
reichlich

Pflege
leicht

Die Arten der Gattung Epiphyllum sind vorwiegend Epiphyten mit exotischem Aussehen, die in den tropischen Wäldern Mittelamerikas beheimatet sind, wo sie wild auf Bäumen wachsen. Bei den Pflanzen, die bei uns üblicherweise in den Handel kommen, handelt es sich meist um Hybriden der Art *Epiphyllum crenatum*. Sie entwickeln flache, an der Basis schmale Stämme mit gesägten Rändern, an deren seitlichen Areolen sich auffallend gefärbte Blüten entwickeln, die nur einen Tag und eine Nacht lang blühen und dann welken.

Pflege: Jedes Jahr im **Frühling** muss Epiphyllum in gute Torferde umgetopft werden und benötigt dann viel Licht, verträgt aber keine direkte Sonnenbestrahlung. Die Erde ist in dieser Zeit stets feucht zu halten und während der Blütezeit zwischen **April** und Ende **Juli** sollten dem Gießwasser alle zehn Tage einige Tropfen eines kaliumhaltigen Düngers hinzugefügt werden. Von **Oktober** bis **März**, also in der kalten Jahreszeit, darf die Erde nur leicht feucht gehalten werden, sodass die Wurzeln nicht vertrocknen können. Sobald sich im Frühling die ersten Knospen bilden, braucht der Blattkaktus wieder mehr Wasser und auch etwas Flüssigdünger. Im **Herbst** und im **Winter** darf die Temperatur nicht unter 10 °C sinken und am Standort muss ausreichend Licht vorhanden sein.

Vermehrung: Ende Juli oder Anfang August, nach dem Ende der Blütezeit, werden vom Stamm 10 bis 15 cm lange **Stecklinge** abgeschnitten und zwei bis drei Tage an den Schnittflächen getrocknet. Danach kommen sie in Töpfe mit guter Humuserde, die bei einer Temperatur von 21 °C stets feucht gehalten wird und nicht abgedeckt werden darf. Nachdem sich nach etwa zwei bis drei Wochen die Wurzeln gebildet haben, können die Stecklinge wie erwachsene Pflanzen behandelt werden. Die Aussaat von Epiphyllum-Samen erfolgt in Blumenerde. Die **Samen** werden dann mit einer Schicht Erde bedeckt und im Schatten bei 21 bis 24 °C feucht gehalten. Nach der Keimung sind die Pflänzchen auszulichten, wobei nur die schönsten und gesündesten übrig bleiben sollen. Sobald sie groß genug sind, setzt man sie einzeln in Töpfe mit Kakteenerde oder in Humuserde, die zuvor mit grobem Sand vermischt

wurde. Die Pflänzchen brauchen jetzt viel Licht, dürfen aber nicht direkt an der Sonne stehen. Die aus den Samen von Hybriden gezogenen Pflanzen ähneln im Allgemeinen der Mutterpflanze nicht!

Gefahren und Vorsichtsmaßnahmen: Ein Standort in der prallen Sonne verursacht Verbrennungen an den grünen Teilen der Pflanze. Zu viel Wasser, vor allem im Winter, lässt die Stämme welken und die Wurzeln faulen.

Arten: Eine leicht zu haltende Art ist *Epiphyllum ackermannii* (Bild links). An ihren typischen langen und flachen grünen Stämmen entwickeln sich im Sommer zahlreiche lebhaft orange gefärbte, trompetenförmige Blüten. Die Stämme von *Epiphyllum crenatum* weisen an der Basis einen zylindrischen Querschnitt auf, sind aber sonst zur Gänze flach. Von ihrem Aussehen her ähneln die graugrünen Stämme mit ihren gesägten Rändern fleischigen Blättern. Die cremeweißen Blüten sind ebenfalls trompetenförmig und erreichen eine Länge von 20 bis 25 cm und eine Breite von 15 cm. Diese Kakteenart, von der auch zahlreiche Hybriden abstammen, ist leicht zu kultivieren.

Wolfsmilch Euphorbia

Die Gattung Euphorbia zählt rund 2000 Arten, die ein sehr unterschiedliches Aussehen entwickeln. Unter ihnen finden sich einjährige, zweijährige und mehrjährige Pflanzen (immergrüne oder Laub abwerfende), darüber hinaus aber auch Bäume, Sträucher und sukkulente Arten, die in der Natur in unterschiedlichsten Habitaten beheimatet sind. Ihnen gemein ist ihr typischer Blütenstand – mit Hochblättern, die eine Scheinblüte bilden – sowie ihr weißer giftiger Milchsaft, der bei Berührung mit der Haut Reizungen auslösen kann. Viele Arten werden in Gärten kultiviert, andere jedoch als Zimmerpflanzen. *Euphorbia pulcherrima*, der bekannte Weihnachtsstern, sticht vor allem wegen seiner auffälligen ,,Blüten" hervor. An den Enden der Triebe entwickeln sich intensiv rot gefärbte Hochblätter, in deren Mitte sich die unscheinbaren cremegelben Blüten befinden. *Euphorbia milii* hingegen entwickelt drahtige Sprosse mit spitzen Dornen, die an einen Kaktus erinnern. Von ihm unterscheidet sich diese Art jedoch einerseits durch die zahlreichen leuchtend grünen Blätter an den Triebspitzen und andererseits durch die winzigen Blüten, die von roten oder gelben Hochblättern umgeben sind.

Pflege: Im **Frühling** wird der ,,Weihnachtsstern" zurückgeschnitten, indem die Zweige bis auf ca. 10 cm gekürzt werden. Die Erde muss in dieser Zeit fast trocken sein und die Pflanze benötigt im Verlauf des nächsten Monats viel Licht, erst danach kann wieder mehr gegossen werden. Gegen Mai, wenn die Pflanze wieder zu wachsen beginnt, kommt sie in einen nicht allzu großen Topf mit guter Erde und dann an einen hellen Standort. Von Ende **Mai** bis **September** muss sie gedüngt werden und die Pflanze benötigt einen Formierungsschnitt. Es sollten dabei nur rund fünf Äste übrig bleiben, die in weiterer Folge einen kompakten Strauch bilden werden. Auch die anderen strauchförmigen Euphorbia-Arten müssen im **Frühjahr** oder im **Sommer** in feuchte Erde, die mit grobem Sand vermischt wurde, umgetopft und bei 18 bis 24 °C in feuchter Umgebung und bei viel indirektem Licht aufgestellt werden. Zwischen den einzelnen Wassergaben sollte die Erde austrocknen können und in der Zeit des Wachstums zwischen Juni und September ist etwa alle zwei Wochen zu düngen. Um der Pflanze eine kompakte Form zu verleihen, sind die Äste bis auf 15 cm zurückzuschneiden. Die sukkulenten Euphorbia-Arten benötigen hingegen eine trockene Umgebung sowie viel Licht und Sonne. Sie werden im Frühling in mit Sand vermischte Erde getopft und werden regelmäßig gegossen, wobei das Substrat immer wieder trocknen sollte; etwa alle zwei Wochen ist zu düngen. Auch im **Herbst** und im **Winter** benötigen die verschiedenen Euphorbia-Arten eine unterschiedliche Pflege. Um den ,,Weihnachtsstern" zum Blühen zu bringen, muss die Pflanze acht Wochen lang für 14 Stunden, und zwar vom frühen Abend bis zum frühen Morgen, in einen vollkommen dunklen Behälter gestellt werden. Sie braucht jetzt nur wenig Wasser und kühle Raumtemperatur, aber am Tage viel Licht. Zu Weihnachten sollte die Pflanze auf diese Weise behandelt zahlreiche farbige Hochblätter und Blüten bilden. Die anderen strauchförmigen Euphorbia-Arten verlangen jetzt feuchte Erde bei ca. 13 °C. Nach der Blüte sind die Wassergaben bis zum Frühling zu reduzieren. Eventuell können Stecklinge jetzt abgeschnitten werden. Die sukkulenten Arten benötigen im Winter sehr wenig Wasser, nur etwa so viel, um die Erde anzufeuchten. Sie sollten bei mindestens 13 °C an einem sonnigen Ort, geschützt vor Zugluft, stehen.

Familie
Euphorbiaceae
(Wolfsmilch-
gewächse)

Aussehen
strauchartig
bzw.
bäumchen-
förmig

Wuchshöhe
60–150 cm

Durchmesser
15–45 cm

Blütezeit
November–
Januar

Standort
indirektes Licht
bzw. pralle
Sonne

Gießen
mittelmäßig
bzw. selten

Pflege
leicht

Die charakteristische Bäumchenform von **Euphorbia milii**, *dem Christusdorn.*

Euphorbia pulcherrima, *der Weihnachtsstern, mit wunderschönen roten Hochblättern.*

Vermehrung: Die strauchförmigen Euphorbia-Arten lassen sich im Frühling mittels 7 bis 10 cm langer **Stecklinge**, die man von den Triebspitzen entnimmt, vermehren, wobei die Schnittfläche in frisches Wasser getaucht wird, bis kein Milchsaft mehr austritt. Dann werden sie in 7-cm-Töpfe mit einer Mischung aus Torf und grobem Sand eingepflanzt. Auf die Töpfe kommt anschließend als Abdeckung eine durchsichtige Folie, wobei die Temperatur nun konstant bei 18 bis 21 °C liegen muss, bis sich neue Blätter gebildet haben. Anschließend setzt man die kleinen Pflänzchen in größere Töpfe und behandelt sie wie große Pflanzen. Bei sukkulenten Euphorbia-Arten kann man im Frühjahr von den Trieben 7 bis 10 cm lange Stecklinge abschneiden. Auch diese müssen sofort in ein Glas Wasser gestellt werden, um so das Ausrinnen des Milchsaftes zu verhindern. Danach sollten die Schnittflächen einen Tag lang trocknen, ehe die Stecklinge in 7-cm-Töpfe mit einer Mischung aus Erde und Sand kommen. Sie benötigen nun mäßig Wasser sowie einen hellen, vor Zugluft geschützten Standort mit einer Temperatur von ca. 18 °C. Die Töpfe mit den Stecklingen dürfen nicht zugedeckt werden. Einen Monat später kann man die bewurzelten Pflänzchen in gute Erde umtopfen und anschließend wie reife Pflanzen behandeln. Beim Hantieren mit den dornigen Stecklingen empfiehlt es sich, Gartenhandschuhe zu tragen und sich danach wegen des giftigen Milchsaftes die Hände gut zu waschen.

Gefahren und Vorsichtsmaßnahmen: Kalter Luftzug lässt die Blätter der strauchigen Euphorbia-Arten vergilben und abfallen. Flecken auf den Blättern oder ein Ausbleichen der Hochblätter deutet auf zu viel Wasser hin, das auch die Wurzeln faulen lässt und so ein Abfallen der Blätter und Hochblätter verursacht. Der Grauschimmel (Botrytis) befällt den ,,Weihnachtsstern'' häufig und verursacht dann graue Flecken auf den Blättern und untersten Ästen. Die betroffenen Teile müssen sofort entfernt und die Pflanze muss danach mit einem speziellen Fungizid behandelt werden. Bei zu reichlichem Gießen oder einem zu feuchten Standort besteht auch bei sukkulenten Euphorbia-Arten die Gefahr, dass sich an den Stämmchen und Wurzeln Fäulnis bildet. Die erkrankten Teile sind dann sofort zu entfernen und die Pflanze ist an einen trockeneren Ort zu stellen.

Arten und Sorten: Die sukkulente Art *Euphorbia milii*, der Christusdorn (syn. *E. splendens*) wird wie die anderen sukkulenten Euphorbia-Arten gepflegt. Es handelt sich dabei um einen kleinen Baum mit sehr dornigen Stämmchen und endständigen Blättern. Der bis zu 45 cm große Christusdorn entwickelt im Winter kleine weiße Blüten, die von großen, leuchtend roten Hochblättern umgeben sind. Er stammt aus Mexiko. *Euphorbia pulcherrima* (syn. *Poinsettia pulcherrima*), der Weihnachtsstern, ist ein Laub abwerfender Strauch, der im Haus eine Höhe von 120 bis 150 cm erreicht. Er weist dünne Äste und Zweige mit großen, leicht gelappten Blättern auf. Die Blüten sind unscheinbar gelb und klein und sind von großen scharlachroten, cremefarbenen oder rosa Hochblättern umgeben, die oberhalb der grünen Blätter sternförmig angeordnet sind.

Blaues Lieschen, Bitterblatt Exacum

Die Gattung Exacum umfasst rund 25 einjährige, zweijährige und auch mehrjährige immergrüne Arten. Als Zimmerpflanze bewährt sich von allen *Exacum affine* am besten, die von der Insel Sokotra im Indischen Ozean stammt. Diese eher kleine Pflanze zeigt ein einfaches, aber zierliches Aussehen. Sie wächst zu einem 15 bis 25 cm hohen Busch heran und eignet sich speziell im Sommer als Tischdekoration, weil sie zu dieser Jahreszeit zahlreiche kleine, duftende, lilafarbene oder weiße Blüten bildet.

Familie
Gentianaceae
(Enzian-
gewächse)

Aussehen
buschige
Staude

Wuchshöhe
15–25 cm

Durchmesser
15–30 cm

Blütezeit
Juni–August

Standort
indirektes Licht

Gießen
mittelmäßig

Pflege
leicht

Pflege: Im Frühling und Sommer benötigt das Blaue Lieschen Temperaturen bis zu 30 °C, feuchte Luft und viel Licht, es darf jedoch nicht der prallen Sonne ausgesetzt sein. Beim Gießen ist am besten der Untersetzer mit Wasser zu füllen, damit sich das Substrat selbst vollsaugen kann. Die Erde muss zwar stets feucht, aber nicht ständig mit Wasser vollgesogen sein. Einmal wöchentlich sollte dem Gießwasser etwas Flüssigdünger beigemischt werden. Will man die Blüte möglichst lange erhalten, so ist unbedingt darauf zu achten, dass die verwelkten Blüten regelmäßig entfernt werden. Im Haus stellt vielfach das Badezimmer den besten Standort für diese Pflanze dar. Im Herbst und im Winter, wenn die Blütezeit vorüber ist, benötigt Exacum dann weniger Wasser, aber auch jetzt darf die Erde nie austrocknen. Die Pflanze benötigt auch keinen Dünger mehr, jedoch eine Temperatur von mindestens 15 °C.

Vermehrung: Das Blaue Lieschen lässt sich problemlos durch Samen vermehren, weshalb man die Pflanze nicht unbedingt zu überwintern braucht. Die Samen werden gegen Ende des Sommers oder im Frühjahr ausgesät. Die aus den Sämlingen gezogenen Pflanzen blühen dann erst im folgenden Sommer oder im Verlaufe des Herbstes. Es empfiehlt sich daher einen Teil des Samens im September und einen Teil im März zu säen. Die Samen benötigen zur Keimung feuchte Aussaaterde und müssen im Schatten bei 24 °C aufgestellt werden. Sind die Pflänzchen entsprechend groß, so kommen sie in mit Blumenerde gefüllte 7-cm-Töpfe, wobei sie anschließend vor Sonne und Zugluft zu schützen sind. Die Erde ist ständig feucht zu halten und die Töpfe müssen immer wieder so gedreht werden, dass die Pflanzen gerade wachsen. Ab einer Größe von 6 cm setzt man sie in größere Töpfe, wobei diese an der Basis zuvor mit einer Schicht Kies oder Tonscherben bedeckt werden sollten. Durch Zurückschneiden der Triebspitzen erhält man eine schöne buschige Form, wobei man für noch buschigeres Aussehen bis zu fünf Pflanzen in einen Topf oder in eine Schale mit einem Durchmesser von 15 cm setzen kann. Pflanzen, die im Herbst ihre Wachstumsperiode durchlaufen, benötigen im Winter eine Temperatur von 18 bis 21 °C.

Gefahren und Vorsichtsmaßnahmen: Das Blaue Lieschen wird nur selten von Parasiten oder Krankheiten befallen. Ist dies der Fall, empfiehlt es sich, die betroffene Pflanze zu entfernen, weil es sich bei dieser Art nur um kurzlebige Pflanzen handelt. Man vermeidet dadurch, dass sich die Krankheit auch auf andere Pflanzen ausbreitet.

Arten: *Exacum affine* (Bild rechts) ist eine immergrüne, mehrjährige Pflanze, die aber meistens nur als einjährige kultiviert wird. Sie ist stark verzweigt und entwickelt kleine leuchtend grüne, ovale Blätter. Die Wuchsform des 15 bis 25 cm breiten Blauen Lieschens ist rundlich buschig, ihre lilafarbenen oder weißen Blüten entwickeln leuchtend gelbe Staubblätter. *Exacum macranthum* zählt zu den eher seltenen Arten und zeigt purpurrote Blüten. *Exacum zeylanicum* ist eine ebenfalls seltene, bis zu 60 cm hohe Art, die von Ende August bis Oktober blüht.

Efeuaralie Fatshedera

Familie Araliaceae (Araliengewächse)	
Aussehen buschig, kletternd	
Wuchshöhe 60–180 cm	
Durchmesser 30–120 cm	
Blütezeit September– November	
Standort indirektes Licht	
Gießen mittelmäßig	
Pflege leicht	

Die sehr hübsche und immergrüne Gattungshybride *Fatshedera lizei* eignet sich hervorragend als Zimmerpflanze, da sie sowohl tiefe Temperaturen als auch trockene Luft in geheizten Räumen problemlos verträgt. Sie verdankt ihren zusammengesetzten Gattungsnamen jenen beiden Pflanzen, von denen sie abstammt, nämlich *Fatsia japonica* und *Hedera helix*. In ihr vereinen sich die kletternde Eigenschaft und die Blattform des Efeus mit dem aufrechten Wuchs und den glänzenden Blättern der Aralie. Man kann sie daher entweder als Kletterpflanze oder auch als Strauch kultivieren. Von sich aus festhalten können sich die aufrecht wachsenden Triebe der Efeuaralie jedoch nicht. Hoch gewachsene Pflanzen hängen daher allmählich nach unten und müssen dann unbedingt gestützt werden. Außerdem handelt es sich bei Fatshedera um eine äußerst unempfindliche robuste Pflanze, die stickige Luft sowie fast jede Art von Substrat verträgt.

Pflege: Jedes Jahr im **Frühjahr** muss Fatshedera umgetopft werden. Während dieser Zeit und im Sommer sollte die Erde stets leicht feucht sein. Falls es heiß oder trocken ist, sollten die Blätter regelmäßig mit Wasser besprüht werden. Etwa alle zwei Wochen sind dem Gießwasser einige Tropfen Flüssigdünger hinzuzufügen. Als Standort empfiehlt sich ein schattiger Ort im Freien, dies allerdings nur bei Temperaturen über 24 °C. Die großen glänzenden Blätter sind hin und wieder mit einem feuchten Tuch abzuwischen oder zu duschen. Die Efeuaralie bevorzugt einen hellen Standplatz, gedeiht aber auch im leichten Schatten sehr gut. Damit sie ihre prächtige buschige Form erhält, sollten zu lang gewachsene Triebe gekürzt werden. Im **Herbst** und im **Winter** benötigt Fatshedera nur so viel Wasser, dass die Erde stets leicht feucht ist, sowie eine Temperatur von mindestens 7 °C. In geheizten Räumen sind die Blätter regelmäßig mit Wasser zu besprühen.

Leicht zu kultivieren und hervorragend als Zimmerpflanze geeignet ist die Gattungshybride Fatshedera lizei *mit prächtigen, intensiv grünen, glänzenden Blättern.*

Vermehrung: Im Frühling und im Sommer können zur Vermehrung von Fatshedera rund 15 bis 20 cm lange **Triebstecklinge** abgeschnitten und in guter, mit etwas feinem Sand vermischter Erde bewurzelt werden. Das Gefäß ist zur Sicherheit mit einer durchsichtigen Folie abzudecken und die Erde solange feucht und bei einer Temperatur von 15 bis 18 °C zu halten, bis sich neues Wachstum zeigt. Nun wird die Folie entfernt und die Pflanze an einen hellen Standort gebracht.

Gefahren und Vorsichtsmaßnahmen: Obwohl es sich bei Fatshedera um eine robuste Pflanze handelt, wird sie häufig von Schildläusen befallen, vor allem, wenn sie in einem geschlossenen Raum steht. Diese Schmarotzer sind mit in Alkohol getränkter Watte oder mithilfe eines speziellen Insektizids zu bekämpfen.

Arten und Sorten: Bei *Fatshedera lizei* handelt es sich um keine eigene Art, sondern um eine Hybride, die aus der Kreuzung zweier verschiedener Gattungen hervorgegangen ist. Aus diesem Grund kann diese Pflanze nicht durch Samen vermehrt werden. Sie entwickelt prächtige lederartige, glänzend grüne Blätter, die von ihrer Form her denen von Ficus und Efeu ähneln. Im Herbst bildet sie hellgrüne Traubenblütenstände. Sie kann bis zu 1,8 m hoch werden und dabei einen Durchmesser von 1,2 m erreichen. Die Sorte „Variegata" trägt große Blätter mit cremegelben Rändern. Die Blätter der Sorte „Pia" sind hingegen stark gewellt.

Zimmeraralie Fatsia

Familie	Araliaceae (Aralien-gewächse)
Aussehen	buschig
Wuchshöhe	120–450 cm
Durchmesser	30–90 cm
Blütezeit	August–Oktober
Standort	indirektes Licht
Gießen	mittelmäßig
Pflege	leicht

Die Gattung Fatsia umfasst nur zwei Arten von immergrünen prächtigen Sträuchern, die im Haus wegen ihrer großen, glänzend grünen Blätter mit Durchmessern von bis zu 45 cm kultiviert werden. Diese Art stammt aus Japan und Taiwan und passt sich problemlos an unterschiedlichste Lebensbedingungen an. Das beträchtliche Höhenwachstum von Fatsia lässt sich dadurch regulieren, dass man sie immer wieder energisch zurückschneidet. Im Herbst bildet sie gelegentlich große weiße Blütentrauben. In Gebieten mit mildem Klima kann Fatsia auch ins Freie gestellt werden.

Pflege: Alljährlich im Frühling wird die Zimmeraralie umgetopft und dabei werden die zu langen, hervorstehenden Äste zurückgeschnitten. Sie benötigt jetzt viel indirektes Licht und eine Temperatur von ca. 18 °C. Bei höheren Temperaturen sollte der Raum häufig gelüftet oder die Pflanze an einem schattigen Ort im Freien aufgestellt werden. Fatsia ist auch im Sommer regelmäßig zu gießen, wobei die Erde stets feucht bleiben muss, sich jedoch keine Staunässe bilden darf. Alle zwei bis drei Wochen wird dem Gießwasser etwas Flüssigdünger hinzugefügt. Die Blätter sind regelmäßig zu besprühen, damit sie ihren Glanz erhalten. Im Herbst und im Winter bevorzugt die Zimmeraralie Temperaturen zwischen 10 und 13 °C, viel indirektes Licht und nur so viel Wasser, dass die Erde leicht feucht bleibt. Fällt die Temperatur unter 10 °C, wird nicht mehr gegossen. Wöchentlich ein- bis zweimal ist Fatsia mit Wasser zu besprühen. Sorten mit panaschierten Blättern bevorzugen einen etwas schattigeren Ort.

Fatsia japonica *(rechts)* besitzt
glänzende dunkelgrüne Blätter.
Die Blätter der Sorte „Variegata"
(auf der vorigen Seite) sind mit
weißen Rändern versehen.

Vermehrung: Zu Beginn des Frühlings oder gegen Ende des Sommers werden von den
gut entwickelten Fatsia-Trieben **Stecklinge** abgeschnitten. Nachdem die Schnittstellen mit Hormonpulver behandelt wurden, kommen sie in 7-cm-Töpfe mit Erde, die
aus zwei Teilen Torf und einem Teil Sand besteht. Die Temperatur sollte bei rund 25 °C
liegen, damit sich die Stecklinge optimal bewurzeln können.

Gefahren und Vorsichtsmaßnahmen: Falls sich auf den Blättern und Stängelansätzen die typischen „Wattebäuschchen" der Wollläuse zeigen, müssen sie mit einem in
denaturierten Alkohol getauchten Pinsel entfernt werden. Die Rote Spinne bekämpft
man hingegen mit einem speziellen milbentötenden Mittel, das solange zur Anwendung kommt, bis die Pflanze wieder einen gesunden Eindruck macht.

Arten und Sorten: *Fatsia japonica* (syn. *Fatsia sieboldii*) ist eine Art, die bis zu 4,5 m
hoch werden kann. Sie besitzt große, glänzend dunkelgrüne und gelappte Blätter,
die auf der Unterseite etwas heller sind. Sie können Durchmesser von 20 bis 30 cm
erreichen. Ende Sommer/Anfang Herbst bilden sich an kräftigen Pflanzen gelegentlich große weiße Blütentrauben. „Variegata" entwickelt Blätter mit cremeweißen
Rändern, „Moseri" hingegen ist kleiner und wächst buschig.

Gummibaum, Feigenbaum Ficus

Ficus pumila „*Sunny White*", eine prächtige Kletterpflanze

Die Gattung Ficus umfasst mehr als 800 Arten, zu denen Bäume, Sträucher und Kletterpflanzen zählen. Sie stammen zwar aus den Tropen und Subtropen, können sich aber an unterschiedlichste ökologische Bedingungen anpassen. Bei den Ficus-Arten handelt es sich um sehr elegante Pflanzen, von denen die meisten wegen der Schönheit ihrer Blätter als Zimmerpflanzen kultiviert werden. Der wohl bekannteste Vertreter ist *Ficus elastica* mit großen und glänzenden Blättern. Zu dieser Gattung zählt auch der Feigenbaum *Ficus carica* mit den bekannten schmackhaften Früchten. Alle Ficus-Arten scheiden an Verletzungen weißen Milchsaft aus, der Hautreizungen hervorrufen kann.

Familie
Moraceae (Maulbeergewächse)

Aussehen
buschig bis kletternd

Wuchshöhe
60–180 cm

Durchmesser
50–60 cm

Blütezeit
keine

Standort
indirektes Licht

Gießen
reichlich

Pflege
leicht

Pflege: Ficus ist etwa alle zwei Jahre im April umzutopfen, wobei ein mit Humus und Lauberde angereichertes Substrat verwendet wird. Von April bis September muss reichlich gegossen und die Luftfeuchtigkeit durch regelmäßiges Besprühen erhöht werden, wobei dies während heißer Perioden sogar täglich geschehen sollte. Darüber hinaus empfiehlt es sich, den Topf auf einen mit feuchtem Kies gefüllten Untersetzer zu stellen und die Pflanze während der Wachstumsphase mit stickstoffhaltigem Dünger zu düngen. Diese Arten lieben Wärme und vertragen daher hohe Temperaturen problemlos, lediglich *Ficus elastica* bevorzugt Temperaturen bis zu 24 °C. Je nach Art sollte der Standort verschieden hell sein. *Ficus elastica* und *Ficus benjamina* benötigen viel Licht, während *Ficus diversifolia* (strauchig) und *Ficus pumila* (kletternd) schattigere Standorte vorziehen. Arten mit glänzenden Blättern sollten regelmäßig mit einem feuchten Tuch gesäubert oder mit einem entsprechenden Blattspray besprüht werden. Im Herbst und im Winter ist nur wenig zu gießen. Die Erde muss dabei stets feucht bleiben, darf jedoch nicht nass sein, und auch die Pflanze selbst sollte regelmäßig besprüht werden. Sie benötigt nun eine Temperatur um die 18 °C, die nicht unter 15 °C fallen darf.

Die auch als Gummibaum bekannte Art Ficus elastica robusta *zählt zu den beliebtesten Ficus-Arten.*

Vermehrung: Die Arten mit großen und festen Blättern, wie *Ficus elastica*, *Ficus benghalensis* oder *Ficus lyrata*, werden im Frühling mithilfe von **Blattstecklingen** vermehrt, an denen sich noch ein Stück Rinde der Mutterpflanze befinden soll. Die an der Schnittstelle austretende Milch muss über Nacht trocknen. Danach kommen die Stecklinge in eine Erde, die zu gleichen Teilen aus Torf und Sand besteht. Jeder Steckling sollte mit einem Stab gestützt werden. Für die nächsten acht Wochen benötigen sie nun einen leicht schattigen Standort bei ca. 24 °C und viel Wasser, bis sich die neuen Wurzeln gebildet haben. Kletter- und Kriecharten, wie *Ficus pumila*, lassen sich während der Wachstumsphase durch **Absenken** vermehren. Dazu biegt man einen Trieb vorsichtig zu Boden und gräbt ihn bis zum Blattansatz in der Erde ein. Erst nachdem sich die Wurzeln gebildet haben, wird der Spross behutsam von der Mutterpflanze getrennt. Die strauchigen *(Ficus benjamina)* sowie halbstrauchigen Arten kann man hingegen durch 10 bis 15 cm lange **Kopfstecklinge** vermehren. Die Schnittfläche muss eine Nacht lang trocknen, ehe die Stecklinge in eine Mischung aus gleichen Teilen Sand und Erde bei einer Temperatur von 21 °C gesteckt werden. Im Übrigen gilt dieselbe Pflege wie für die Blattstecklinge. Einige Arten, die in der Natur zu großen Bäumen heranwachsen, wie beispielsweise *Ficus elastica*, neigen im Topf dazu, schnell in die Höhe zu schießen und dabei die untersten Blätter zu verlieren. Wenn solche Pflanzen zu groß werden und schon an der Decke anstoßen, oder wenn sie zu kahl werden, so kann man sie **abmoosen**.

Gefahren und Vorsichtsmaßnahmen: Beim Gießen von Ficus ist vorsichtig vorzugehen. Zu wenig Wasser lässt die Blätter vergilben und abfallen, zu viel Wasser führt hingegen dazu, dass die Blätter verwelken, ihre Farbe ändern, abfallen oder die Wurzeln zu faulen beginnen. Einen Befall durch die Rote Spinne bekämpft man durch erhöhte Luftfeuchtigkeit und spezielle milbentötende Mittel. Wollläuse und braune Schildläuse sind mit einem in denaturierten Alkohol getauchten Pinsel wegzubekommen oder mit einem speziellen Insektizid zu behandeln.

Arten und Sorten: *Ficus benghalensis* kann auch im Topf bis zu 3 m hoch werden. In der Natur bilden alte Exemplare an den Ästen gelegentlich Luftwurzeln, die nach unten wachsen. Sobald diese den Boden erreichen, werden sie zu stammförmigen

Ficus pumila *benötigt einen seinem kriechenden Wuchs entsprechenden Standort. Auf der nächsten Seite: Vier auffallende Varietäten von* Ficus benjamina.

Zwei Ficus-Arten mit schlankem Stamm

Stützwurzeln. Die Blätter dieser Art sind dunkelgrün, von gelbweißen Adern durchzogen und rund 20 cm lang. *Ficus benjamina* ist in der Natur ein stark verästelter Baum von elegantem Wuchs. Er wird im Topf nur 60 bis 180 cm hoch. Seine Blätter sind leicht zugespitzt, oval und 10 bis 15 cm lang. Erwachsene Exemplare entwickeln Blüten und rote Beeren. Die Sorte „Hawaii" zeigt gefleckte Blätter mit weißen Rändern. Die Art *Ficus diversifolia* zählt zu den eher seltenen strauchigen und kompakten Vertretern und kann eine Höhe von 60 cm bis über 2,5 m erreichen. Die ovalen, lederigen Blätter verfügen über eine graugefleckte, dunkelgrüne Oberseite sowie eine hellgrüne Unterseite. Ihre kugeligen, leicht abgeflachten Früchte sind gelbbraun bis rot gefärbt. *Ficus elastica*, der Gummibaum, ist eine baumförmige Art, die aus Indien und Birma stammt. Sein Stamm erreicht im Topf eine Höhe von bis zu 2 m, auf dem auf kurzen Stielen große ovale, glänzende und lederige Blätter sitzen, die rund 30 cm lang werden. Der bekannteste, auffälligste Gummibaum heißt „Decora" und entwickelt glänzend dunkelgrüne Blätter mit elfenbeinfarbenen Adern. *Ficus lyrata* (syn. *Ficus pandurata*) entwickelt große, bis zu 40 cm lange, geigenförmige, glänzend dunkelgrüne Blätter mit gelblich grünen Adern und Furchen. Diese Art stammt aus den Tropen Westafrikas und wird dort 9 bis 12 m hoch. Im Topf erreicht ihr Stamm höchstens 1,5 m Höhe. Die erwachsene Pflanze bildet rotgraue, weiß gefleckte Beeren. *Ficus palmeri* ist die einzige Halbstrauchart. Sie zeigt einen sukkulenten, dicken Stamm, der bis zu 3,5 m hoch wächst. Die jungen Triebe sind von einem samtigen Flaum bedeckt und die dicken, herzförmigen, fast 7 cm langen dunkelgrünen Blätter weisen auf der Oberseite feine und auf der Unterseite stärkere Härchen auf. Gelegentlich bilden sich winzige weißgrüne Blüten, die im Blattansatz zu fleischigen Doppelfrüchten heranwachsen. *Ficus pumila* (syn. *Ficus repens*) ist eine prächtige Kletterart mit dunkelgrünen, herzförmigen Blättern. Sie bildet Luftwurzeln und ihre Blütenschäfte tragen 7 bis 10 cm lange Blätter, die steifer sind als die anderen. Vor allem die Sorte „Minima" eignet sich hervorragend für Ampeln oder zur Begrünung von Innenwänden. Diese kleine kompakte Pflanze mit rund 1 cm langen Blättern ist sehr anspruchslos. Die Sorte „Variegata" entwickelt größere Blätter, sie sind rund 2,5 cm lang, grün bis cremefarben gefleckt und marmoriert. Bei *Ficus villosa* (syn. *Ficus barbata*) handelt es sich ebenfalls um eine Kletter- und Kriechpflanze. Ihre dünnen und filzigen Triebe bilden Wurzeln, die sich überall festhaften können. Die ovalen, 7 bis 10 cm langen und zugespitzten Blätter sind dunkelgrün und in zwei Reihen gegenständig angeordnet.

Fittonie Fittonia

Die dekorative Fittonie stammt aus den Regenwäldern Südamerikas und wird hauptsächlich wegen ihrer prächtigen Blätter und ihres kompakten niedrigen Wuchses kultiviert. Aufgrund dieser Eigenschaft verwendet man sie gerne für Arrangements, wo sie vor größere Arten oder im unteren Bereich schon kahle Pflanzen gestellt wird.

Pflege: Exemplare, deren Wurzeln im Topf keinen Platz mehr finden, müssen im **Frühling** in mit Torf vermischte Blumenerde umgetopft werden. Da sie ein sehr flaches Wurzelwerk entwickeln, empfiehlt es sich, einen flachen Topf oder eine flache Schüssel zu verwenden, an deren Basis eine dicke Schicht Kies oder Tonscherben kommt, damit das Wasser gut abrinnen kann. Im **Sommer** benötigt die Pflanze reichlich Feuchtigkeit, darf aber nie länger im Wasser stehen. An heißen Tagen besprüht man die Blätter zur Erhöhung der Luftfeuchtigkeit mit lauwarmem Wasser und stellt die Pflanze zusätzlich auf einen mit nassem Kies gefüllten Untersetzer stellt. Alle zwei bis drei Wochen sollte man dem Gießwasser etwas Flüssigdünger hinzufügen. Fittonia wächst am besten an einem schattigen Ort bei Temperaturen zwischen 24 und 27 °C. Wenn sich unter den Blättern kleine weiße Blüten bilden, entfernt man sie, damit sich die Blätter besser entfalten können. Über den Topf hinaushängende Triebe, schneidet man am besten mit einer scharfen Schere ab, damit die Pflanze eine gleichmäßige Wuchsform erhält. Im **Herbst** und im **Winter** dürfen die Temperaturen für Fittonia nie unter 18 °C fallen, wobei nur mäßig zu gießen ist. Das Substrat sollte dabei jedoch nie austrocknen. Die Fittonie verträgt auch keine Zugluft durch offene Fenster oder Türen und mag auch keinen allzu sonnigen Standort.

Familie
Acanthaceae (Akanthusgewächse)

Aussehen
buschig

Wuchshöhe
30–40 cm

Durchmesser
10–15 cm

Blütezeit
Frühjahr (selten)

Standort
Halbschatten, indirektes Licht

Gießen
reichlich

Pflege
leicht

Fittonia verschaffeltii

Fittonia
argyroneura

Vermehrung: Die Vermehrung von Fittonia erfolgt im Frühling und Sommer durch **Absenken** von blattlosen Trieben. Erst nachdem sie Wurzeln ausgebildet haben, werden sie vorsichtig von der Mutterpflanze abgeschnitten und in Torferde eingesetzt. Sie benötigen nun eine Temperatur von 21 °C, bis sich die ersten neuen Blätter gebildet haben. Man kann von den Triebspitzen auch Stecklinge abschneiden, und zwar unterhalb des vierten Blattpaares, wobei das unterste Blattpaar anschließend entfernt und der Steckling dann mit der Schnittfläche nach unten in eine Mischung aus Torf und grobem Sand gesteckt wird. Die Temperatur muss nun bei rund 21 °C liegen, bis die **Stecklinge** Wurzeln gebildet haben. Sobald sie ausreichend kräftig sind, können sie dann zu je fünf oder sechs Stück gemeinsam in 13-cm-Töpfe eingesetzt werden.

Gefahren und Vorsichtsmaßnahmen: Fittonia ist sehr heikel in Bezug auf das Gießen. Bei zu viel Wasser verlieren die Blätter ihre Farbe, fallen ab und die Stämmchen verfaulen. Bleibt die Pflanze jedoch zu trocken, so verwelken die Blätter und werden runzelig. Fittonia reagiert sehr empfindlich auf zu niedrige Raumtemperatur und Zugluft, wobei die Blätter zuerst vergeilen und dann abfallen. Bei zu heißen und trockenen Temperaturen ist die Pflanze vor der Sonnenstrahlung zu schützen und mit Wasser zu besprühen. Grüne Blattläuse befallen vor allem junge Blätter und schädigen deren Wachstum, indem sie nährstoffreiche Pflanzensäfte aussaugen. Bei einem geringen Befall können sie noch mit der Hand entfernt werden, sonst empfiehlt sich der Einsatz eines Insektizids auf Pyrethrumbasis.

Arten und Sorten: *Fittonia argyroneura* besitzt schöne grüne, ovale Blätter mit silbrig weißer Äderung. Die Zwergsorte „Nana" verfügt über rund 2,5 cm lange, ovale Blätter mit weißer Nervatur und ist sehr beliebt, weil sie sich leicht kultivieren lässt. *Fittonia verschaffeltii* stammt aus Peru und zeigt eiförmig elliptische, 6 bis 10 cm lange olivgrüne Blätter mit auffälligen karminroten Blattadern und dünnen, filzigen Trieben.

Efeu   Hedera

Diese immergrünen, dekorativen Kletterpflanzen wachsen schnell und sind sehr dauerhaft. Es gibt zwar nicht viele Arten der Gattung Hedera, aber zahlreiche Sorten davon, deren Blätter sich in ihrer Form und Größe stark unterscheiden: von winzigen Rauten bis zu großen sternförmigen Blattspreiten mit länglichen Spitzen. Die Blätter zeigen auch ein recht umfangreiches Farbspektrum von Grün bis Goldschimmernd und Silberfarben sowie Gelb, Creme-farben und Grau. Mithilfe seiner

Die Sorte „Eva" von Hedera helix *ist eine der häufigsten Arten.*

Haftwurzeln vermag sich der Efeu an rauen Oberflächen festzuhalten, weshalb er an Mauern oder an einem Holzgitterwerk rasch emporwächst. Im Haus lässt man den Efeu am besten an Rohrstäben bzw. kleinen Rankgittern hochklettern, oder man stellt ihn auf eine Säule bzw. Ampel, wo er hängend wächst. Die Triebspitzen sollten regelmäßig zurückgeschnitten werden, damit die Pflanze eine kompakte und buschige Wuchsform erhält.

Pflege: Etwa alle zwei bis drei Jahre zu **Frühlingsbeginn** ist der Efeu umzutopfen. Dazu benötigt man 10- bis 15-cm-Töpfe und gute Erde. Falls dies zu aufwendig erscheint, können auch nur die obersten 4 bis 5 cm der Erde ausgetauscht werden. Dies ist auch der richtige Zeitpunkt für den Rückschnitt von zu langen oder zu üppig gewachsenen Exemplaren. Im **Sommer** verträgt der Efeu problemlos starke Temperaturschwankungen, bevorzugt aber Temperaturen von 15 bis 18 °C. Er leidet unter Hitze und Trockenheit und benötigt etwas mehr Feuchtigkeit, wenn es heiß ist. In dieser Zeit empfiehlt es sich, seine Blätter alle zwei Wochen mit Wasser zu besprühen. Einen hellen Standort benötigen vor allem die panaschierten Varietäten, dürfen dabei aber nicht direkt in der Sonne stehen. Es genügt, mäßig zu gießen, wobei die Erde nur feucht zu halten ist. Alle zwei bis drei Wochen sollte mit dem Gießwasser die Hälfte der empfohlenen Dosis an Dünger verabreicht werden. Im **Herbst** und im **Winter** kann man den Efeu auch niedrigen Temperaturen unter 7 °C aussetzen, die Pflanze stellt aber dann ihr Wachstum ein. Die Temperatur sollte daher bei ca. 10 °C liegen. Darüber hinaus benötigt der Efeu für das Wachstum und die Färbung der Blätter Licht. Vor allem bei niedrigen Temperaturen sollte die Pflanze nur wenig gegossen werden, aber die Erde darf nicht ganz austrocknen. Efeu bevorzugt einen kühlen und nicht zu trockenen Standort und ist bei beheizten Räumen unbedingt mit Wasser zu besprühen.

Vermehrung: Efeu lässt sich entweder mittels **Stecklingen** oder durch **Absenker** vermehren. Im Sommer werden dazu von den Triebspitzen etwa 10 cm lange Stücke unmittelbar über einem Blatt abgeschnitten. Die Stecklinge kommen dann zu dritt oder viert in 8-cm-Töpfe in eine Mischung aus gleichen Teilen Erde und feinem Sand. Dazu eignet sich am besten ein Aussaatgefäß, wo die Stecklinge bei 15 bis 18 °C in feuchter Umgebung und bei indirektem Licht ihre Wurzeln bilden können. Nach einigen Wochen sind die Pflänzchen umzutopfen, mäßig zu gießen und einmal im Monat mit Flüssigdünger zu düngen. Sobald die Wurzeln aus dem Loch an der Topfbasis wachsen, sollten die Pflanzen in größere Einzeltöpfe mit guter Blumenerde gesetzt und anschließend wie große Pflanzen behandelt werden. Man kann die Efeu-Stecklinge aber auch in ein Glas lauwarmes Wasser stellen, wo sie bei indirektem Licht ebenfalls in kurzer Zeit Wurzeln bilden.

Gefahren und Vorsichtsmaßnahmen: Zu trockene Luft oder zu viel Sonne lässt die Blätter des Efeus verwelken. Die Pflanze muss dann so lange kräftig gegossen werden, bis sie sich wieder erholt hat. Bei Wasser- oder Nährstoffmangel verblassen die Farben der Blätter, das Wachstum wird beeinträchtigt und die jungen Triebe

Familie
Araliaceae
(Araliengewächse)

Aussehen
kletternd

Wuchshöhe
30 cm und mehr

Durchmesser
15–30 cm

Blütezeit
selten im Topf

Standort
indirektes Licht, Halbschatten

Gießen
mittelmäßig

Pflege
leicht

welken. Bilden sich an der Pflanze schwarze Flecken, so muss die Erde ausgetrocknet und dann mit einem Fungizid behandelt werden. Bei trockener und heißer Luft tritt häufig die Rote Spinne auf, die sofort mit einem speziellen milbentötenden Mittel zu bekämpfen ist. Gleichzeitig muss die Pflanze ein- bis zweimal wöchentlich von oben abgespritzt werden. Thripse hinterlassen silbrig graue Flecken auf den jungen Blättern. Dagegen hilft ein spezielles Insektizid. Die betroffenen Blätter sind dann zu entfernen, wenn es sich um einen großflächigen Befall handelt. Blattläuse, die sich gerne an jungen Trieben ansiedeln, werden mit Mitteln auf Pyrethrumbasis bekämpft, während sich Schildläuse mit in denaturierten Alkohol getauchten Wattebäuschchen wegwischen lassen. Man kann einem solchen Befall auch dadurch vorbeugen, dass die Pflanze Ende März, Juni und September mit einem Insektizid behandelt wird.

Arten und Sorten: *Hedera canariensis* zeigt große, lederige, 13 bis 15 cm lange, leicht gelappte, glänzende Blätter mit hellgrünen Adern. Ihre Triebe und Blattstiele sind rötlich. Diese Art stammt von den Kanarischen Inseln und reagiert empfindlicher auf Kälte als andere Arten, weshalb sie sich besonders gut als Zimmerpflanze eignet. Die Sorte „Gloire de Marengo" ist mit ihren kleinen, gefleckten, dunkelgrün bis silbergrau gefleckten Blättern, deren Ränder intensiv cremefarben sind, sehr dekorativ. „Variegata" zeigt breitere Blätter mit ähnlicher Fleckung wie bei der vorher beschriebenen Art. Die äußerst üppig wachsende Art *Hedera colchica* stammt aus dem Kaukasus und dem Iran. Sie wächst und klettert schnell in die Höhe. Ihre herzförmigen Blätter zählen mit über 25 cm Länge und 15 bis 25 cm Breite zu den größten innerhalb der Gattung Hedera. Die häufigste Art ist *Hedera helix*. Ihr Verbreitungsgebiet sind die Wälder Europas, wo sie Höhen von 15 bis 30 m erreicht. Die Pflanze wächst buschig, dicht und entwickelt glänzende dunkelgrüne Blätter mit weißlichen Adern, sie werden rund 10 cm lang und weisen vier bis fünf Lappen auf. Auch von dieser Art gibt es zahlreiche Sorten mit kleineren Blättern, die sich ideal als Zimmerpflanzen eignen. Eine der bekanntesten und vitalsten unter ihnen ist „Chicago" mit kleinen grünen Blättern. Bei der Sorte „Chicago Variegata" sind die Ränder der Blätter cremegelb gefärbt. Ebenfalls sehr bekannt ist die Varietät „Glacier" mit kleinen, silbergrau gefleckten und cremeweiß geränderten Blättern. Diese Sorte muss zwei- bis dreimal im Jahr zurückgeschnitten werden, damit sie ihre buschige Form behält. „Sagittaefolia" entwickelt kleine lederige graugrüne Blätter, die die Form einer Pfeilspitze haben und mit einem langen dreieckigen Mittellappen versehen sind. Darüber hinaus gibt es auch eine gefleckte, kriechende Sorte mit hellgelber und gelber Zeichnung an den Blättern und einer buschigen Form, die ebenfalls eines regelmäßigen Rückschnitts bedarf. Die Sorte „Goldheart" verfügt über ein sehr dichtes Blattwerk mit cremegelber Färbung auf dunkelgrünem Grund. „Little Diamond" entwickelt graugrüne Blätter mit cremeweißen Flecken.

Die buschig und dicht wachsende Art Hedera helix *entwickelt Blätter mit silbrigen Flecken.*

Eibisch Hibiscus

In der Natur existieren von der Gattung Hibiscus mehr als 300 verschiedene Arten, deren Wuchsformen einem kleinen Baum oder Strauch, aber auch denen von ein- und mehrjährigen Pflanzen entsprechen. Als Zimmerpflanzen werden vorwiegend die ein- und mehrjährigen sowie buschige und strauchförmige Arten kultiviert, bei denen das Wachstum der Triebe durch einen entsprechenden Schnitt geformt wird.

Pflege: Mehrjährige Arten müssen alljährlich umgetopft werden. Dazu benötigt man gute Blumenerde sowie einen größeren Topf. Zu groß gewachsene Pflanzen erhalten jetzt ihren Schnitt, wobei man die Zweige bis auf ca. 15 cm zurückschneidet. Nach dem Umtopfen kommt die Pflanze an einen hellen, nicht der prallen Sonne ausgesetzten Standort. Im **Sommer** verträgt Hibiscus Temperaturen bis zu 24 °C, es empfiehlt sich dann jedoch, den Raum zu lüften. Die Wurzeln von Hibiscus müssen ständig feucht sein, weshalb vor allem an heißen Tagen reichlich zu gießen ist. Alle ein bis zwei Wochen sollte man mit dem Gießwasser düngen. Auch die Verabreichung eines Vorratsdüngers hat sich sehr gut bewährt. Im **Herbst** und im **Winter** benötigen sie einen hellen Standort mit Temperaturen über 10 °C. Es genügt, die Pflanze wöchentlich zu gießen, damit die Erde nicht ganz austrocknet. Zugluft muss unbedingt vermieden werden.

Vermehrung: Mehrjährige Arten lassen sich mithilfe von **Kopfstecklingen** zwischen April und August vermehren. Dabei werden die Triebspitzen abgeschnitten und mit einem Bewurzelungshormon behandelt. Dann kommen die Stecklinge einzeln in ein Aussaatgefäß oder in einen Topf mit grobem Sand und Blumenerde. Nach Abdeckung der Stecklinge mit Klarsichtfolie wird das Gefäß an einen hellen, nicht allzu sonnigen Ort gestellt, wobei die Bodentemperatur bei rund 21 °C liegen soll. Nach rund drei Monaten, wenn sie groß genug sind, können die Pflänzchen dann in 10-cm-Töpfe eingesetzt werden.

Gefahren und Vorsichtsmaßnahmen: Von den tierischen Schädlingen befallen den Hibiscus vor allem Blatt- und Schildläuse. Sie müssen rechtzeitig mit entsprechenden Insektiziden bekämpft werden. Die am häufigsten auftretende Pilzkrankheit ist Mehltau. Dieser Pilz befällt die Blätter und ist nur schwer zu bekämpfen. In diesem Fall benötigt man ein Fungizid und muss zusätzlich für eine Verbesserung der Lebensbedingungen von Hibiscus sorgen.

Arten und Sorten: Für unsere Wohnräume spielen lediglich die Hybriden der Gattung *rosa-sinensis* eine Rolle. Ihre Heimat ist China und Persien, wo die mehrjährigen Sträucher über 1 m Höhe und Blüten bis 15 cm erreichen. Da die Wohnraumsituation aber kleinere Pflanzen verlangt, geht die Züchtung in Richtung gedrungene, kompakte Ware mit dunkelgrün glänzendem Laub und kräftigen Farben.

Familie	Malvaceae (Malvengewächse)
Aussehen	buschig
Wuchshöhe	60–150 cm
Durchmesser	100–250 cm
Blütezeit	Frühling bis Sommer
Standort	indirektes Licht
Gießen	reichlich
Pflege	leicht

Hibiscus rosa-sinensis, eine der vielen Arten von Zimmer-Hibiscus. Wenn die Triebe zu lang werden, müssen sie im Frühling zurückgeschnitten werden.

Ritterstern, Amaryllis Hippeastrum

Familie	Amaryllidaceae (Amaryllisgewächse)
Aussehen	fächerförmige Zwiebelpflanze
Wuchshöhe	30–60 cm
Durchmesser	30 cm
Blütezeit	Winter bis Frühling
Standort	prallsonnig
Gießen	mittelmäßig
Pflege	leicht

Die Gattung Hippeastrum umfasst rund 80 Arten von Zwiebelpflanzen, die aus Mittel- und Südamerika stammen und gelegentlich mit Vertretern der Gattung Amaryllis verwechselt werden, die jedoch in Südafrika beheimatet sind. Durch gezielte Kreuzungen entstanden zahlreiche Hybriden, die im Frühling riesige, trompetenförmige Blüten hervorbringen, deren Farben von Weiß bis Scharlachrot reichen und teilweise weiße Streifen aufweisen. Jede Zwiebel bildet gegen Ende des Winters einen oder zwei hohle Blütenschäfte mit zwei bis vier auffälligen Blüten. Sowohl die Blüten als auch die Schäfte welken und verdorren nach etwa einem Monat, während sich nur kleine Blätter entwickeln, um für die Zwiebel Nahrung produzieren zu können. Sie sind bandförmig, gebogen und kräftig grün gefärbt.

Pflege: Gut entwickelte Zwiebeln sollten etwa alle drei bis vier Jahre im **Herbst** umgetopft werden. Dabei empfiehlt es sich, 15-cm-Töpfe zu verwenden und an deren Basis Tonscherben als Drainageschicht einzulegen. Beim Setzen muss das obere Drittel der Zwiebel unbedeckt bleiben. Anschließend soll die Erde leicht nass gehalten werden. Nun kommen die Töpfe für einige Tage in einen warmen und dunklen Raum, bis sich die ersten Triebe zeigen. Von nun an benötigt Hippeastrum einen Standort, an dem die Pflanze mehrere Stunden am Tag in der Sonne steht. Sie braucht jetzt auch mehr Wasser, wobei die Erde nie austrocknen darf, sowie eine Temperatur von höchstens 18 °C. Während und nach der Blüte ist regelmäßig zu

gießen und dem Gießwasser alle zwei Wochen etwas Flüssigdünger hinzuzufügen, um das Wachstum der Blüte anzuregen. Nach Ende des **Sommers** benötigt die Pflanze erneut eine Ruhephase, um im folgenden **Winter** oder **Frühling** Blüten bilden zu können. Deshalb muss ab dieser Zeit allmählich mit dem Gießen und Düngen aufgehört werden. Sobald alle Blätter vertrocknet sind, werden sie entfernt und der Topf wird mitsamt der Zwiebel an einen warmen und hellen Ort gestellt.

Vermehrung: Die einfachste Methode der Vermehrung von Hippeastrum erfolgt zweifellos mithilfe der kleinen **Tochterzwiebeln**, die sich im Lauf des Jahres an der Hauptzwiebel entwickelt haben. Diese Brutzwiebeln werden mit Wurzeln von der Mutterpflanze getrennt und einzeln in Töpfe eingesetzt; sie blühen dann nach zwei bis drei Jahren. Man kann aber auch im Frühling Hippeastrum-**Samen** säen und danach mit einer dünnen Schicht Erde und grobem Sand bedecken. Die Töpfe mit den Samen sollten anschließend mit einer Folie abgedeckt und an einem vor der Sonne geschützten Ort bei einer Temperatur von rund 21 °C aufgestellt werden. Wenn sie groß genug sind, kommen sie in 7-cm-Töpfe. Die jungen aus Samen gezogenen Pflanzen dürfen aber in keine Ruhephase eintreten und sollen durchgehend wachsen können, bis sie die für eine Blüte entsprechende Größe erreicht haben. Dies ist aber im Allgemeinen erst nach drei bis fünf Jahren der Fall.

Die Bilder auf dieser und der vorigen Seite zeigen drei verschiedene Sorten von Hippeastrum mit auffallend gefärbten, trompetenförmigen Blüten.

Gefahren und Vorsichtsmaßnahmen: Sollten sich die Blüten nicht richtig entwickeln oder überhaupt ausbleiben, wurde sie möglicherweise im vorangegangenen Sommer zu wenig gegossen und gedüngt. Nach der Blüte ist es für die Pflanze wichtig, regelmäßig gegossen und gedüngt zu werden und sie benötigt darüber hinaus auch viel Licht. Während der Ruhephase im Herbst darf nur wenig gegossen werden, damit die Zwiebeln nicht faulen.

Arten und Sorten: Die von den Westindischen Inseln stammende Art *Hippeastrum puniceum* (syn. *Hippeastrum equestre*) entwickelt einen rund 60 cm hohen Blütenschaft mit zwei bis drei trichterförmigen, großen, rotweiß gefärbten Blüten mit roten Flecken. *Hippeastrum rutilum* ist etwas kleiner als andere Arten und erreicht nur eine Größe von rund 30 cm. Ihre roten Blüten weisen einen zartgrünen Schimmer auf. Die Heimat dieser Pflanze liegt im Süden Brasiliens. *Hippeastrum vittatum* zeigt weiße, purpurrot gestreifte, bis zu 15 cm breite Blüten und wird häufig mit *Amaryllis belladonna* verwechselt. Von dieser Art stammen zahlreiche Sorten ab: „Red Lion" mit riesigen roten Blüten; „White Lady" mit weißen Blüten, deren Zentrum einen grünen Schimmer zeigt; „Picotee" zeigt weiße Blüten mit rosa gerandeten Kronblättern, während die roten Blüten von „Minerva" ein weißes Zentrum aufweisen. Diese beiden letztgenannten Sorten blühen übrigens im Winter.

Wachsblume Hoya

Familie
Asclepiada-
ceae (Seiden-
pflanzen-
gewächse)

Aussehen
kletternd

Wuchshöhe
30–600 cm

Durchmesser
20–50 cm

Blütezeit
Sommer

Standort
indirektes Licht

Gießen
mittelmäßig

Pflege
leicht

Die Gattung Hoya umfasst Arten, die buschige, strauchige, kriechende oder rankende Wuchsformen aufweisen und größtenteils aus den heißen Gebieten Asiens und Australiens stammen. Sie lassen sich als Zimmerpflanze leicht pflegen und bilden im Sommer sehr schöne sternförmige, wachsartige Blüten aus, die das gesamte Jahr über blühen. Sie entwickeln im Allgemeinen gegenständige, dicke, sukkulente oder ledrige, ovale oder zugespitzte Blätter, die dunkelgrün gefärbt sind. Ihre duftenden weißen Blüten sitzen auf kräftigen Stielen, die rankenden Triebe können über 4,5 m lang werden und benötigen daher eine Kletterhilfe.

Pflege: Im Frühling muss die Wachsblume dann umgetopft werden, wenn sie für ihren Topf zu groß geworden ist. Dazu benötigt man eine Mischung aus Lauberde, Rindenstücken und Holzkohle. Die Pflanze bevorzugt im Sommer viel indirektes Licht sowie Temperaturen von maximal 24 bis 27 °C und ist regelmäßig zu gießen, wobei das Substrat nie ganz austrocknen darf. Während der heißesten Jahreszeit sollte Hoya je nach Temperatur mehrmals wöchentlich oder sogar täglich mit Wasser besprüht werden und an einem luftigen Ort stehen. Von April bis September ist dem Gießwasser zusätzlich etwas Flüssigdünger hinzuzufügen. Im Herbst und im Winter sollte Hoya an einen hellen, aber vor direkter Sonneneinstrahlung geschützten Platz gestellt werden, wobei darauf zu achten ist, dass die Temperaturen nicht unter 10 °C fallen. Es genügt jetzt, alle zwei Wochen zu sprühen und nur bei ganz trockener Erde etwas zu gießen. Zu lange oder unregelmäßig gewachsene Triebe sollte man jetzt, nach der Blüte, abschneiden.

Vermehrung: Die Aussaat von Hoya erfolgt im März oder April am besten in einem Treibkasten mit torfhaltiger Erde, die ständig feucht zu halten ist. Bis zur Keimung benötigen die Samen einen schattigen Ort mit einer Temperatur von 24 °C. Sobald sich die ersten Triebe zeigen, muss der Kasten abgedeckt werden. Sind die Pflänzchen groß genug, so kann man sie in Einzeltöpfe umsetzen. Im Juni besteht auch die Möglichkeit, von Hoya Stecklinge zu gewinnen, indem Triebe knapp unter einem Blattansatz abgeschnitten werden. Anschließend wird die Schnittfläche mit einem Bewurzelungshormon behandelt. Danach kommen die Stecklinge in ein Aussaatgefäß mit einer Mischung aus Topferde und Sand zu gleichen Teilen. Die Temperatur sollte bei 24 °C liegen. Nach etwa sechs bis acht Wochen haben sich neue Triebe gebildet und die Pflanze kann dann wie eine große behandelt werden. Im Frühling und im Sommer lassen sich auch durch Absenken der Triebe neue Pflanzen ziehen, wobei sich lange und blütenlose Triebe am besten dafür eignen.

Die kleinen wachsig weißen Blüten von Hoya bella sind sternförmig und duften angenehm.

Gefahren und Vorsichts-maßnahmen: Zu viel Wasser lässt die Blätter von Hoya vergeilen. In diesem Fall ist es wichtig, die Erde für einige Zeit austrocknen zu lassen und anschließend weniger zu gießen. Zu wenig Wasser führt hingegen dazu, dass die Blätter welken und dann abfallen. Hoya benötigt vor allem im Sommer genügend Wasser. Direkte Sonneneinstrahlung führt zu Verbrennungen und lässt die Blätter braun werden. Der Standort für die Pflanze soll zwar hell, aber geschützt vor direkter Sonne sein.

Arten und Sorten:
Hoya bella (syn. *Hoya lanceolata subsp. bella*) stammt aus den Regionen des Himalaja und dem Norden Birmas. Man kann sie an einem Klettergerüst hoch wachsen lassen oder als Ampelpflanze halten, wo ihre hängenden Triebe voll zur Geltung kommen, sie sind dünn und tragen im Sommer Dolden aus kleinen wachsig weißen Blüten mit roten Zentren.

Ihre Blätter sind oval zugespitzt, 1 bis 1,5 cm breit und 2,5 cm lang sowie mattgrün gefärbt. *Hoya carnosa* zählt zu den Kletterpflanzen und ist in China und Südindien beheimatet. Sie weist ca. 2,5 cm breite und ca. 7 cm lange, dicke dunkelgrüne Blätter auf und bildet von Mai bis September dichte Trauben aus duftenden weißrosa Blüten mit roten Zentren. „Variegata" entwickelt grüne Blätter mit cremegelber oder rosa Zeichnung entlang der Ränder. „Exotica" zeigt hell- und dunkelgrüne Blätter mit einem intensiv gelb oder rosa gefleckten Zentrum. „Compacta" ist eine buschige Sorte mit gekräuselten kleinen Blättern. Die in Malaysia beheimatete *Hoya multiflora* kann entweder einen buschigen und kompakten oder auch einen kletternden Wuchs aufweisen. Ihre Blätter sind dunkelgrün, lederig sowie länglich lanzettlich, die strohgelben Blüten mit braunen Zentren stehen in dichten Trauben vereint zusammen. *Hoya purpureo-fusca* zählt zu den rasch wachsenden Kletterpflanzen, deren Heimat in Malaysia und Indonesien liegt. Ihre Blätter ähneln denen von *Hoya carnosa*, sind aber länger und mit unregelmäßigen silbrigen Flecken versehen. Sie entwickelt braune oder purpurrote Blüten mit dünnen weißen Rändern und einem rötlich weißen Zentrum.

Wegen ihres hängenden oder kletternden Wuchses eignet sich Hoya bella *sowohl als Ampelpflanze als auch zum Hochranken an Klettergerüsten.*

Kalanchoe Kalanchoe

Familie Crassulaceae (Dickblatt- gewächse)	
Aussehen buschig	
Wuchshöhe 30–60 cm	
Durchmesser 25 cm	
Blütezeit Herbst–Früh- ling	
Standort indirektes Licht	
Gießen reichlich	
Pflege leicht	

Die Gattung Kalanchoe umfasst rund 130 Arten, die vorwiegend sukkulent sind und von denen sich einige sehr gut als Zimmerpflanzen eignen. Sie werden vor allem wegen ihren schönen Blättern und je nach Art verschieden gefärbten Blüten in Rosa, Rot, Orange oder Gelb geschätzt. Diese Pflanzen blühen üblicherweise im Frühjahr, können aber vom Gärtner dazu gebracht werden, ihre Blüten schon zu Weihnachten zu entwickeln.

Pflege: Obwohl Kalanchoe-Arten als Zimmerpflanzen meist wie einjährige Pflanzen behandelt werden, so kann man sie dennoch überwintern und im darauffolgenden Jahr zum Blühen bringen. Verwelkte Blüten sind oberhalb des ersten Blattpaares abzuschneiden, damit die Pflanze durch Fruchtbildung nicht geschwächt wird. Ist die Blüte zu Ende, so kann man die Pflanze umtopfen. Im Sommer benötigt Kalanchoe reichlich Wasser, wobei die Erde zwischen den einzelnen Wassergaben immer etwas austrocknen sollte. Alle vier Wochen empfiehlt es sich, Flüssigdünger zu verabreichen. Die Pflanzen bevorzugen jetzt gemäßigte Raumtemperaturen und viel Licht, jedoch keine direkte Sonneneinstrahlung. Im Herbst und im Winter ist die Wassermenge allmählich zu verringern. Die Erde darf in dieser Zeit nur leicht feucht sein und muss zwischen den Wassergaben stets austrocknen. Die Pflanze benötigt nur alle zwei Wochen etwas Dünger und eine Temperatur von mindestens 10 °C.

Vermehrung: Die Spitzen der Triebe eignen sich gut als Kopfstecklinge. Sie sollten 8 bis 10 cm lang sein und die Schnittflächen müssen etwa zwei Tage lang trocknen. Anschließend werden sie mit Bewurzelungshormon behandelt und in mit grobem

Kalanchoe eignet sich hervorragend als Zimmerpflanze und wird vor allem wegen ihrer schönen Blätter und der intensiv gefärbten Blüten geschätzt.

Sand vermischte Kakteenerde gesteckt. Sie benötigen nun eine Temperatur von 21 °C sowie indirektes Licht, bis sich die Wurzeln gebildet haben. Danach kann man die Pflänzchen wie reife Pflanzen behandeln. Einige Arten, wie z. B. *Kalanchoe daigremontiana*, das Brutblatt, entwickeln an den Blättern winzige Jungpflänzchen, die vorsichtig abgenommen und dann in Kakteenerde eingesetzt werden können.

Gefahren und Vorsichtsmaßnahmen: Zu viel Wasser ist bei Kalanchoe unbedingt zu vermeiden, da dies zu Fäulnisbildung an den Blättern und Wurzeln führt, wogegen zu wenig Wasser so gut wie nie schadet. Weiße Wattebäuschchen an den Stängeln und Blättern weisen auf Befall durch Wollläuse hin. Sie können mit einem Pinsel entfernt werden, der zuvor in denaturierten Alkohol getaucht wurde. Man kann aber auch ein spezielles Insektizid anwenden.

Arten: *Kalanchoe beharensis* stammt aus Madagaskar und wird 60 bis 90 cm hoch, kann aber durch einen entsprechenden Schnitt auch kleiner gehalten werden. Diese Art weist breite, dreieckige, tief gelappte Blätter auf, die ca. 10 bis 20 cm lang werden und mit einem silbergrauen Flaum bedeckt sind. Im Haus blüht die Pflanze nur selten. *Kalanchoe blossfeldiana* verfügt über sukkulente, rund 8 cm lange dunkelgrüne Blätter mit gekerbten, teilweise rötlich schimmernden Rändern. Im Frühling entwickelt sie scharlachrote Blüten, die an Blütenständen große Doldentrauben bilden. *Kalanchoe daigremontiana* ist eine sukkulente Art mit aufrechtem Wuchs, die 90 bis 130 cm hoch wird. Sie entwickelt fleischige, dreieckige Blätter, an deren Rändern sich Jungpflänzchen entwickeln, die sich zum Heranziehen neuer Pflanzen eignen. Sie blüht über Winter und im Frühling mit gräulich purpurroten Blüten. *Kalanchoe marmorata* ist eine aufrecht wachsende, buschige Pflanze, die bis zu 40 cm hoch wird. Sie zeigt fleischige dunkelgrüne Blätter, die sich später gräulich purpurrot verfärben und auf Ober- und Unterseite große braune Flecken bilden. Als Zimmerpflanze bildet diese Art ihre weißen Blüten nur selten aus. *Kalanchoe pumila* eignet sich wegen ihrer dünnen hängenden Triebe und der gebogenen Blütenstände hervorragend als Ampelpflanze. Ihre ca. 2,5 cm langen Blätter sind fleischig, grau und weiß bereift. Ende des Winters oder am Anfang des Frühlings öffnen sich ihre rötlich violetten Blüten, die zu kleinen Doldentrauben vereint sind. *Kalanchoe tomentosa* wird bis zu 45 cm hoch und entwickelt fleischige grüne, mit einem weißlichen Flaum bedeckte Blätter und Stiele.

Elefantenohr-Kalanchoe   Kalanchoe beharensis

Familie
Crassulaceae
(Dickblatt-
gewächse)

Aussehen
sukkulent

Wuchshöhe
60–90 cm

Durchmesser
25–45 cm

Blütezeit
Juni–Juli

Standort
sehr hell

Gießen
wenig

Pflege
leicht

Diese sehr attraktive Sukkulente stammt aus Madagaskar, wird auch Elefantenohr-Kalanchoe genannt und kann in freier Natur sogar noch höher und breiter als 3,5 m werden. Mittlerweile wird sie als Zierpflanze weltweit kultiviert. Sie besitzt dreieckige, graugrüne, feinfilzig behaarte und unregelmäßig gelappte Blätter. Diese sind dick-fleischig und haben einen flaumigen, weißen bis bronzebraunen Belag, der an einem sonnigen Standort sehr ausgeprägt sein kann. Die unscheinbaren grüngelben Blüten erscheinen bei größeren Exemplaren zwischen Juni und Juli. Das Elefantenohr kann sowohl als Kübelpflanze als auch im Wintergarten kultiviert werden. Beim Hantieren mit der Pflanze sollte man jedoch vorsichtig sein, da leicht Teile abbrechen können. Der Standort sollte daher etwas geschützt und abgelegener sein. Die Pflanze wird meist 60 bis 90 cm groß, kann aber durch einen entsprechenden Schnitt auch klei-ner gehalten werden. Allein die tief gelappten Blätter können bis zu 20 cm lang werden. Im Haus blüht die Pflanze nur selten.

Pflege: Die Elefantenohr-Kalanchoe braucht einen sehr hellen und im Sommer auch sehr warmen Standort. Sie kann relativ trocken gehalten werden und verträgt auch längere Trockenphasen. Im Frühjahr und Sommer wird wöchentlich gegossen, bei sehr heißem und sonnigem Wetter auch öfter. Im Winter wird das Gießen deutlich reduziert, dann reicht es, alle 2 bis 3 Wochen Wasser zu geben. Die ideale Temperatur im Winter liegt bei ca. 12 bis 16 °C. Kalanchoe beharensis wird bei Zimmertemperatur überwintert und sollte wöchentlich gegossen werden. Das Substrat muss durchlässig und lehmig-sandig sein. Von April bis September kann abwechselnd mit Kakteen-dünger und Ergänzungsdünger gedüngt werden.

Vermehrung: Kalanchoe beharensis kann über Stecklinge (Blattteilstecklinge oder Kopfstecklinge) vermehrt werden. Etwa eine Woche nach dem Schneiden kann man sie in sandige und luftdurchlässige Erde topfen. Mehr über die Vermehrung siehe unter *Kalanchoe.*

Gefahren und Vorsichtsmaßnahmen: Das Elefantenohr enthält Herzglykoside vom Bufadienolid-Typ, also Giftstoffe. Im Winter darf die Pflanze nicht zu nass gehalten werden. Ist die Pflanze noch jung, kann sie leicht von Blattläusen befallen werden.

Warzenkaktus, Mammillarie Mammillaria

Familie
Cactaceae
(Kakteen)

Aussehen
sukkulent

Wuchshöhe
5–50 cm

Durchmesser
5–10 cm

Blütezeit
Sommer

Standort
indirektes
Licht, direkte
Sonne

Gießen
selten

Pflege
leicht

Die Gattung Mammillaria umfasst mehr als 200 Arten, die sich fast alle leicht kultivieren lassen. Es handelt sich dabei um Wüstenkakteen, die im Süden der Vereinigten Staaten und in Mexiko beheimatet sind und eher kleine, kugelige oder zylindrische Formen aufweisen. Viele von ihnen bilden zahlreiche Seitensprossen, wodurch schnell ganze Gruppen entstehen. Mammillaria unterscheiden sich von anderen Kakteen durch die kleinen, vorstehenden „Warzen" bzw. Tuberkel, die den ganzen Stamm der Pflanze in Spiralen überziehen. Auf jeder „Warze" sitzt eine Areole mit einem Büschel von kräftigen bis seidig haarartigen Dornen. Die kräftig gefärbten Blüten erscheinen im Sommer und bilden am oberen Ende des Stammes einen Kranz. Aus ihnen entwickeln sich eiförmige Früchte, die wie Beeren aussehen und meist rot werden, wenn sie reifen.

Mammillaria pitcayensii

Pflege: Das Umtopfen von Mammillaria erfolgt im **März**, wobei die Gruppen am besten auch geteilt und in größere Töpfe umgepflanzt werden. Dazu eignet sich Kakteenerde oder eine Mischung aus zwei Teilen Gartenerde und einem Teil grobem Sand. Nach dem Umtopfen im **Frühling** genügt es, Mammillaria gelegentlich zu gießen. Zur Zeit der Blüte, im **Sommer**, wenn die Temperaturen ansteigen, muss dies jedoch häufiger geschehen, wobei die Erde zwischen den Wassergaben immer austrocknen soll. Alle drei bis vier Wochen ist mit Kakteendünger zu düngen. Im **Herbst** und im **Winter** darf die Temperatur nicht unter 10 °C fallen. Die Pflanze muss nun völlig trocken gehalten werden und benötigt nur dann wieder etwas Wasser, wenn die Temperaturen über 15 °C ansteigen.

Mammillaria zeilmanniana entwickelt den ganzen Sommer über zahlreiche Blüten.

Vermehrung: Fast alle Mammillaria-Arten bilden **Seitensprosse** bzw. „Ableger", die sich im Frühjahr mit einem scharfen Messer entfernen lassen. Dabei empfiehlt es sich aber wegen der Dornen, Gartenhandschuhe zu tragen. Die Sprosse müssen an den Schnittflächen nun einige Tage trocknen, ehe sie in kleine Töpfe eingesetzt werden. In der Folge können sie wie ausgewachsene Pflanzen behandelt werden. Mammillaria lässt sich auch durch ihren **Samen** vermehren. Die künstliche Bestäubung erfolgt dadurch, dass man mit einem kleinen Pinsel über das Zentrum der völlig geöffneten Blüten streicht. Nach der Blüte bilden sich kleine Früchte, die man nach der Reifezeit, wenn sie etwas dunkler geworden sind, trocknen lässt, um daraus die Samen zu gewinnen, wobei man als Alternative das Fruchtfleisch auch auf ein Blatt Löschpapier pressen kann. Die Aussaat der so gewonnenen Samen erfolgt im März, wobei sie gleichförmig auf ein Substrat verteilt werden, das zu gleichen Teilen aus Kakteenerde und grobem Sand besteht. Die Samen

sind ausschließlich mit etwas grobem Sand zu bedecken und gut einzugießen. Die Saatschale kommt schließlich in einen Treibkasten und der wiederum an einen schattigen Platz bei ca. 18 °C. Sobald sich die ersten Pflänzchen zeigen, wird das Gefäß herausgenommen und an einen helleren Ort gestellt. Erst wenn die Pflänzchen die Form kleiner Kakteen haben, können sie umgesetzt werden, wobei dies bis zu einem Jahr dauern kann. Während dieser Zeit darf die Temperatur nie unter 15 °C sinken, und man sollte alle zwei bis drei Wochen düngen.

Bei der Gattung Mammillaria handelt es sich um kleine Arten von Wüstenkakteen mit einer kugeligen bis zylindrischen Wuchsform. Ihr auffälligstes Merkmal sind die kleinen, vorstehenden „Warzen" bzw. Tuberkel, die den ganzen Stamm der Pflanze bedecken und spiralig angeordnet sind.

Gefahren und Vorsichtsmaßnahmen: Wenn die Kakteen bleich werden oder abnormal wachsen, dann fehlt es ihnen meist an Licht und Dünger. Zu reichliches Gießen führt schnell zu Fäulnisbildung, besonders im Winter. In diesem Fall darf die Pflanze nicht mehr benetzt werden. Durch Fäulnis betroffene Teile sind mit einem scharfen Messer zu entfernen und die Wunden anschließend mit einem Fungizidpulver auf Schwefelbasis zu behandeln. Wenn die Pflanze krank wirkt und verkümmert, sollte man sie aus dem Topf herausnehmen und überprüfen, ob sich an den Wurzeln Wollläuse oder Schildläuse angesiedelt haben. Trifft dies zu, so empfiehlt es sich, die Wurzeln vorsichtig mit Alkohol zu benetzen und dann zu spülen, um so die Schädlinge zu entfernen. Danach ist die Pflanze wieder in frische, sterile Erde einzusetzen.

Arten und Sorten: *Mammillaria bocasana* ist eine kugelige dunkelgrüne Art mit weißen, seidigen Haaren. Sie bildet rasch ganze Pflanzenhaufen, wobei die Einzelpflanzen einen Durchmesser von ca. 5 cm erreichen. Im Sommer entwickelt diese Spezies gelbe, braun gestreifte Blüten. Die Varietät *rubiflora* zeigt orangerote Blüten mit einem gelben Schlund. *Mammillaria mystax* stammt aus dem Süden Mexikos und erreicht eine Höhe von etwa 15 cm und eine Breite von ca. 10 cm. Sie entwickelt braune Stacheln und rötliche Blüten, die am oberen Stammende einen Kranz bilden. *Mammillaria olivae* zeigt eine kugelige, rund 10 cm hohe Wuchsform und ist mit weißen Dornen besetzt. Sie bevorzugt einen schattigen Standort und bildet im Sommer rötliche Blüten, die lange Zeit halten. *Mammillaria rhodantha* wird bis zu 40 cm hoch

und 8 bis 10 cm breit. Ihre Dornen sind rosa oder braun gefärbt, die Blüten rosa bis violett. *Mammillaria spinosissima* kann fast 30 cm hoch und 15 cm breit werden und ist mit flaumigen Haarbüscheln und dünnen, weichen Dornen bedeckt. *Mammillaria zeilmanniana* bildet einen 15 cm hohen, kugeligen, dunkelgrün gefärbten Stamm, dessen ovale Tuberkel mit Büscheln von dünnen Haaren und langen weißen Dornen besetzt sind. Ihre Blüten können karminrot, rosa oder weiß gefärbt sein. Die rotvioletten, etwa 2 cm großen Blüten halten ebenfalls lange an.

Marante, Pfeilwurz Maranta

Familie
Marantaceae
(Maranten-
gewächse)

Aussehen
buschige,
krautige
Staude

Wuchshöhe
20 cm

Durchmesser
30 cm

Blütezeit
Sommer

Standort
Halbschatten

Gießen
reichlich

Pflege
leicht

Die Gattung Maranta umfasst an die zwanzig immergrüne, rhizombildende Arten, die aus den Regenwäldern Mittel- und Südamerikas stammen. Diese Pflanzen werden vor allem wegen der Schönheit ihrer markant gefleckten Blätter geschätzt, die tagsüber flach ausgebreitet sind, während sie in der Nacht aufrecht stehen. Die leicht zu kultivierende und äußerst dekorative Marante gedeiht auch an nicht so hellen Standorten, die sich für Pflanzen mit lebhaft gefärbten Blättern üblicherweise nicht so gut eignen.

Pflege: Die Marante wächst sehr rasch, weshalb schon junge Exemplare im Laufe ihrer Entwicklung so lange umzutopfen sind, bis sie in 13-cm-Töpfe passen. In der Folge ist alle zwei Jahre im **Frühjahr** die Erde nur noch oberflächlich auszuwechseln, wobei man gleichzeitig die abgestorbenen und verwelkten Blätter entfernt, damit sich die neuen Triebe besser entfalten können. Beim Umtopfen empfiehlt es sich, zu gleichen Teilen Gartenerde, Torf und Sand zu mischen. Im **Frühling** und im **Sommer** sollten die Temperaturen für Maranta bei 18 bis 21 °C liegen, wobei sie auch Temperaturen bis zu 27 °C verträgt, dabei aber weder starkem Licht noch direkter Sonneneinstrahlung ausgesetzt sein darf. Damit die Blätter ihre prächtige Farbe entwickeln können, benötigen sie von April bis September einen relativ schattigen Standort. Gleichzeitig ist reichlich zu gießen, damit die Erde stets feucht bleibt. Bei Temperaturen über 21 °C sollte die Blätterkrone zusätzlich täglich besprüht werden. Von Mai bis September empfiehlt es sich, alle zwei bis drei Wochen etwas Flüssigdünger in das Gießwasser zu geben. Im **Herbst** und im **Winter** dürfen die Temperaturen nie unter 10 °C sinken, wobei Maranta während der kältesten Jahreszeit einen etwas helleren, aber sonnengeschützten Standort bevorzugt. Sie benötigt jetzt nur so viel Wasser, dass die Erde stets leicht feucht ist, ihre Blätter sind alle paar Tage zu besprühen.

Vermehrung: Im Februar/März kann man die **Pflanze halbieren**, wobei aber ihr Wurzelstock nicht beschädigt werden darf. Die beiden Teile werden ausschließlich in Gartenerde gesetzt. Zwischen Mai und August lassen sich zum Zweck der Vermehrung von den Seitentrieben 8 bis 10 cm lange **Stecklinge** abschneiden, an denen zwei bis drei Blätter verbleiben müssen. Bis zu drei Stück davon pflanzt man dann in Töpfe mit einem Durchmesser von ca. 8 cm, die mit Sand und Torf gefüllt sind. Anschließend

Maranta tricolor

Die verschiedenen Maranta-Arten eignen sich ideal als Zimmerpflanzen, weil sie auch in weniger hellen Räumen für angenehmes Grün und Farbe sorgen.

werden sie mit einer Kunststofffolie abgedeckt und an einem schattigen Ort aufgestellt, dabei dürfen die Blätter die Folie nicht berühren. Sobald sich Wurzeln gebildet haben, kommt jeder Steckling einzeln in einen Topf mit Erde, wie sie für reife Pflanzen geeignet ist.

Gefahren und Vorsichtsmaßnahmen: Bei zu tiefen Temperaturen welken die Blätter von Maranta und werden braun, während sie bei zu viel Licht oder Sonne ausbleichen und ihre prächtige Farbe verlieren. Abfallende Blätter oder sich braun verfärbende Spitzen weisen hingegen darauf hin, dass die Luft für die Pflanze zu trocken ist. Abgestorbene Triebe müssen dann entfernt und die Pflanze anschließend regelmäßig mit Wasser besprüht werden. Bei zu geringer Luftfeuchtigkeit entwickelt sich die Rote Spinne besonders gut, wobei dann nur noch ein spezielles milbentötendes Mittel hilft. Wollläuse befallen die Maranten-Blätter im Bereich der Blattachseln und an der Unterseite. Sie lassen sich mit einem in denaturierten Alkohol getauchten Wattebausch oder einem Insektizid entfernen.

Arten und Sorten: Die Art *Maranta leuconeura* wird bei uns am häufigsten als Zimmerpflanze kultiviert. Sie stammt aus Brasilien, ist immergrün, buschig und kompakt, im Allgemeinen nicht größer als 20 cm und breiter als 30 cm. Sie entwickelt breite, ca. 10 cm lange, ovale, samtig smaragdgrüne Blätter mit dunkelgrünen oder hellbraunen Flecken. Von ihr gibt es nur wenige Sorten: ,,Kerchoveana'' zeigt hellgrüne Blätter mit dunkelgrüner, fischgrätartiger Zeichnung, die mit der Zeit fast braun werden. ,,Tricolor'' zeigt auf den dunkelolivgrünen Blättern eine charakteristische Zeichnung, die sich durch die rotbraunen Adern, die graugrünen Ränder und den hellgrünen Streifen mit unregelmäßigen Rändern entlang der Mittelrippe ergeben. ,,Massangeana'' weist ähnlich gezeichnete, aber etwas kleinere Blätter wie ,,Tricolor'' auf. Die Blätter sind dunkelgrün, mit hellgrünen Rändern versehen und zeigen silberne Flecken entlang der Mittelrippe sowie kleine, dünne silbrige Adern, die ein dichtes Fischgrätmuster bilden.

Medinille Medinilla

Familie
Melastomata-
ceae
(Schwarzmund-
gewächse)

Aussehen
strauchartig

Wuchshöhe
120 cm

Durchmesser
120 cm

Blütezeit
Sommer

Standort
direkte Sonne

Gießen
reichlich

Pflege
sehr schwierig

Zur Gattung Medinilla zählen einige der schönsten tropischen Pflanzen, die einen warmen, sonnigen Standort oder ein Gewächshaus benötigen und nur sehr schwer zu pflegen sind, da sie überaus empfindlich reagieren und einer sorgfältigen Pflege bedürfen, wenn man sie zum Blühen bringen will. Hat man damit jedoch Erfolg, wird man für alle Mühen durch Pflanzen mit außergewöhnlich schönen Blüten entschädigt.

Pflege: Medinilla wächst relativ langsam, es genügt daher, die Pflanze etwa alle zwei Jahre im **Februar** umzutopfen, bis sie dann endgültig in einen Topf mit einem Durchmesser von 20 bis 25 cm kommt. Dazu benötigt man gute Erde, am besten eine Mischung aus Laubhumus, Gartenerde, Sand und Torf. In Jahren, wo kein Umtopfen erfolgt, wird nur die oberste Erdschicht (2 bis 2,5 cm) durch frisches Substrat ersetzt. Im **Frühling** und im **Sommer** liegt die Idealtemperatur bei 24 bis 27 °C. Es ist dann auch wichtig, die Pflanze an einen hellen, sonnigen Platz zu stellen und sie reichlich mit Wasser zu versorgen, wobei die Erde stets ausreichend feucht bleiben muss. Vor dem Gießen sollte die oberste Schicht (1,5 cm) jedoch immer etwas austrocknen. Von April bis September empfiehlt es sich, dem Gießwasser etwa alle zwei Wochen etwas Flüssigdünger beizumengen. Darüber hinaus sind die Blätter von Medinilla regelmäßig zu besprühen, die Blüten dürfen jedoch nicht benetzt werden. Sind diese abgeblüht, so erfolgt ein Rückschnitt mit einer scharfen Gartenschere, alle langen Triebe werden etwa um die Hälfte gekürzt. Im **Herbst** und im **Winter** benötigt Medinilla eine Temperatur von rund 21 °C, die jedoch nie unter 15 °C fallen darf. Ihr Substrat muss stets leicht feucht sein und die Pflanze an einem möglichst sonnigen Ort stehen.

Vermehrung: Am Anfang des Frühlings schneidet man von den Enden der Triebe rund 8 cm lange **Kopfstecklinge** mit zumindest zwei Blattpaaren ab. Ehe man diese in eine Mischung aus gleichen Teilen Sand und Torf steckt, sollte man deren Schnittfläche mit einem Bewurzelungshormon behandeln. Anschließend kommen sie in einen Treibkasten, wo sie feucht und in leichtem Schatten bei 30 °C gehalten werden. Dieser Kasten muss halb geöffnet bleiben, da die Stecklinge Frischluft benötigen. Gewöhnlich bewurzeln sich die Stecklinge nach etwa drei bis vier Wochen, worauf man sie in Einzeltöpfe mit Blumenerde umsetzen kann.

Gefahren und Vorsichtsmaßnahmen: Bei Medinilla gibt es verschiedene Ursachen für welke Blätter oder fehlende Blütenentwicklung wie etwa zu tiefe Temperaturen, zu trockene Luft, zu wenig Licht oder zu viel Wasser. Die Rote Spinne, die gelegentlich auftritt, bekämpft man, indem die Pflanze regelmäßig mit Wasser und einem entsprechenden milbentötenden Mittel besprüht wird.

Arten: *Medinilla magnifica* (Bild) ist die einzige Art dieser Gattung, die sich als Zimmerpflanze kultivieren lässt. Es handelt sich dabei um einen immergrünen Strauch, der aus Java und von den Philippinen stammt. In seiner natürlichen Umgebung erreicht er eine Höhe von 2 bis 2,5 m, wird aber als Zimmerpflanze nur etwa 1,2 m hoch. Die Pflanze entwickelt dicke und holzige Äste, auf denen bis zu 30 cm lange ovale, lederige Blätter sitzen, die von tief liegenden cremeweißen Adern durchzogen sind. Vom Frühling bis in den August hinein bilden sich die herrlichen langen, hängenden Blütenschäfte mit zwei bis drei Reihen von rosa Tragblättern und rosafarbenen oder purpurroten Blüten.

Fensterblatt Monstera

Die Gattung Monstera zählt an die zwanzig immergrüne Arten, die häufig epiphytische Kletterpflanzen sind und aus den Regenwäldern Mittel- und Südamerikas stammen. Die eindrucksvolle *Monstera deliciosa*, auch als *Philodendron pertusum* bekannt, gehört zu den beliebtesten Zimmerpflanzen, da sie einfach zu kultivieren ist. Sie entwickelt sehr große, glänzend grüne, lederige und tief eingeschnittene Blätter, die bis zu 1 m lang und 60 cm breit werden können. Das Fensterblatt bildet zur Blütezeit gelegentlich eine weiß-grünliche Blütenscheide, in deren Zentrum ein konischer cremeweißer Blütenkolben steht. Aus diesem Kolben entwickelt sich dann eine Frucht, deren Geschmack dem der Ananas ähnelt. Bei Zimmerpflanzen dieser Art kommt es jedoch nur selten zur Blütenbildung.

Pflege: Jedes Jahr im Februar oder März erfolgt bei Monstera das Umtopfen in Gartenerde oder in eine Mischung auf Torfbasis. In den Topf kommen zuvor noch einige Tonscherben sowie als Kletterhilfe eine mit Moos verkleidete Stütze. Sobald sich die Pflanze im endgültigen Topf befindet, ist es nur noch einmal jährlich nötig, die oberste Substratschicht (rund 2,5 cm) zu ersetzen. Im Sommer benötigt Monstera reichlich Wasser, wobei die Oberfläche der Erde zwischen zwei Wassergaben stets etwas austrocknen soll. Von März bis September ist außerdem alle drei bis vier Wochen dem Gießwasser etwas Flüssigdünger hinzuzugeben. Die Blätter müssen nun ebenfalls regelmäßig mit Wasser besprüht werden, besonders während der heißen Jahreszeit. Die Pflanze benötigt einen hellen, aber nicht prallsonnigen Standort, weil sich sonst an den Blättern braune Brandflecken bilden. Die Blätter sollten ab und zu mit einem feuchten Tuch gereinigt und einmal im Monat mit Blattspray besprüht werden. Zwischen November und März braucht das Fensterblatt nur wenig Wasser, wobei die Erde zwischen den Wassergaben immer wieder austrocknen sollte. Wöchentliches Besprühen der Blätter gewährleistet eine ausreichend hohe Luftfeuchtigkeit. Bei sehr trockener Luft ist das Besprühen der Blätter eventuell täglich erforderlich. Die Pflanze braucht jetzt einen hellen Standplatz nicht direkt in der Sonne und möglichst Temperaturen von über 13 °C.

Vermehrung: Zum Zweck der Vermehrung schneidet man die **Triebenden** von Monstera mit je einem Blatt unmittelbar unter einem Knoten ab. Sollte der **Steckling** Luftwurzeln aufweisen, ist der Erfolg sicher. Es empfiehlt sich dennoch, die Schnittfläche mit Fungizidpulver auf Schwefelbasis zu behandeln, bevor der Steckling in Gartenerde oder eine Mischung auf Torfbasis gepflanzt wird. Über den Topf wird anschließend ein Kunststoffsäckchen gestülpt; er wird dann an einen hellen Standort mit 24 bis 27 °C gebracht. Nach drei bis vier Wochen bildet sich in der Blattachsel des Stecklings ein neuer Trieb, woraufhin man das Säckchen entfernen kann. Auch die **Enden der Seitentriebe** eignen sich zur Vermehrung. Bei Exemplaren, die im unteren Bereich schon kahl geworden sind, eignet sich auch die Methode des **Abmoosens**, um damit eine vitale, schöne Pflanze zu erhalten.

Familie	Araceae (Aronstabgewächse)
Aussehen	kletternd
Wuchshöhe	300–400 cm
Durchmesser	180–200 cm
Blütezeit	Frühjahr–Sommer (selten)
Standort	indirektes Licht
Gießen	reichlich
Pflege	leicht

Gefahren und Vorsichtsmaßnahmen: Zu niedrige Temperaturen verursachen auf den Blättern braune Flecken, vor allem entlang der Ränder. Zu häufiges Gießen, besonders im Winter, lässt die Blätter vergeilen. Bei direkter Sonneneinstrahlung kommt es zu Verbrennungen an den Blättern, vor allem wenn diese zuvor besprüht wurden. Weiße „Wattebäusche" an den Blattunterseiten weisen auf einen Befall durch Wollläuse hin. Sie lassen sich mit einem weichen Tuch wegwischen, das zuvor mit denaturiertem Alkohol getränkt wurde. Die Rote Spinne befällt Monstera vor allem bei zu trockener Luft. Dies lässt sich am besten dadurch verhindern, dass man durch Besprühen für hohe Luftfeuchtigkeit und auch für genügend Frischluft sorgt.

Arten und Sorten: *Monstera deliciosa* (syn. *Philodendron pertusum*) ist eine üppige Kletterpflanze, die auch als Zimmerpflanze bis zu 4 m hoch werden kann. Sie stammt aus Guatemala und Südmexiko. Ihre sehr großen Blätter sind lederig und glänzend grün. Bei jungen Pflanzen sind sie noch herzförmig und ganzrandig, während ausgewachsene Blätter tief eingeschnittene Ränder und runde oder längliche Löcher aufweisen. Im Sommer bilden sich selten grünlich weiße Blüten, aus denen sich anschließend grünliche, essbare Früchte entwickeln. Neben der etwas kleineren Sorte „Borsigiana" gibt es noch die Varietät „Variegata" mit gelb oder cremeweiß gefleckten Blättern, die später gänzlich grün werden. Die schöne, schlanke Kletterpflanze *Monstera pertusa* stammt aus Panama und Guyana und entwickelt weiche, symmetrische Blätter von dunkelgrüner Farbe. *Monstera pitteri* zählt ebenfalls zu den Kletterpflanzen und ist in Costa Rica beheimatet. Sie verfügt über schmale, zugespitzte, silbrig grüne Blätter.

Monstera deliciosa *mit breiten glänzenden, lederigen Blättern, die in der Jugend ganzrandig, im Alter jedoch tief gelappt sind.*

Mühlenbeckie   Muehlenbeckia complexa

Die Gattung Muehlenbeckia besteht aus 20 Arten, die vor allem in Südamerika, Australien und Neuseeland vorkommen. Muehlenbeckia gibt es in zahlreichen Formen, hängend in Ampeln, flach wachsend oder auch aufrecht. Mit einem selbst gebogenen Draht kann man die Triebe leicht in die gewünschte Form bringen und sogar sehr individuelle Wuchsformen erzeugen.

  Die Mühlenbeckie stammt aus Neuseeland und eignet sich sehr gut für den Formschnitt. Es handelt sich um eine eher unauffällige Pflanze mit kleinen, rundlichen Blättern (rund, oval oder violinförmig), die in unseren Breiten schon länger bekannt ist. Sie erfreut sich vor allem deshalb großer Beliebtheit, weil sie sich an Stäben oder Drähten in schöne Formen bringen lässt. Diese halbimmergrüne Pflanze kann bei richtiger Abstützung eine Höhe von fast 5 m erreichen. Sie trägt weiße, kugelige Beeren, die einen schwarzen Samen besitzen. Im Freien kann sich die Pflanze unter günstigen klimatischen Bedingungen unkrautartig vermehren. Sie wird übrigens auch Neuseeländischer Drahtwein genannt und ist mit ihren dünnen, drahtigen schwarzen Trieben und den winzigen Blättchen sehr vielseitig einsetzbar. Muehlenbeckia complexa kann sowohl als dichter Bodendecker in Wintergartenbeeten, als weit herabhängende Ampelpflanze auf der Terrasse oder als Kletterpflanze an Spalieren oder Drahtfiguren verwendet werden. Auch die Anpassungsfähigkeit ist erstaunlich, denn die Pflanze gedeiht sowohl bei Minusgraden im Freien als auch in ganzjähriger Wohnzimmerwärme. Sie verträgt sowohl einen sonnigen als auch einen schattigen Standort. Im Sommer bilden sich kleine, grünlich weiße Blütchen.

Pflege: Muehlenbeckia complexa ist eine sehr temperaturunempfindliche Pflanze, die vor allem im **Sommer** sehr hell stehen sollte. Im **Winter** sollte die Temperatur zwischen 15 und 20 °C betragen. Die Pflanze muss regelmäßig gegossen und mäßig gedüngt werden. Ein Austrocknen der Erde sollte vermieden werden, da sonst die Blätter eintrocknen können. Meist sprießen jedoch nach erneuter Wassergabe rasch

Familie
Polygonaceae (Knöterichgewächse)

Aussehen
lockerer Strauch

Wuchshöhe
20–60 cm

Durchmesser
bis 100 cm

Blütezeit
Sommer

Standort
hell

Gießen
regelmäßig

Pflege
leicht

wieder neue Blätter aus den drahtigen Stielen. Im **Frühjahr** und im **Sommer** sollte ie Pflanze etwa alle 2 Wochen gedüngt werden. Von **April** bis **Oktober** kann sie auch im Freien in Topfgärten auf Balkon oder Terrasse gehalten werden. Im Haus ist sie ganzjährig in beheizbaren Winter- oder Zimmergärten zu halten. Muehlenbeckia complexa benötigt eine Kletterhilfe, an der man sie regelmäßig aufbinden muss. Bei Bedarf kann die Pflanze zurückgeschnitten werden.

Vermehrung: Die drei Vermehrungsarten sind **Aussaat**, **Kopfstecklinge** oder **Triebteilstecklinge**. Man steckt bis zu 10 Stecklinge in einen Topf und lässt sie bei 20 bis 25 °C und hoher Luftfeuchtigkeit bewurzeln. Nach der Bewurzelung sollten die Triebe mehrmals gestutzt werden, damit sie sich besser verzweigen können. Ein Umpflanzen ist normalerweise nicht erforderlich, weil es einfacher ist, neue Pflanzen heranzuziehen.

Gefahren und Vorsichtsmaßnahmen: An den frischen jungen Blättern können besonders im Sommer gelegentlich Blattläuse auftreten. In dem Fall kann man die Pflanze in einer Tüte verpackt einen Tag im Kühlschrank bei etwa 0 bis 4 °C aufbewahren und danach unter der Dusche die Blätter und Triebe abspülen. Während die Läuse die niedrigen Temperaturen nicht vertragen, machen sie Muehlenbeckia kaum etwas aus. Bei guter Pflege ist Muehlenbeckia complexa sehr problemlos zu halten.

Arten und Sorten: *Muehlenbeckia complexa Nana* ist eine kleine, kompakte Sorte, die nicht klettert. Eine weitere bekannte Art ist *Muehlenbeckia axillaris*, ein sommergrüner, kriechender Strauch, der bis zu 1 m breite Polster bilden kann. Sie hat zunächst kleine, gelbliche Sommerblüten und danach schwarz glänzende Früchte. *Muehlenbeckia astonii* ist ein nahezu blattloser Busch, dessen Zweige kreuz und quer wachsen und der sehr selten geworden ist.

Neoregelie Neoregelia

Die Gattung Neoregelia umfasst rund 70 mehrjährige, immergrüne Pflanzen, die in den Regenwäldern Südamerikas als Epiphyten oder Erdbromelien wachsen. Es handelt sich dabei um sehr schöne Arten mit rund 30 cm hohen und 60 cm breiten Rosetten, deren bis zu 30 cm lange Blätter sich von einem gemeinsamen Punkt aus radiär-symmetrisch ausbreiten. Der auf diese Weise entstehende Trichter übt dabei in ihrem natürlichen Habitat die lebenswichtige Funktion eines Wasserreservoirs aus. Mit Beginn der Blütezeit wechseln die inneren Blätter ihre Färbung von Dunkelgrün zu Purpurrot, Rosa oder Rot. Die kleinen weißen oder blau gefärbten Blüten bilden im Zentrum der Rosette einen dichten, rundlichen Blütenstand, der von intensiv gefärbten Hochblättern umgeben ist. Diese Farbenpracht macht Neoregelia zu einer der dekorativsten Zimmerpflanzen.

Pflege: Neoregelia muss jedes Jahr in ein Substrat aus zwei Teilen Torf und einem Teil grobem Sand bzw. drei Teilen Kakteenerde und einem Teil Torf umgetopft werden. Wenn die Seitensprosse schon zu dicht wachsen und keinen Platz mehr finden, benötigt die Neoregelie einen größeren Topf. Man kann aber diese Kindel auch entfernen und dann einzeln einsetzen. Die Pflanze blüht erstmals nach zwei bis drei Jahren im Sommer und stirbt dann allmählich ab, währenddessen sich ihre Kindel entwickeln. Im **Frühjahr** und im **Sommer** bevorzugt die Pflanze Raumtemperaturen von maximal 27 °C. Sie braucht viel Licht und teilweise auch direkte Sonnenbestrahlung. Dabei genügt es, sie mäßig zu gießen, wobei der Trichter aber ständig mit Wasser gefüllt sein muss, das jeden Monat zu wechseln ist. Die Blätter sind darüber hinaus täglich zu besprühen und dem Gießwasser sollte ab und zu etwas stickstoffarmer Dünger hinzugefügt werden. Im **Herbst** und im **Winter** liegt die Idealtemperatur für Neoregelia um 15 °C, sie darf nie unter 10 °C fallen. Man braucht jetzt nur so viel zu gießen, dass die Erde leicht feucht ist, wobei die Rosette selbst aber stets mit Wasser gefüllt sein muss. Einmal wöchentlich sollte mit lauwarmem Wasser gesprüht werden, damit die Pflanze die nötige Feuchtigkeit erhält. Dabei sollte man möglichst kalkarmes Wasser verwenden, am besten Regenwasser.

Vermehrung: Im April oder Mai lassen sich zur Vermehrung die ca. 10 cm großen **Seitensprosse** oder Kindel von der Mutterpflanze abnehmen und einzeln einpflanzen. Dabei müssen sie möglichst knapp abgetrennt werden, wo sie an der Mutterpflanze ansetzen. Sie kommen anschließend in eine entsprechende Erde und an einen Platz im Schatten mit einer Temperatur von rund 24 °C, wobei die Erde stets feucht bleiben muss. Neoregelia kann auch im Frühling durch ihre **Samen** vermehrt werden, dafür ist eine Erdmischung aus drei Teilen Torf und einem Teil grobem Sand geeignet. Die Samen werden auf die zuvor gut verdichtete und befeuchtete Aussaaterde ausgesät, ohne sie jedoch anschließend zu bedecken. Die Saatschale kommt dann, geschützt vor Licht und bei einer Temperatur von 24 bis 27 °C, in einen Aufzuchtkasten, dessen Erde ständig feucht gehalten wird. Nach wenigen Wochen sind bereits die ersten Keimlinge zu sehen. Diese benötigen nun nach und nach mehr Licht, die Temperatur darf dabei nicht verändert werden. Drei bis vier Monate nach der Aussaat werden sie schließlich einzeln in eine Mischung aus zwei Teilen Erde auf Torfbasis und einem Teil grobem Sand eingesetzt. Anschließend kann man sie wie große Pflanzen behandeln.

Familie	Bromeliaceae (Ananasgewächse)
Aussehen	Rosetten
Wuchshöhe	30 cm
Durchmesser	60 cm
Blütezeit	Sommer
Standort	indirektes Licht, direkte Sonne
Gießen	mittelmäßig
Pflege	leicht

Die Blätter der Neoregelie breiten sich von einem gemeinsamen Zentrum strahlenförmig aus und bilden so einen natürlichen „Trichter", der als Wasserbehälter dient. Auf dem Bild: Neoregelia flandria

Knapp vor der Blüte verfärbt sich die Mitte der Rosette von Neoregelia kräftig purpurrot. Auf dem Bild: Neoregelia meyendorfii

Gefahren und Vorsichtsmaßnahmen: Sollten sich die Blätter der Pflanze einrollen, eindrehen oder welk werden, dann leidet sie unter Trockenheit. Dem kann man vorbeugen, indem die Erde stets feucht gehalten wird, wobei überschüssiges Wasser jedoch abrinnen können muss. Die Rosette muss stets mit Wasser gefüllt bleiben. Bei zu tiefen Temperaturen im Winter verliert Neoregelia leicht ihren Glanz. Wollläuse lassen sich mit einem in denaturierten Alkohol getränkten Wattebausch oder Pinsel abwischen. Dieser Vorgang sollte nach einer Woche wiederholt werden. Man kann aber auch ein spezielles Insektizid gegen diese Schädlinge anwenden.

Arten und Sorten: *Neoregelia cardinae* entwickelt eine breite Rosette aus zahlreichen bandförmigen, glänzend grünen und symmetrisch angeordneten Blättern. Im Sommer, knapp vor der Blüte, verfärben sich die innersten Blätter leuchtend rot oder purpurrot und öffnen sich nach außen. Aus ihrer Mitte wächst nun ein kompakter und kugeliger Blütenstand, der aus kleinen blauen oder violetten Blüten besteht, die von leuchtend roten Hochblättern umgeben sind. Die bekannteste Sorte, ,,Tricolor", weist glänzend grüne Blätter mit cremefarbenen Längsstreifen auf, die inneren Blätter verfärben sich während der Blütezeit rot. Bei ausgewachsenen Exemplaren nehmen im Lauf der Zeit sogar alle Blätter einen rosa Schimmer an. *Neoregelia concentrica* verfügt über eine flache Rosette aus breiten und steifen Blättern, die an den Rändern kurze schwarze Dornen tragen. Die Rosette mit hellgrünen, purpurrot gefleckten Blättern verfärbt sich während der Blüte im Zentrum lila. Ihr Blütenstand besteht aus zahlreichen kleinen rosavioletten Blüten. *Neoregelia farinosa* bildet eine breite Rosette aus purpurroten bis braunen Blättern, deren Unterseiten dicht mit zahlreichen silberweißen Schuppen besetzt sind. Die an der Basis intensiv rot gefärbten Blätter stehen in einem herrlichen Kontrast zu den purpurroten Blüten. Die Rosette von *Neoregelia spectabilis* besteht aus ledrigen, metallgrünen, weiß gestreiften Blättern, deren Unterseite hell purpurrot gefärbt ist. Diese werden fast 40 cm lang und enden in kräftig rot gefärbten Spitzen. Während der Blüte verfärben sich die Blätter im Zentrum purpurrot und aus der Rosette erhebt sich ein Blütenstand mit blauen Blüten, die von kleinen roten Hochblättern umgeben werden.

Nidularie, Nestrosette Nidularium

Die schöne Blattrosette der Varietät „Lineatum"

Die Gattung Nidularium, die der Neoregeliae sehr ähnlich ist, setzt sich aus rund 25 Arten zusammen, von denen einige als Zimmerpflanzen weit verbreitet sind. Sie stammen aus Brasilien und fallen besonders durch ihre herrlichen Blütenstände auf, die sich im Sommer in der Mitte der Blattrosette bilden und am Ende eines mit kurzen grünen Hochblättern bedeckten Blütenschaftes stehen. Die Blüten selbst sitzen zwischen auffallend gefärbten, dreieckigen Hochblättern und sind weiß oder farbig.

Pflege: Im Allgemeinen verfügt die Blattrosette von Nidularium nur über ein kurzes Leben, denn sie blüht nur einmal und stirbt dann ab. Im April und Mai müssen daher die verblühten Teile samt der Blattrosette ca. 5 cm oberhalb der Basis abgeschnitten werden, ohne dabei die Kindel zu beschädigen. Diese Ableger bzw. Kindel können nun, nachdem sie etwas größer geworden sind, in einen größeren Topf, der je zur Hälfte mit Torf und Erde gefüllt ist, umgetopft werden. Man kann sie aber auch voneinander trennen und dann einzeln einpflanzen. Die Jungpflanzen benötigen nun Schatten und indirektes Licht, dabei sollte die Erde stets leicht feucht sein. Die Rosette selbst muss ständig mit Wasser (Regenwasser) gefüllt sein, das monatlich zu wechseln ist. Alle zwei bis drei Wochen muss gedüngt werden. Im Frühling und im Sommer genügt zwar die normale Raumtemperatur, ideal wären aber 24 °C. Die Lebensdauer der Hochblätter und Blüten lässt sich verlängern, indem man durch regelmäßiges Besprühen der Blätter für eine entsprechende Luftfeuchtigkeit sorgt. Zusätzlich empfiehlt es sich, die Pflanze auf einen mit feuchtem Kies gefüllten Untersetzer zu stellen und verwelkte Teile sofort zu entfernen. Im Herbst und im Winter benötigt Nidularium eine Temperatur von 15 bis 18 °C, sie darf nie unter 13 °C sinken. Es ist jetzt nur wenig zu gießen, wobei aber die Rosette stets mit Wasser gefüllt bleiben muss, das einmal im Monat auszutauschen ist. Es empfiehlt sich auch, einmal wöchentlich zu sprühen und dabei Blattdünger zu verwenden. Die Pflanze bevorzugt nun einen leicht schattigen Standort, geschützt vor Zugluft und Küchendüften.

Familie	Bromeliaceae (Ananasgewächse)
Aussehen	Rosetten
Wuchshöhe	30–40 cm
Durchmesser	30–50 cm
Blütezeit	Sommer
Standort	Schatten
Gießen	mittelmäßig
Pflege	leicht

Nidularium innocenti

Vermehrung: Diese erfolgt durch Teilung der Kindel, welche sich rund um die Basis der Mutterpflanze bilden. Der beste Zeitpunkt dafür liegt im April und Mai. Der Schnitt, mit dem man die Kindel trennt, muss möglichst nahe am Ansatz der Mutterpflanze erfolgen, worauf sie einzeln in eine Mischung aus zwei Teilen Erde und einem Teil Torf eingesetzt werden. Bis zur Entwicklung der Wurzeln brauchen sie nun einen warmen, aber nicht zu sonnigen Standort. Darüber hinaus besteht auch die Möglichkeit der Aussaat von Nidula-

Die Sorte Nidularium billbergioides *„Flavum" mit leuchtend zitronengelben Hochblättern*

rium-**Samen** auf ein sehr feuchtes Substrat aus Torf und grobem Sand in einem Aufzuchtkasten bei 24 bis 27 °C, der anschließend in den Schatten gestellt wird. Die Keimung erfolgt nach etwa drei bis vier Wochen, wobei der Kasten dann zu öffnen und ins Licht zu stellen ist. Die Temperatur sollte aber möglichst nicht verändert werden. Erst mit einer Größe von ca. 5 cm werden die Pflänzchen dann in Einzeltöpfe gesetzt und anschließend wie ausgewachsene Pflanzen behandelt. Im Verlaufe ihres weiteren Wachstums benötigen sie immer wieder größere Töpfe. Erst nach ungefähr drei Jahren entwickeln sie ihre erste und zugleich letzte Blüte.

Gefahren und Vorsichtsmaßnahmen: Ist das Substrat allzu trocken geworden, so ist Nidularium samt dem Topf einige Minuten lang in Wasser zu tauchen. Zu niedrige Temperaturen können zur Fäulnisbildung an der Basis der Blätter im Herz der Rosette führen. In diesem Fall müssen zuerst die verfaulten Blätter entfernt und dann die Temperaturen für die Pflanze erhöht werden. Wollläuse und Schildläuse lassen sich am besten mit einem in denaturiertem Alkohol getränkten Tuch oder einem speziellen Insektizid entfernen.

Arten und Sorten: *Nidularium billbergioides* (syn. *Nidularium citrina*) weist eine Rosette mit einem Durchmesser von rund 50 cm auf, die aus zahlreichen bandförmigen, leicht glänzenden, metallisch schimmernden grünen Blättern mit kurzen grünen Dornen an den Blatträndern besteht. Die kleinen weißen Blüten bilden sich zumeist im Sommer an der Spitze von langen Blütenschäften, die von dicken grünen Hochblättern bedeckt sind. Der Blütenstand selbst ist von rotbraunen, spitzen Blättern im Zentrum der Rosette umgeben. Die Sorte „Flavum" zeigt am Blütenschaft zitronengelbe, glänzende Hochblätter. Die Rosette von *Nidularium fulgens* weist einen Durchmesser von ca. 30 cm auf und besteht aus grün gefleckten Blättern mit gezähnten Rändern. Im Sommer entwickelt sich ein kleiner, kompakter weißer Blütenstand, der von scharlachroten Hochblättern umgeben ist. *Nidularium innocentii* fällt durch eine breite Rosette (rund 60 cm Durchmesser) auf. Ihre fein gezähnten Blätter sind glänzend und an der Unterseite rot gefärbt, während die Oberseite bräunlich grün ist. Im Sommer wächst aus der Mitte der Rosette ein kurzer Schaft, an dessen Ende sich der Blütenstand befindet. Dieser setzt sich aus sechs bis acht Hochblättern zusammen, die einige wenige weiße Blüten umschließen. Die Varietät „Lineatum" verfügt über eine ausgedehnte Rosette, deren Blätter hellgrün bis dunkelgrün gefärbt sind und weiße Streifen und Bänder aufweisen. „Striatum" besitzt rot-grüne Blätter mit cremefarbenen Streifen und weißgrünen Hochblättern.

Buckelkaktus Notocactus

Die Arten der Gattung Notocactus zählen zu den am leichtesten zu kultivierenden Kakteen, die dank ihrer farbigen Dornen und der herrlichen Blüten gleichzeitig auch zu den schönsten gehören. Notocactus stammt aus Südamerika und wird von manchen Autoren zur Gattung Parodia gezählt. Sie umfasst mehr als 40 Arten, die fast alle im Handel erhältlich sind und sonnige Standorte bevorzugen. Der fleischige Stamm der Pflanze weist eine kugelige oder zylindrische Form auf und wird von zahlreichen senkrechten Rippen durchzogen, die mit starken Dornen bewehrt sind. Die Blüten sind groß, trichter- oder trompetenförmig und lebhaft gelb gefärbt. Sie entwickeln sich von Ende des Frühlings bis Ende August am Scheitel der Pflanze.

Pflege: Der Buckelkaktus muss zu **Frühlingsbeginn** noch vor Eintritt in die neue Wachstumsphase umgetopft werden. Dazu eignet sich Kakteenerde oder eine Mischung von zwei Teilen Topferde und einem Teil grobem Sand. Eine leichte Beengung der Wurzeln im Topf fördert das Blühverhalten des Kaktus. Deshalb sollte die Topfgröße nur dann erhöht werden, wenn die Wurzeln überhaupt keinen freien Raum mehr vorfinden. Ab einer Topfgröße von 10 cm muss aber jedes Jahr umgetopft oder zumindest die oberste Schicht der Topferde ausgetauscht werden. Im **Frühling** und im **Sommer** benötigt Notocactus einen sehr hellen und sonnigen Standort. Die Temperaturen können dabei 27 °C und mehr erreichen, ohne dass es dem Buckelkaktus schadet. Die Erde ist in dieser Zeit gut zu bewässern, sollte aber zwischen den Wassergaben ziemlich austrocknen. Von April bis September empfiehlt es sich, dem Gießwasser alle vier Wochen etwas Kakteendünger hinzuzufügen. Im **Herbst** und im **Winter** findet die Ruhephase von Notocactus statt. Zu diesem Zweck stellt man ihn an einen rund 10 °C kühlen, recht hellen Ort. Falls die Temperaturen nicht wesentlich darüber ansteigen, muss von Oktober bis März nicht mehr gegossen werden.

Familie	Cactaceae (Kakteen)
Aussehen	sukkulent
Wuchshöhe	20–60 cm
Durchmesser	5–10 cm
Blütezeit	Sommer
Standort	prallsonnig
Gießen	selten
Pflege	leicht

Als Zimmer-
pflanze erreicht
Notocactus
leninghausii
*eine Höhe von
ca. 50 cm. Die
auffallenden
Blüten von Noto-
cactus (vorige
Seite) bilden sich
immer am Schei-
tel der Pflanze.*

Vermehrung: Die schnellste Methode zur Vermehrung von Notocactus stellt die **Aussaat** dar, bei der die **Samen** im Februar/März auf Aussaaterde oder eine Mischung aus gleichen Teilen Torf und feinem Sand gesät werden. Die auf der Oberfläche der feuchten und festgedrückten Erde verteilten Samen sind dann zusätzlich mit feinem Sand zu bedecken und schließlich in einen Aufzuchtkasten zu stellen. Sie benötigen nun Schatten und eine Temperatur von 21 bis 24 °C. Der Kasten sollte täglich ein bis zwei Stunden geöffnet werden, um für frische Luft zu sorgen. Nach rund drei Wochen ist die Keimung beendet und die Jungpflänzchen zeigen die Form von kleinen grünen Kugeln. Der Behälter wird nun aus dem Kasten genommen und an einem hellen, aber sonnengeschützten Ort aufgestellt. Die Pflänzchen müssen jetzt ca. ein Jahr lang wachsen, bevor sie in Einzeltöpfe kommen, wobei die Temperaturen anschließend zwischen 18 und 21 °C liegen sollten. Im April oder Anfang Mai können für die Vermehrung auch die **Seitensprosse**, die sich an älteren Pflanzen bilden, abgenommen werden. Es empfiehlt sich, die Wunde mit einem Fungizid auf Schwefelbasis zu behandeln und sie dann eine Woche lang vernarben zu lassen. Erst dann können die Ableger in feuchte Kakteenerde eingesetzt und an einem schattigen Ort bei 21 bis 24 °C aufgestellt werden. Innerhalb von vier bis sechs Wochen bilden sich die Wurzeln. Danach sind sie wie große Pflanzen zu behandeln.

Gefahren und Vorsichtsmaßnahmen: Im Winter muss vor allem auf die Relation zwischen Wassermenge und Temperatur geachtet werden. Ein Missverhältnis dieser beiden Faktoren führt bei Kakteen nämlich häufig zu Fäulnisbildung an Wurzeln und Stämmen. Wichtig: bis 10 °C nicht gießen, über 10 °C ganz wenig gießen! Im Sommer sollte die Erde zwischen zwei Wassergaben stets ziemlich austrocknen. Man darf auch nicht vergessen, der Pflanze regelmäßig Nährstoffe zuzuführen und sie an einem hellen Ort aufzustellen. Wollläuse können die Stämme und Wurzeln befallen. Deshalb empfiehlt es sich, Notocactus jährlich mit einem speziellen Insektizid mit systemischer Wirkung schon vorbeugend zu behandeln. Einzelne Wollläuse können hingegen mit einem in denaturierten Alkohol getauchten Pinsel entfernt werden.

Arten: Die als Zimmerpflanze kultivierte Art *Notocactus Ieninghausii* (syn. *Eriocactus leninghausii*) erreicht eine Höhe von 50 cm, wird aber in der freien Natur bis zu 90 cm hoch. Zuerst von kugeligem Wuchs, nimmt diese Pflanze nach rund drei Jahren eine längliche, zylindrische Form an. Der Stamm ist hellgrün und von rund 30 Rippen, die von steifen hellgelben Dornen bedeckt sind, durchzogen. Die Dornen stehen in Büscheln zusammen, wobei mittig drei bis vier längere Stacheln stehen. Zwischen Mai und August erscheinen am Scheitel des Stammes leuchtend gelbe, trichterförmige, ca. 5 cm große Blüten. Reife Pflanzen entwickeln an der Basis Jungpflanzen. *Notocactus scopa* (syn. *Parodia scopa*) zeigt ebenfalls einen kugeligen Körper, der später zylindrisch wird und nach 10 Jahren eine Höhe von ca. 18 cm erreicht. Der hellgrüne Kaktus stammt aus Brasilien und Uruguay und wird von 30 bis 40 Rippen, die fast gänzlich unter leuchtend weißen Dornen verschwinden, durchzogen. Seine gelb gefärbten Blüten sind fast 5 cm breit.

Frauenschuh Paphiopedilum

Paphiopedilum ist die bekannteste Orchideen-Gattung überhaupt. Der Name stammt aus dem Griechischen: ,,Paphia'' ist der Beiname der Venus (nach der Stadt Pathos auf Zypern) und ,,Pedilon'' bedeutet Schuh. Wegen der schuhförmigen Lippe wird die Pflanze nämlich auch Venusschuh oder Frauenschuh genannt. Durch dieses charakteristische Merkmal ist die Pflanze leicht zu erkennen. Die Gattung umfasst nahezu 70 Arten. Der einheimische Frauenschuh gehört jedoch zur verwandten Gattung Cypripedium. Das Vorkommen beschränkt sich auf Südostasien, besonders auf das Gebiet von Indien bis nach Neuguinea und die Philippinen. Interessanterweise kommt die Gattung in den Erdteilen Afrika, Amerika und Australien überhaupt nicht vor. Alle Arten besitzen immergrüne und dicht gedrängte Blattrosetten, aus denen nur einmal ein Blütentrieb mit einer Einzelblüte oder mit wenigen Blüten entspringt.

Pflege: Die Blüten sind sehr langlebig und halten mehrere Wochen, auch wenn man sie abschneidet und in eine Vase stellt. Die große Beliebtheit dieser Orchideen-Gattung zeigt sich auch durch Tausende von künstlich erzeugten Hybriden. Diese Orchidee muss kräftig gegossen werden, wobei das Substrat dann abtrocknen, aber nie ganz austrocknen darf. Im Winter vorsichtiger gießen. Paphiopedilum wird bei zu nasser Haltung sehr leicht von Pilzen (Blattflecken, Fäulnis) befallen. Auch bleiben die Blütenansätze in der Blütenscheide stecken, wenn die Arten zu nass gehalten werden. Ein Übersprühen ist nur an sehr warmen Tagen mit niedriger Luftfeuchtigkeit wichtig. Die so genannten ,,Frauenschuhe'' werden das ganze Jahr über gedüngt: Im Sommer gilt eine Düngergabe bei jedem 3. Gießen ideal, im Winter reicht eine monatliche Düngung. Die Konzentration kann dabei so gewählt werden, wie es auf den Packungen der Orchideen-Dünger angegeben wird. Eine Absenkung der Temperatur, vor allem in der Nacht, nach Abschluss des Wachstums, ist für die Blütenbildung wichtig. Auch beim Licht gibt es etwas andere Bedürfnisse der einzelnen Gruppen. Generell gilt: Geflecktlaubige und mehrblütige Arten möchten hell, aber ohne direkte Sonne stehen (Halbschatten), grünblättrige Arten müssen schattig stehen, sind also auch an einem Nordfenster gut aufgehoben. Der beste Zeitpunkt zum Umtopfen ist die Wachstumsphase. Besonders wichtig ist eine Drainage im Topfboden. Es sollte feines Substrat verwendet werden. Nur grünlaubige Arten kann man von Juni bis August ins Freie stellen, sie blühen dann besser. Paphiopedilum wächst an den Naturstandorten zu fast 100% auf dem Boden (terrestrisch). Dem Substrat sollte regelmäßig Kalk in fester Form zugesetzt werden (besonders bei weißen Arten), denn es fördert das Wachstum der gesamten Pflanze. Muschelkalk (zerkleinerte Muscheln) ist besonders praktisch, weil es als Dauerquelle wirkt und nicht alle paar Wochen erneut zugegeben werden muss. Die verwendeten Muscheln müssen vor ihrem Einsatz durch sehr gründliches Waschen von Meersalzen befreit werden.

Vermehrung: Der Frauenschuh wächst stets reich verzweigt und lässt sich beim Umtopfen leicht teilen. Vor dem Einpflanzen sollten jedoch alle beschädigten oder verfaulten Wurzeln abgetrennt werden!

Gefahren und Vorsichtsmaßnahmen: Die Blätter werden bei Frischluftmangel oder allgemeiner Schwächung leicht von Pilzen befallen. Außerdem lassen sich vor allem Schildläuse auf Paphiopedilum nieder.

Familie
Orchidaceae
(Orchideen-
gewächse)

Aussehen
krautig

Wuchshöhe
25–40 cm

Durchmesser
10–40 cm

Blütezeit
ganzjährig

Standort
hell

Gießen
mittelmäßig

Pflege
schwierig

Arten und Sorten: Hybriden werden in zahlreichen Farben angeboten, wobei die Sorten *Casablanca* (rotbraun gestreift) und *King Arthur* (rötlich braun gestreift) besonders blühfreudig sind. Die Sorte *Pinocchio* ist mehrblütig an einem Stiel (rosabraun). Eine weitere bekannte Art ist *Paphiopedilum concolor*. Diese sehr bekannte Orchideen-Art hat ca. 4 auf der Oberseite dunkelgrün und graugrün gescheckte und auf der Unterseite mit violetten Flecken versehene Blätter. Sie sind breit zungenförmig und werden ca. 10 bis 15 cm lang und ca. 4 cm breit. Der 10 cm hohe, rötlich behaarte Blütenschaft trägt 1 Blüte (selten 2) von ca. 7 cm Durchmesser. Die Blütenfarbe ist gleichmäßig Hellgelb (concolor = gleichfarbig) mit sehr feiner violettroter Punktierung. *Paphiopedilum rothschildianum* ist mehrblütig und ein wichtiger Partner für großblumige Hybriden.

Pelargonie Pelargonium

Die Gattung Pelargonium umfasst mehr als 250 Arten, die aus Südamerika stammen. Bei den meisten als Zimmerpflanzen kultivierten Pelargonien handelt es sich um Sorten, die aufgrund ihrer äußeren Merkmale in verschiedene Gruppen unterteilt werden können. Alle Arten lieben die Sonne und verfügen über eine lange Blütezeit. Die einzige Ausnahme bilden die sogenannten „Duftpelargonien", die vor allem wegen des angenehmen Duftes ihrer Blätter beliebt sind, denn sie entwickeln nur unscheinbare Blüten. Äußerlich ähneln sie kleinen, buschigen Stauden mit stark verzweigten, dünnen, zierlichen Stämmchen. Die duftenden Blätter unterscheiden sich dabei je nach Art in Form und Größe und sitzen auf langen Stielen. In den meisten Fällen entwickeln sie rundliche Formen mit leicht gelappten Rändern. Pelargonien werden vor allem wegen ihrer zahlreichen und lebhaft gefärbten Blüten kultiviert. Die Vertreter dieser Gattung werden häufig auch als Geranien bezeichnet, was jedoch irreführend ist, denn die echten Geranien gehören natürlich zur Gattung Geranium.

Pflege: Jedes Jahr im **Frühjahr** ist Pelargonium in gute Gartenerde umzutopfen, wobei man zuvor einige Tonscherben in den Topf legen sollte, damit das Wasser gut abrinnen kann. Durch das Kürzen der jungen Triebe wird die Verästelung gefördert. Darüber hinaus müssen die Pelargonien auch im **Spätsommer** oder im **Herbst** etwa auf die Hälfte zurückgeschnitten werden. Dies gilt auch für zu lange oder zu dicke Wurzeln. Danach kommen die Pflanzen in frische Erde. Verwelkte Blätter sind ebenfalls zu entfernen und die Triebe mit verwelkten Blüten etwa auf der Höhe des ersten Blattpaares unterhalb der Blüte abzuschneiden. Im **Frühling** und im **Sommer** benötigt Pelargonium Raumtemperaturen von ca. 21 bis 24 °C sowie einen sonnigen, vor Zugluft geschützten Standort. Zwischen den Wassergaben ist darauf zu achten, dass die Oberfläche der Erde austrocknen kann. Von April bis September sollte etwa alle zwei bis drei Wochen gedüngt werden. Nach der Blüte benötigen Pelargonien den ganzen Winter über eine Ruhephase. Deshalb darf jetzt nur dann gegossen werden, wenn die Erde schon gänzlich auszutrocknen droht. Düngen ist nicht mehr nötig. Im **Herbst** und im **Winter** sollte die Temperatur zwischen 7 und 10 °C liegen, wobei die Pflanze viel Licht und Sonne sowie einen trockenen, kühlen, vor Zugluft geschützten Standort benötigt. Es genügt in dieser Zeit, gelegentlich zu gießen, sodass die Erde nicht zu sehr austrocknet. Verwelkte Blüten und farblose Blätter sind sorgfältig zu entfernen.

Vermehrung: Im Sommer lassen sich von den kräftigen Seitentrieben der Pelargonie 8 bis 10 cm lange **Kopfstecklinge** abschneiden. Der Schnitt sollte dabei immer unter einem Knoten erfolgen. Die untersten Blätter und Blüten werden anschließend entfernt und die Schnittfläche mit Hormonpulver behandelt. Danach steckt man die Stecklinge bis zu den untersten Blättern in eine Mischung aus Torf und Sand, gießt sie gut ein und hält sie leicht schattig bei einer Temperatur von 16 bis 18 °C. Sobald sich nach ca. sechs Wochen die Wurzeln gebildet haben, werden die Pflänzchen einzeln in Töpfe mit Gartenerde eingesetzt.

Gefahren und Vorsichtsmaßnahmen: Wenn die Pflanze zu lange im Schatten steht, bleichen ihre Blätter aus und die Triebe können vergeilen. Bei übertriebenem Gießen kann es leicht passieren, dass zuerst die Wurzeln und danach die Triebe zu faulen beginnen und sie sich dabei schwarz verfärben. Solche Pflanzen müssen entfernt werden, da sich diese Krankheit auch auf gesunde Pflanzen übertragen kann. Die häufigsten tierischen Schädlinge an Pelargonium sind Blatt- und Wollläuse. Sie lassen sich gut mit einem in Alkohol getauchten Pinsel entfernen.

Familie	Geraniaceae (Storchschnabelgewächse)
Aussehen	buschige, krautige Staude
Wuchshöhe	30–60 cm
Durchmesser	30 cm
Blütezeit	Sommer
Standort	prallsonnig
Gießen	mittelmäßig
Pflege	leicht

„Mrs. Henry Cox" ist eine Varietät von Pelargonium x hortorum, *die die auffälligsten Blätter hervorbringt.*

Arten und Sorten: *Pelargonium crispum* wächst als verzweigte Staude und trägt Blätter, die einen intensiven Zitronenduft verströmen, wenn man sie zwischen den Fingern reibt. Sie sind rundlich, dreilappig, mit gekräuselten Rändern versehen und sitzen auf dünnen, bis zu 60 cm langen Stielen. Die 2,5 cm breiten hellvioletten Blüten stehen paarig oder zu dritt auf kurzen Stielen. Bei *Pelargonium x domesticum* handelt es sich um die sogenannte „Edelpelargonie". Diese leicht zu kultivierende Gruppe von Hybriden erreicht Höhen von 30 bis 60 cm und entwickelt rundliche, etwas raue, 8 cm breite und gänzlich grüne Blätter mit gezähnten Rändern. Die auffälligen, 5 bis 7 cm breiten Blüten sind trichterförmig und besitzen rot oder rosa gefärbte gekräuselte Blütenblätter. Die Flecken und Adern heben sich dabei vom etwas helleren Grund ab. An die 10 Blüten bilden eine große Traube, die in den oberen Blattachseln der jungen Triebe entspringen. Die Blätter von *Pelargonium graveolens* duften nach Rosen und werden deshalb „Rosengeranien" genannt. *Pelargonium x hortorum* steht für eine Gruppe von Hybriden, die vorwiegend von *Pelargonium inquinans* und *Pelargonium zonale* abstammt. Dies sind buschige, 30 bis 60 cm hohe (einige erreichen auch eine Höhe von 1,2 m) Pflanzen mit dicken Trieben sowie rundlichen grünen, 8 bis 13 cm breiten, leicht runzeligen Blättern. Sie werden auch Zonalpelargonien genannt, da ihre Blätter meist dunkelbraune Zonen aufweisen. Bei einigen Sorten sind diese rot, orange oder sogar cremeweiß gefärbt. Die gemeinsam auf einem 20 bis 25 cm langen Stiel sitzenden und ca. 4 cm breiten Blüten bilden rundliche Dolden und sind weiß-rosa, rot oder violett gefärbt. Sie können einfach oder gefüllt sein und erscheinen durchgehend von Frühjahr bis Herbst. Es gibt zahlreiche Sorten dieser Gruppe: „Apple Blossom Rosebud" zeigt zierliche weiße Blüten mit rötlichen Rändern; „Happy Thought" entwickelt leuchtend grüne Blätter mit cremefarbenen Zentren und roten Blüten; „Mrs. Henry Cox" zeigt sehr auffällige graugrüne Blätter mit gelben und roten Zonen sowie lachsroten Blüten. *Pelargonium peltatum*, auch „Efeu-Pelargonie" genannt, verfügt über hängende Stiele. Sie verdankt ihren Namen den glänzenden, rundlichen, 8 cm breiten und leuchtend grünen Blättern, die jenen des Efeus ähneln. Die Blüten werden ca. 4 cm breit, sind sternförmig und bilden aufrecht stehende Dolden auf langen, dünnen Stielen. *Pelargonium tomentosum* bringt samtige Blätter hervor, die einen aromatischen Duft nach Minze verströmen.

Ein schönes Exemplar von Pelargonium imperiale macrantha

Pellefarn Pellaea

Die Gattung Pellaea besteht aus rund 80 immergrünen und Laub wechselnden Farnarten mit dekorativen Blättern, die sich vor allem für die Bepflanzung von Ampeln und Wandgefäßen eignen.

Pflege: Sobald die Wurzeln von Pellaea den Topf schon ganz ausfüllen, was üblicherweise jedes Jahr der Fall ist, muss die Pflanze im **März** in einen größeren Topf mit Torferde umgepflanzt werden. Dabei sollte man nicht vergessen, zuvor für eine entsprechende Drainageschicht am Boden des Topfes zu sorgen. Bei Blumenampeln empfiehlt es sich, die Wände des Topfes mit Sphagnum (Torfmoos) auszukleiden – nicht mit Kunststofffolie – und den Topf dann mit Torferde zu füllen. Darin wird die Pflanze dann eingetopft und festgedrückt. Im **Frühling** und im **Sommer** benötigt der Pellefarn eine Temperatur von 18 °C. Sollte sie jedoch über 21 °C steigen, so ist die Pflanze regelmäßig mit lauwarmem Wasser zu besprühen und reichlich zu gießen. Die Erde darf nicht austrocknen und es muss darauf geachtet werden, dass sich keine Staunässe bildet. Von Mai bis September ist etwa alle zwei Wochen zu düngen und Pellaea an einen hellen, aber nicht prallsonnigen Platz zu stellen. Farne dieser Gattung wachsen auch über den **Herbst** und im **Winter**, daher muss die Erde auch in dieser Zeit stets leicht feucht sein. Die Pflanze sollte aber nicht mehr besprüht werden und von **September** bis **Mai** entfällt auch das Düngen. Die Idealtemperatur für Pellaea liegt zwischen 13 und 16 °C. Es empfiehlt sich, die Pflanze für einige Stunden an die Sonne zu stellen. Sie verträgt außerdem kalkhaltiges Wasser nicht.

Vermehrung: Im Mai können die Pellaea-Pflanzen vorsichtig **halbiert** und dabei ihre fleischigen Rhizome geteilt werden. Die beiden Hälften kommen nun in separate Töpfe und sind anschließend wie große Pflanzen zu behandeln. Man kann die Wurzelstöcke aber auch in mehrere kleine Stücke teilen, wobei jedes einzelne über Wurzeln und Wedel verfügen muss. Danach wird jeder Teil einzeln in ein Gefäß mit Torferde eingesetzt und dann wie eine reife Pflanze behandelt.

Arten: *Pellaea rotundifolia* (Bild) ist eine buschig wachsende Art mit bogenförmig nach unten hängenden, bis zu 30 cm langen Wedeln. Die kleinen dunkelgrünen Fiederblätter sind fast rund, am Rand fein gezähnt und sitzen wechselständig in Paaren von 10 bis 20 Stück auf dem gemeinsamen Stiel. **Pellaea viridis** entwickelt fiederblättrige Wedel, die das typische Aussehen von Farnwedeln zeigen, sie sind bis zu 45 cm lang, dunkelgrün und stehen auf einem schwarzen Stiel.

Familie
Polypodiaceae
(Farngewächse)

Aussehen
buschiger Farn

Wuchshöhe
25–30 cm

Durchmesser
30–60 cm

Blütezeit
keine

Standort
indirektes Licht

Gießen
reichlich

Pflege
mittelschwer

Peperomie, Zwergpfeffer Peperomia

Familie
Piperaceae
(Pfefferge-
wächse)

Aussehen
buschig

Wuchshöhe
15–30 cm

Durchmesser
20–25 cm

Blütezeit
Juni–Septem-
ber

Standort
indirektes Licht

Gießen
mittelmäßig

Pflege
mittelschwer

Die Gattung Peperomia ist sehr umfangreich und umfasst mehr als 1000 immergrüne, mehrjährige Arten, die sukkulent aufwachsen können. Es handelt sich um kleine, kompakte Pflanzen, die rasch wachsen und relativ leicht zu pflegen sind. Die als Zimmerpflanzen kultivierten Arten, das sind an die hundert Spezies, stammen fast alle aus Südamerika. Sie werden vor allem wegen ihrer schönen Blätter und ihrer charakteristischen aufrechten Blütenstände geschätzt.

Peperomia
caperata „Liliam"

Pflege: Peperomia wird am besten im **März** oder **April** in eine Erde auf Torfbasis umgetopft. Bei Jungpflanzen wird dabei die Topfgröße jährlich gesteigert, bis die Endgröße von 10 bis 13 cm Durchmesser erreicht ist. Man sollte dabei nicht vergessen, zuvor einige Tonscherben in den Topf zu geben, damit das Gießwasser gut abrinnen kann. Im **Frühling** und im **Sommer** benötigt die Pflanze Raumtemperaturen von 18 bis 24 °C und einen hellen, nicht allzu sonnigen Standort. Es empfiehlt sich, den Topf zur Erhöhung der Luftfeuchtigkeit auf einen mit nassem Kies gefüllten Untersetzer zu stellen. Peperomia benötigt nur mäßig Wasser, wobei die Erde zwischen zwei Wassergaben einige Zeit austrocknen sollte. Die Blätter sind regelmäßig zu besprühen. Zwischen Mai und September ist dem Gießwasser alle drei Wochen Flüssigdünger beizumengen, und zwar etwa die Hälfte der empfohlenen Menge. Im **Herbst** und im **Winter** liegt die Idealtemperatur für Peperomia bei 16 °C, darf aber nie unter 13 °C fallen. Der Standort muss hell sein, darf aber nicht direkt in der Sonne liegen. Es ist weiterhin regelmäßig zu sprühen, aber nur sehr wenig zu gießen und die Pflanze muss außerdem vor Zugluft geschützt stehen.

Peperomia ist eine kompakte Pflanze mit fleischigen und leuchtend grünen Blättern.
Rechts: Peperomia obtusifolia

Vermehrung: Im Frühling oder zu Sommerbeginn erfolgt die Vermehrung von Peperomia mittels **Stecklingen**. Dazu eignen sind entweder gesunde Blätter oder 5 bis 8 cm lange Kopfstecklinge mit ein bis zwei Blättern. Die Schnittfläche ist außerdem mit Hormonpulver zu behandeln, ehe der Steckling in eine Mischung aus Torf und Sand gesteckt wird. Die Erde muss anschließend immer feucht gehalten werden und die Temperatur sollte bei 18 bis 21 °C liegen. Die Stecklinge dürfen nicht im hellen Licht stehen. Nach rund sechs Wochen ist die Wurzelbildung abgeschlossen und man kann die Pflänzchen dann eintopfen.

Peperomia mag-
noliaefolia *zählt
zu den bekann-
testen Arten und
zeigt im Alter
hängenden
Wuchs.*

Gefahren und Vorsichtsmaßnahmen: Bei Peperomia ist unbedingt darauf zu achten, dass sie während der kalten Monate nicht zu viel gegossen wird. Die Blätter fallen sonst ab und die Wurzeln beginnen zu faulen. Auch richtige Lichtverhältnisse spielen eine wesentliche Rolle. Steht die Pflanze zu sehr im Schatten, so verlieren die Blätter leicht ihre Färbung. An einem zu sonnigen Standort „verbrennen" sie hingegen. Wollläuse müssen sofort mit einem in denaturierten Alkohol getauchten Pinsel entfernt werden. Zu trockene Luft begünstigt den Befall der Pflanze durch die Rote Spinne. In diesem Fall ist ein spezielles milbentötendes Mittel anzuwenden.

Arten und Sorten: *Peperomia caperata* stammt aus Brasilien, wächst buschig und kompakt und wird bis zu 25 cm groß. Sie zeigt herzförmige, stark gefurchte, ca. 4 cm lange Blätter mit leuchtend dunkelgrüner Färbung. Zwischen April und Dezember bilden sich 13 bis 15 cm lange weiße Blütenähren. *Peperomia griseoargentea* (syn. *Peperomia hederifolia*) entwickelt tief gefurchte graugrüne Blätter mit einem silb-rigen Schimmer. Im Sommer entwickeln sich auf 20 bis 25 cm langen rötlichen Stielen grauweiße Blütenähren. *Peperomia magnoliaefolia* gehört zu den am weitesten verbreiteten Peperomia-Arten. Sie entwickelt sich vorerst zu einem robusten, bis zu 30 cm hohen Busch und bildet dann hängende Triebe. Die großen, fleischigen, fla-chen und glatten Blätter leuchten intensiv grün. Als Zimmerpflanze blüht diese Art nur selten. Die anfänglich cremefarbenen Blätter der sehr beliebten Sorte „Varie-gata" verfärben sich später im Zentrum grün. Auch die Triebe wechseln ihre Farbe, wobei sie zuerst rot sind, dann grün mit roten Flecken. „Green and Gold" besitzt größere Blätter mit cremefarbenen Rändern. *Peperomia obtusifolia* ist eine stark verzweigte Pflanze, die bis zu 30 cm groß wird und ovale, große, fleischige sowie leicht gewölbte, violettgrüne Blätter mit lila Rand und einer etwas helleren Unter-seite aufweist. Sie bildet von Juni bis September zahlreiche Ährenblütenstände mit ca. 5 cm großen weißen Blüten. *Peperomia sandersii* ist eine der attraktivsten Arten, deren Durchmesser und Wuchshöhen von 15 bis 25 cm reichen, ihre schmucken, bläulich grünen Blätter verfügen über einen roten Blattstiel und sind oval, dick, flach und glänzend sowie von silbrigen Streifen durchzogen. Die Blütezeit der wei-ßen, 8 bis 10 cm langen Blütenähren dauert von Juni bis September. *Peperomia scandens* eignet sich sowohl als Kletter- als auch als Kriechpflanze. Die Triebe wer-den 1,2 bis 1,5 m lang, ihre herzförmigen Blätter sind leicht zugespitzt, 5 cm lang und sitzen auf rötlichen Stielen. Üblicherweise entwickelt die Pflanze leuchtend grüne Blätter. Es gibt aber auch zahlreiche Sorten mit gefleckten Blättern.

Schmetterlingsorchidee Phalaenopsis

Familie Orchidaceae (Orchideen- gewächse)	
Aussehen epiphytisch	
Wuchshöhe 40–80 cm	
Durchmesser 10–30 cm	
Blütezeit verschieden	
Standort hell	
Gießen mittelmäßig	
Pflege leicht	

Zur Gattung Phalaenopsis gehören ca. 40 Arten. Der Name stammt aus dem Grie-chischen: „*phalaina*" heißt Nachtfalter und „*opsis*" ist das Aussehen. Die Blüten sehen also wie tropische Nachtfalter aus, sind oft groß und farbenprächtig, je nach Art unterschiedlich und besitzen eine dreilappige Lippe.

Pflege: Die Pflanzen sind ab **März** bei einer relativen Luftfeuchtigkeit von 70 bis 80 % schattig zu halten. Ab **Ende Oktober** brauchen sie allerdings dann wesentlich mehr Licht. Um die Blüte besonders bei Hybriden zu fördern, hält man die Pflanzen 3 bis 4 Wochen bei ca. 12 °C und trocken. Im **Sommer** stets mäßig feucht, nach der Blüte jedoch trockener halten; nur mit abgestandenem Wasser gießen und die Blätter nicht mit kalkhaltigem Wasser besprühen, um Flecken zu vermeiden. Im **Sommer** alle 2 Wochen mit einer 0,2%igen Lösung eines speziellen Orchideendüngers gießen. Beim Umtopfen dient als Substrat eine Mischung aus Osmunda, Sphagnum und Holzkohlestückchen oder auch Osmunda, Sphagnum, Weißtorf und Styromull. Die Orchideen können in Kunststoffgefäße getopft werden, die mit großen Abzugslö-chern, aber ohne weitere Drainage zu versehen sind. Umgetopft wird möglichst alle 2 Jahre im **Mai**. Phalaenopsis kann auch an Epiphytenstämmen befestigt oder in Holzkörbchen oder Schalen kultiviert werden.

Vermehrung: Phalaenopsis neigt dazu, aus den unteren Augen des Blütenstieles Adventivknospen zu bilden. Aus ihnen entwickeln sich später neue Pflanzen, so-genannte „Keikis". Sie können, sobald sie Wurzeln gebildet haben, abgenommen und eingetopft werden. Die **Aussaat** erfolgt auf Nährböden unter keimfreien Bedin-gungen. Von der Befruchtung bis zur Ernte der dann noch nicht ganz reifen Samen-kapsel vergehen etwa 3 bis 4 Monate. Die Keimdauer beträgt gewöhnlich 2 bis 3 Wochen, nach 4 Wochen sind die Keime dann deutlich sichtbar. Die Vermehrung ist ganzjährig möglich.

Gefahren und Vorsichtsmaßnahmen: An Schädlingen treten vor allem Blattläuse auf, bei zu trockenem Stand leicht Spinnmilben, Schnecken und manchmal auch Asseln. Diese befallen hauptsächlich die Wurzeln.

Arten und Sorten: *Phalaenopsis amabilis:* Blüten von 10 cm Durchmesser, weiß, auf der Lippe gelbliche und rote Streifen; Blüte von Oktober bis Januar. *Phalaenopsis aphrodite*: Blüten von 10 cm Durchmesser, weiß, auf der Lippe gelbliche und rote

Streifen. Blütezeit: von November bis Mai. *Phalaenopsis cornu-cervi:* Verzweigter bis 25 cm langer Blütenstand. An ihm erblühen über mehrere Jahre in unregelmäßigen Abständen die gelben bis gelbgrünen und rotbraun gefleckten Blüten, die einen Durchmesser von 2 bis 4 cm haben. Die Hauptblüte ist in der Zeit von April bis Oktober. *Phalaenopsis equestris:* Halb aufrechter bis aufrechter Blütenstand. Die Blüten haben einen Durchmesser bis zu 3 cm, sind zartrosa und rotbraun bis karminviolett gepunktet. Blütezeit: Mai bis Oktober. *Phalaenopsis esmeralda:* Unverzweigte Blütenstiele mit etwa 10 bis 15 Blüten von 4 cm Durchmesser, von lila bis weiß gefärbt, die Lippe ist dunkler; Blüte von August bis November. *Phalaenopsis hieroglyphica:* Die Blüten haben einen Durchmesser von 3 bis 5 cm, sind bräunlich gelb, haben ein bräunliches hieroglyphenartiges Muster und sind sehr langlebig. Ihre Blütezeit erstreckt sich von April bis September. *Phalaenopsis lueddemanniana:* Im Sommer erscheinen duftende, rundliche, 5 cm breite, wachsweiße Blüten mit bräunlichen und purpurnen Streifen und rosa bis purpurnen Lippen. Die Blüten öffnen sich nacheinander an kurzen, bis 15 cm langen, einfachen oder verzweigten Trauben. Blütezeit ist von April bis Oktober. *Phalaenopsis mannii:* Die gelbgrünen Blüten sind stark rotbraun gefleckt und haben einen Durchmesser von 3 bis 5 cm. Die Blütezeit reicht von März bis September. *Phalaenopsis marine:* Die weißen Blüten haben einen Durchmesser von 4 cm und sind rotbraun gefleckt. Blütezeit: Juni bis September. *Phalaenopsis sanderiana:* Bis zu 90 cm langer Blütenstand. Die Blüten sind rosa bis karminfarben und haben bis zu 10 cm Durchmesser. Ihre Blütezeit erstreckt sich von Dezember bis Juli. *Phalaenopsis schilleriana:* Die zart- bis lilarosa Blüten haben eine karminbraune Zeichnung. Hauptblütezeit ist von Dezember bis März.

Baumfreund, Philodendron Philodendron

Familie
Araceae
(Aronstab-
gewächse)

Aussehen
kletternd

Wuchshöhe
180 cm

Durchmesser
30–40 cm

Blütezeit
ganzjährig
(selten im Topf)

Standort
indirektes Licht

Gießen
reichlich

Pflege
leicht

Die über 500 Arten der Gattung Philodendron sind Pflanzen mit auffallend schönen Blättern. Sie wachsen sowohl in Form kleiner Bäume als auch strauchförmig und unter ihnen finden sich auch prächtige Kletterpflanzen, die Luftwurzeln entwickeln. Sie stammen überwiegend aus den Wäldern Südamerikas und erreichen dort beträchtliche Höhen, während sie als Topf-pflanze nicht höher als 1,8 m werden. Wegen der Schönheit und dekorativen Wirkung ihrer Blätter werden Philodendron-Arten häufig als Zimmerpflanzen kultiviert. Besonders geeignet ist dabei *Philodendron scandens*, eine äußerst anspruchslose Art, die sich hervorragend an fast jede Umgebung anpasst. Es handelt sich dabei um eine Kletterpflanze mit langen, schlanken Trieben und kleinen, glänzenden, spitz zulaufenden Blättern.

Pflege: Im **Frühling** sind die Philodendron-Exemplare umzutopfen, die für ihren Topf schon zu groß geworden sind, anderenfalls genügt es, einmal im Jahr die obersten 5 cm der Topferde auszutauschen. Dazu verwendet man eine gut drainierende Blumenerde, die aus gleichen Teilen Ton, Torf, grobem Sand und zur Hälfte aus gut kompostiertem Laubhumus besteht. Die Kletterarten von Philodendron benötigen eine mit Moos verkleidete Stütze, an der sich die Luftwurzeln leicht festhalten und sich mit der nötigen Nahrung und Feuchtigkeit versorgen können. Durch regelmäßiges Zurückschneiden der Triebenden fördert man das buschige Aussehen von *Philodendron scandens*. Im **Frühling** und im **Sommer** bevorzugt Philodendron einen hellen, aber nicht prallsonnigen Standort sowie Temperaturen von 21 bis 24 °C. Von April bis Oktober ist regelmäßig zu gießen, wobei sich niemals Staunässe bilden darf. Es empfiehlt sich zusätzlich, alle zwei Wochen mit Flüssigdünger zu dün-gen. Darüber hinaus sind die Blätter mit lauwarmem Wasser zu besprühen und die Pflanzen auf Untersetzer mit feuchtem Kies zu stellen. Im **Herbst** und im **Winter** bevorzugt Philodendron eine Temperatur von 16 bis 18 °C, wobei sie nicht unter 13 °C sinken darf. Die Pflanze benö-tigt viel Licht, verträgt jedoch keine direkte Sonneneinstrahlung. Es ge-nügt jetzt, mäßig zu gießen, sodass die Erde stets leicht feucht bleibt. Bei Kletterpflanzen sind sowohl die Blätter als auch das Moos der Stütze gelegentlich zu besprühen.

Die Arten der Gattung Philodendron, rechts die häufigste Art Philodendron scandens, *stammen aus den Wäldern Südamerikas.*

Vermehrung: Zur Vermehrung von Philodendron werden im April oder Mai **Stecklinge** knapp unterhalb eines Blattknotens abgeschnitten. Anschließend wird die Schnittfläche mit Bewurzelungshormon behandelt. Danach kommen die Stecklinge in Töpfe mit gewöhnlicher, mit etwas Sand vermischter Erde und zuletzt in einen Vermehrungskasten. Die Erde muss nun feucht gehalten werden und die Stecklinge müssen bei ca. 24 °C an einem schattigen Ort stehen. Zeigt sich neues Wachstum, so nimmt man die Töpfe aus dem Kasten und hält sie noch zwei Wochen lang bei konstanter Temperatur. Danach werden die nun bewurzelten Stecklinge in Einzeltöpfe umgesetzt.

Gefahren und Vorsichtsmaßnahmen: Philodendron reagiert vor allem im Sommer empfindlich auf Fehler beim Gießen. Bleibt die Erde allzu lange trocken, so verwelken die Blätter und die Pflanze wächst nicht mehr. In diesem Fall muss solange etwas mehr gegossen werden, bis sich die Pflanze wieder erholt hat. Jedoch auch zu viel Wasser ist schädlich. Die Blätter verlieren dann ihre Farbe und die Wurzeln beginnen anschließend zu faulen. Hier helfen etwas höhere Temperaturen und weniger Wasser, wobei die Erde zuvor einmal austrocknen muss. Bei Temperaturen unter 13 °C beginnen die Blätter von Philodendron zu verwelken, unter 10 bis 12 °C geht die Pflanze ein. Der häufigste Schädling an dieser Pflanze ist die Schildlaus, man bekämpft sie mit einem geeigneten Insektizid.

Arten und Sorten: *Philodendron andreanum* (syn. *Philodendron melanochrysum*) stammt aus Kolumbien und ist eine sehr hübsche Kletterpflanze. Sie wächst zwar langsam, gedeiht bei sorgfältiger Pflege jedoch prächtig und erreicht dann eine Höhe von 1,8 m, wobei sie eine mit Moos verkleidete Stütze benötigt. Ihre Blätter sind rund 60 cm lang, samtig dunkelgrün gefärbt und mit hellgrünen Adern versehen.

Die Gattung Philodendron umfasst auch Arten, die als kleine Bäume und Sträucher wachsen und die durch ihre herzförmigen oder tief eingeschnittenen und gekräuselten Blätter gekennzeichnet sind.

Die Blattunterseite ist violett gefärbt. *Philodendron bipinnatifidum* zählt nicht zu den Kletterpflanzen und eignet sich hervorragend als aufrecht wachsende Topfpflanze, wobei ihre breiten Blätter eine Rosette bilden. Im Jugendstadium sind die Blätter noch herzförmig und an den Rändern nur leicht eingekerbt, später entwickeln sie aber tiefe Einschnitte bis zur Mittelader und erwecken dann den Anschein eines aus mehreren Blättern zusammengesetzten Blattes. *Philodendron erubescens* stammt aus Kolumbien und ist eine üppige Kletterpflanze. Bei einer entsprechenden Kletterhilfe kann diese Art bis zu 1,8 m hoch werden. Sie entwickeln 20 bis 30 cm große, pfeilförmige Blätter mit langen violetten Stielen. Anfänglich sind sie rosafarben, erst später nehmen sie dann ihre glänzend dunkelgrüne Farbe mit dem kupferroten Schimmer an. Die anfänglich kupferroten Blätter der Sorte ,,Burgundy`` verfärben sich im Laufe von Wochen olivgrün, ihre Unterseite bleibt dunkelrot. *Philodendron hastatum* (syn. *Philodendron domesticum*) ist eine üppig wachsende Kletterpflanze, die über 1,5 m groß wird. Ihre grünen, stark glänzenden Blätter sind herzförmig, laufen spitz zu und sitzen auf dicken, fleischigen Stielen. Von dieser Art gibt es auch eine Sorte mit gelb- oder cremefarben gefleckten Blättern. Sie stammt aus Panama. *Philodendron scandens* ist die beliebteste Art. Sie kann eine Wuchshöhe von 1,8 m erreichen und entwickelt lange, schlanke Triebe, die unbedingt eine mit Moos umkleidete Stütze benötigen, man kann sie aber auch als Ampelpflanze einsetzen. Ihre herzförmigen Blätter sind 10 cm lang, 8 cm breit und laufen in einer dünnen Spitze aus. Erst im Alter verfärben sich die im Jugendstadium kupferroten und fast durchscheinenden Blätter dunkelgrün. *Philodendron selloum* stammt aus Brasilien und ähnelt *Philodendron bipinnatifidum*, besonders junge Exemplare werden daher häufig verwechselt. Die 30 bis 40 cm langen und 30 cm breiten Blätter

dieser Art entspringen einem kurzen Stamm und stehen auf leicht gekrümmten Stielen. Sie sind tief gelappt und mit leicht gekräuselten Rändern versehen. *Philodendron wendlandii* ist eine schöne, nicht kletternde Art aus Costa Rica. Sie entwickelt eine buschige Rosette aus ovalen, glänzend grünen, rund 30 cm langen Blättern mit einer dicken Mittelrippe und rund 15 cm langen Stielen.

Die kletternden Philodendron-Arten benötigen eine mit Moos umkleidete Stütze, an der die Luftwurzeln Halt finden.

Steckenpalme Rhapis excelsa

Zur Gattung Rhapis gehören etwa zwölf Palmen, die von Südchina bis Thailand verbreitet sind, bambusähnliche Stämme haben und niedrige Horste bilden. Rhapis excelsa ist eine mehrstämmig, langsam wachsende Steckenpalme, die aus Südchina stammt. Sie kann eine Höhe von bis zu 5 m erreichen, wobei die Verkaufsgröße meist zwischen 80 und 150 cm liegt. Die Mehrstämmigkeit erweckt den Anschein einer kleinen Palmengruppe. Ein Schirmblatt besteht zumeist aus fünf bis acht Segmenten und ist kräftig grün gefärbt. Die jungen Blätter sind zunächst hellgrün und dunkeln nach einiger Zeit nach. Zwischen den Blattwedeln erscheinen im Sommer winzige cremeweiße Blüten.

Pflege: Die Steckenpalme liebt einen hellen bis halbschattigen Standort ohne direkte Sonne. Sie wird an ihrem natürlichen Lebensraum nämlich von größeren Pflanzen vor direkter Sonne geschützt. Bei anhaltend direkter Sonneneinstrahlung können die Blätter rasch gelb werden. Im **Sommer** kann man die Pflanze auch an eine geschützte Stelle ohne Zugluft ins Freie stellen. Rhapis liebt eher kühlere Temperaturen und fühlt sich bei 15 bis 20 °C am wohlsten. Die Überwinterung kann problemlos im Wohnraum erfolgen, wobei die ideale Temperatur im **Winter** 8 bis 20 °C beträgt. Das Substrat sollte durchlässig und leicht sauer sein. Der Wasserbedarf ist mittel, allerdings sind die Wurzeln dieser Palme nicht so empfindlich gegen Staunässe wie die anderer Palmen. Das Wasser darf nicht zu kalkhaltig sein. Im Winter wird nur sparsam gegossen, im **Sommer** reichlicher. Rhapis excelsa liebt es, öfter mit kalkarmem Wasser übersprüht zu werden. Im **Sommer** wird jede Woche schwach gedüngt, bei Bedarf wird die Pflanze umgetopft.

Vermehrung: Die Vermehrung kann sowohl durch **Aussaat** als auch durch das **Abtrennen** von Ausläufertrieben erfolgen.

Sonstiges: Rhapis excelsa ist eine ideale Zimmerpflanze. Wird sie als Kübelpflanze kultiviert, hält sie zwar kurzen, leichten Frost aus, muss aber dann möglichst schnell ins Haus gebracht werden. Sie erträgt relativ tiefe Temperaturen und kann, falls im Zimmer kein Platz ist, bei 5 bis 10 °C überwintert werden. Vorsicht: Wird Rhapis excelsa aus dem Winterquartier gebracht, muss sie langsam abgehärtet werden,

Familie	Palmae (Palmengewächse)
Aussehen	aufstrebender Wuchs
Wuchshöhe	80–200 cm
Durchmesser	40–100 cm
Blütezeit	keine
Standort	hell
Gießen	mittelmäßig
Pflege	mittelschwer

da es sonst leicht zu einem Sonnenbrand kommen kann. Bei zu trockener Heizungs-
luft kommt es zu braunen Blattspitzen. Ansonsten ist diese Pflanze sehr anspruchslos und leicht zu halten.

Arten und Sorten: *Rhapis humilis* ist die kleine Schwester der Rhapis excelsa. Sie
verträgt keinen Frost, mag aber ebenfalls eher kühleres Klima. Sie wird bis zu 1 m
hoch, die Fiederblättchen sind zierlicher und zahlreicher.

Osterkaktus Rhipsalidopsis

Die zu den Kakteen zählende Gattung Rhipsalidopsis stammt aus den Regenwäldern Südamerikas und zählt zu den epiphytisch wachsenden Pflanzen, d. h. sie wachsen nicht am Boden, sondern als Überpflanzen auf den Ästen von Bäumen. Im Frühling bilden sich auffallende, lebhaft rot gefärbte Blüten, die aber nur zwei bis drei Tage halten, wobei die gesamte Blütezeit einige Wochen andauert. Dieser Kaktus eignet sich besonders gut als Ampelpflanze, da ihre aus zahlreichen kleinen, leuchtend dunkelgrünen und flachen Gliedern bestehenden Stämme zuerst aufrecht und dann nach unten hängend wachsen.

Pflege: Im **Frühling** empfiehlt es sich, Rhipsalidopsis zwei bis drei Wochen lang nur wenig zu gießen und nach der Blüte mit dem Düngen aufzuhören. Zu Beginn des **Sommers** muss die Pflanze dann umgetopft werden, wobei man den Ballen aus dem Topf zieht und dann die Erde vorsichtig entfernt. Anschließend wird sie in frische Kakteenerde eingesetzt. Zu klein gewordene Töpfe sind dabei durch größere auszutauschen. Ampelgefäße sollten zuvor mit Sphagnum ausgekleidet werden, ehe die Kakteenerde hineinkommt. In einen Korb mit einem Durchmesser von 25 cm passen etwa drei Exemplare. Die Pflanze benötigt nun einen hellen Standort und Temperaturen von ca. 18 °C. Bei höheren Temperaturen empfiehlt es sich, sie an einen sonnengeschützten Ort im Freien zu stellen, wo sie bis zum Einbruch der ersten Kälte verbleiben kann. In dieser Zeit ist mäßig, aber regelmäßig zu gießen und dem Gießwasser ab und zu etwas Flüssigdünger beizumengen, und zwar die Hälfte der angegebenen Dosis. Falls die Pflanze im Haus bleibt, sind ihre grünen Teile vor allem bei höheren Temperaturen regelmäßig zu besprühen. Im **Herbst** und im **Winter** liegt die Idealtemperatur für Rhipsalidopsis bei 13 bis 16 °C. Man braucht nun nur noch so viel zu gießen, dass die Erde stets leicht feucht bleibt. Die Pflanze verträgt keine direkte Sonne. Sobald sich die ersten Blütenknospen bilden, muss wieder mehr gegossen werden.

Vermehrung: Die Aussaat von Rhipsalidopsis-**Samen** erfolgt im Dezember oder Januar auf feuchte Kakteenerde. Anschließend kommen die Saatgefäße in eine Treibkiste und sind dann vor Licht geschützt bei 21 bis 24 °C aufzustellen. Nach der Keimung wird der Deckel abgenommen und die Kiste an indirektes Licht gestellt. Sind die Pflänzchen groß genug, so können sie pikiert und dann wie große Pflanzen behandelt werden. Zur Vermehrung eignen sich aber auch Sprossglieder, die nach der Ruhezeit zu Sommerbeginn paarig als **Stecklinge** abgeschnitten werden. Sollten sie bereits über Wurzeln verfügen, so werden sie senkrecht in übliches Substrat eingesetzt. Dann lässt man die Schnittstellen zwei bis drei Tage trocknen und legt die Stecklinge zur Bewurzelung waagrecht auf die Erde.

Gefahren und Vorsichtsmaßnahmen: Der gefährlichste Schädling des Osterkaktus ist die Wolllaus, die sowohl die grünen Teile der Pflanze als auch deren Wurzeln befällt. Wollläuse müssen mit einem in denaturierten Alkohol eingetauchten Pinsel entfernt werden. Sollte auch ein Befall der Wurzeln vorliegen, so sind diese samt dem Topf für ein oder zwei Stunden in eine Lösung mit systemischem Insektizid einzutauchen. Auch Blatt- und Schildläuse können die Stämme und Wurzeln von Rhipsalidopsis angreifen, wobei in diesem Fall die Erde ebenfalls mit einem verdünnten systemischen Insektizid zu behandeln ist.

Arten: *Rhipsalidopsis gaertneri* (syn. *Hatiora gaertneri*) stammt aus Südbrasilien und besitzt bis zu 30 cm lange, hängende Sprosse, die aus 4 bis 5 cm langen, fleischigen, leicht gezähnten Gliedern bestehen. Mit Frühlingsbeginn bilden sich für mehrere Wochen zahlreiche intensiv rote Blüten.

Familie	Cactaceae (Kakteen)
Aussehen	buschig, hängend
Wuchshöhe	30 cm
Durchmesser	30–50 cm
Blütezeit	Frühling
Standort	indirektes Licht
Gießen	selten
Pflege	leicht

Die hängenden, fleischigen Sprosse von Rhipsalidopsis gaertneri *bilden im Frühling lebhaft rote Blüten.*

Rhododendron, Alpenrose Rhododendron

Familie
Ericaceae
(Heidekraut-
gewächse)

Aussehen
buschiger
Strauch

Wuchshöhe
50 cm

Durchmesser
50 cm

Blütezeit
April–Mai

Standort
Halbschatten

Gießen
mittelmäßig

Pflege
leicht

Die Gattung Rhododendron umfasst Hunderte von Arten, darunter klassische Gartenpflanzen sowie die als Topfpflanze kultivierten Azaleen. Bei Azaleen handelt es sich um immergrüne, robuste Sträucher, die im Frühling prächtig blühen, aber durch gärtnerische Kunstgriffe häufig dazu gebracht werden, schon im Winter, gegen Weihnachten, Knospen anzusetzen. Die Blüten scheinen gekräuselt, sind einfach oder gefüllt und bilden endständige, lebhaft oder zart gefärbte Dolden.

Pflege: Mitte Frühling, nach Beendigung der Blütezeit, sollten noch verbliebene Blüten entfernt und zu lange Triebe unmittelbar über einer gesunden Knospe oder einem kleinen Blattkranz abgeschnitten werden, wobei der Rückschnitt jedoch nur mäßig ausfallen darf. Die Pflanze benötigt zum Umtopfen Torferde oder eine Mischung aus gleichen Teilen Torf, grobem Sand, Laubhumus und kalkarmer Gartenerde. Da das Gießwasser für Azaleen keinen Kalk enthalten darf, ist möglichst mit Regenwasser zu gießen. Die Azalee bevorzugt einen leicht schattigen Standort und sollte, wenn möglich, den Sommer über in den Garten gestellt werden. Dabei empfiehlt es sich, den Topf im Boden zu versenken. Danach ist darauf zu achten, dass die Erde stets sehr feucht bleibt und die Pflanze zweimal täglich besprüht wird. Ab September und Oktober stellt man die Azalee wieder ins Haus, und zwar an einen kühlen, hellen Ort, geschützt vor direkter Sonneneinstrahlung und bei einer Temperatur von höchstens 15 °C. Sie bevorzugt auch hier feuchte, aber nicht vernässte Erde sowie ausreichend Frischluft. Bei steigenden Temperaturen empfiehlt es sich, die Pflanze einmal täglich mit kalkarmem Wasser zu besprühen, bis sich die Blütenknospen zu verfärben beginnen. Während der Blütezeit ist dann alle zwei Wochen zu düngen.

Vermehrung: Im Spätsommer können zur Vermehrung 5 bis 8 cm lange, noch nicht verholzte **Stecklinge** von Rhododendron abgeschnitten werden, wobei an der Schnittstelle noch ein Stück Rinde des Stammes verbleiben sollte. Anschließend wird die Schnittfläche mit Bewurzelungshormon behandelt und die Stecklinge werden dann in einen Aufzuchtkasten gesetzt, der mit einer Mischung aus drei Teilen Sand und einem Teil Torf gefüllt ist. Die Erde muss nun feucht und bei einer konstanten Temperatur von ca. 16 °C gehalten werden. Nach drei bis sechs Wochen haben sich die Wurzeln gebildet. Die Methode der **Aussaat** empfiehlt sich für Azaleen nur bedingt, da sie viel Zeit erfordert und sich nur für botanische Arten, nicht aber für Gartenhybriden eignet. Dabei sät man die **Samen** im März auf eine leicht feuchte Mischung aus Torf und Sand aus, wobei die Keimungstemperatur anschließend bei 15 °C liegen muss.

Rhododendron simsii *eignet sich bestens als Topfpflanze.*

Gefahren und Vorsichtsmaßnahmen: Bei zu hohen Temperaturen oder Wassermangel verwelken die Blätter und die Blütenknospen verfärben sich braun. In diesem Fall empfiehlt es sich, den Topf etwa 20 Minuten lang in lauwarmes, kalkarmes Wasser zu stellen. Kalte Zugluft oder zu nasse Erde bewirken hingegen, dass die Blütenknospen geschlossen bleiben oder sich überhaupt keine Blüten entwickeln. In diesem Fall muss die Pflanze an einen geschützten Ort gestellt und nur mehr mäßig gegossen werden. Einer der häufigsten und gefährlichsten Feinde von Azaleen ist der Dickmaulrüssler, der an den Blatträndern typische halbkreisförmige Fraßspuren hinterlässt. Da dieser Käfer ausschließlich während der Nachtstunden aktiv wird, empfiehlt es sich, die Erde rund um den Topf mit einem Tuch zu bedecken und die Pflanze während der Nacht zu schütteln. Die Schädlinge fallen dann herunter und können samt Tuch eingesammelt werden. Man kann aber auch ein spezifisches Insektizid anwenden.

Ein prächtiges Exemplar einer Azalee mit rosa Blüten

Arten: Die Gattung Rhododendron wird in zwei große Gruppen unterteilt: in groß wachsende Sträucher, die als Rhododendron bezeichnet und im Garten kultiviert werden, sowie in immergrüne Zwergsträucher mit kleinen Blättern, die im Allgemeinen als Azaleen bekannt sind und sich auch im Topf kultivieren lassen. Vor allem von den Japanern wurden im Laufe der Jahrhunderte zahlreiche immergrüne Zwergazaleen herangezüchtet, wobei *Rhododendron kiusianum* und *Rhododendron kaempferi* sowie deren Hybriden als Ausgangsbasis dienten. Von den Laub abwerfenden Azaleen-Arten sind die Hybriden besonders bekannt, die aus einer Kreuzung von belgischen Azaleen mit *Rhododendron luteum* und einigen amerikanischen Arten hervorgegangen sind.

Die roten Blüten von Rhododendron ferrugineum

Kapwein, Sumachwein Rhoicissus

Familie Vitaceae (Weinreben- gewächse)	
Aussehen kletternd, herabhängend	
Wuchshöhe 60–100 cm	
Durchmesser 30–60 cm	
Blütezeit Frühjahr (nie im Topf)	
Standort indirektes Licht	
Gießen mittelmäßig	
Pflege leicht	

Die Gattung Rhoicissus umfasst immergrüne Bäume sowie Kletter- und Hängepflanzen, die in den Wäldern Südafrikas und in den Tropen Afrikas wild wachsend vorkommen. Als Zimmerpflanze wird nur die Art *Rhoicissus capensis* kultiviert, eine Kletterpflanze, die einigen Arten der Gattung Cissus ähnelt, mit denen sie auch eng verwandt ist. Durch seinen hängenden Wuchs eignet sich der Kapwein vor allem als Ampelpflanze, wo seine hängenden Triebe mit den grünen, glänzenden Blättern voll zur Geltung kommen. Er lässt sich aber auch als Kletterpflanze kultivieren, wobei sich seine Triebe dann an einem Klettergerüst emporranken müssen.

Pflege: Der Kapwein benötigt gute Blumenerde, die aus einer Mischung aus Humuserde, Torf und etwas Sand bestehen sollte. Damit das Wasser gut abrinnen kann, ist zuvor eine Schicht von Tonscherben oder Blähton auf den Boden des Topfes zu legen. Während der Wachstumsphase genügt es, Rhoicissus mäßig zu gießen und das Substrat stets leicht feucht zu halten, wobei sich jedoch keine Staunässe bilden darf. Darüber hinaus ist die Pflanze vom **Frühling** bis zum **Sommer** monatlich zu düngen. Im **Winter** benötigt Rhoicissus nur noch wenig Wasser und bevorzugt einen hellen, vor der Sonne geschützten Standort. Im **Sommer** kann man ihn hingegen ins Freie stellen, sofern man dort über einen halbschattigen Platz verfügt. Im **Herbst** muss die Pflanze wieder ins Haus zurückgebracht werden, weil sie Temperaturen unter 7 °C nicht verträgt. Wenn die Pflanze schon recht alt geworden ist oder unregelmäßig wächst, empfiehlt sich ein radikaler Rückschnitt. Man kann aber auch neue Pflänzchen heranziehen und die alte Pflanze dadurch ersetzen. Rhoicissus eignet sich sehr gut zur Haltung in Hydrokultur.

Vermehrung: Zur Vermehrung können von Rhoicissus im Frühling oder Sommer von den noch nicht verholzten Trieben **Stecklinge** abgeschnitten werden. Nach dem Abschneiden entfernt man vorerst die untersten Blätter und steckt die Stecklinge dann zur Bewurzelung in eine Mischung aus Sand und Torf. Die Töpfe kommen dann an einen schattigen Ort, wobei das Substrat stets feucht bleiben muss. Durch ihren hängenden und kriechenden Wuchs eignet sich diese Art auch für die Vermehrungsmethode des Absenkens.

Außer als Hängepflanze lässt sich Rhoicissus *„Ellen Danica" auch als Kletterpflanze kultivieren.*

Gefahren und Vorsichtsmaßnahmen: Bei zu trockener Luft zeigt sich Kapwein sehr anfällig gegenüber der Roten Spinne. Dem kann man vorbeugen, indem die Blätter regelmäßig besprüht und die Pflanze auf ein Wasser-Kies-Bett gestellt wird. Von den Pilzerkrankungen stellt der Mehltau die größte Gefahr für Rhoicissus dar. In diesem Fall müssen zuerst die befallenen Blätter entfernt werden. Die Pflanze wird dann mit einem entsprechenden Mittel behandelt.

Arten: Innerhalb der artenreichen Gattung Rhoicissus lässt sich nur *Rhoicissus capensis* als Zimmerpflanze kultivieren. Es handelt sich dabei um eine kräftige Kletterpflanze aus Südafrika, die über Wurzelknollen und lange, belaubte Sprosse verfügt. Die Blätter sind 10 bis 20 cm lang, ledrig, glänzend dunkelgrün, rundlich oder nierenförmig und weisen wellig gezähnte Ränder auf. Den Blättern gegenüberliegend entwickeln sich Ranken mit typischen gabelförmigen Enden, mit denen sich die Pflanze am Rankgerüst festklammern kann. Im Haus kultivierte Exemplare bilden weder Blüten noch Früchte aus.

Usambaraveilchen, Saintpaulie Saintpaulia

Das Usambaraveilchen gehört zu einer Gattung, die ein Dutzend immergrüner, mehrjähriger Arten umfasst, welche alle aus Zentralafrika stammen. Saintpaulia zählen zu den ergiebigsten Zimmerpflanzen, weil sie das ganze Jahr über zahlreiche lebhaft gefärbte Blüten bilden.

Pflege: Im **Frühling** ist Saintpaulia umzutopfen, falls die Wurzeln den Topf ganz ausfüllen. Dazu eignet sich ein nicht kalkhaltiges Substrat auf Torfbasis. Die großen und etwas herabhängenden Sorten eignen sich vor allem als Ampelpflanzen. Im **Frühling** und im **Sommer** benötigen Usambaraveilchen eine Temperatur von 18 bis 24 °C, um schön zu blühen. Die Pflanze verträgt weder Zugluft noch einen zu prallsonnigen Standort, weil dadurch sowohl die Blüten als auch Blätter „verbrennen". Als künstliches Licht empfehlen sich 40-Watt-Leuchtstoffröhren, die 12 Stunden am Tag leuchten sollten. Beim Gießen ist darauf zu achten, dass vor jeder Wassergabe die oberste Schicht etwas austrocknet und erst danach wieder die Erde gut befeuchtet wird, wobei die Blätter keinesfalls benetzt werden dürfen. Es empfiehlt sich, die Pflanze zur Bewässerung so lange in eine flache Schüssel mit Wasser zu stellen, bis sich die Erde vollgesogen hat. Anschließend braucht man das überschüssige Wasser nur abrinnen zu lassen. Höhere Luftfeuchtigkeit erhält man dadurch, dass man den Topf auf einen mit feuchtem Kies gefüllten Untersetzer stellt. Alle drei Wochen ist dem Gießwasser etwas phosphor- und kaliumhaltiger Flüssigdünger beizumischen. Im **Herbst** und im **Winter** sollte die Temperatur für Saintpaulia zwischen 16 und 18 °C liegen. Sie benötigt nun viel Licht, jedoch keine direkte Sonnenbestrahlung. Neben den üblichen Wassergaben empfiehlt es sich auch, alle drei bis vier Wochen zu düngen und für eine entsprechende Luftfeuchtigkeit zu sorgen.

Vermehrung: Die Vermehrung von Saintpaulia erfolgt mittels **Blattstecklingen** im April und Mai. Dazu verwendet man ganze Blätter, an denen sich rund 2,5 bis 4 cm lange Stiele befinden sollten. Die Stecklinge werden nun bis zur Blattspreite in Erde auf Torfbasis eingesetzt und in einem Vermehrungskasten an einen schattigen Ort bei einer Temperatur von 18 bis 21 °C aufgestellt. Nach vier Wochen haben sich bereits die Jungpflänzchen gebildet. Über die nächsten sechs Wochen ist der Kasten täglich etwas länger abzudecken und dabei die Erde zu befeuchten, damit sie nicht zu sehr austrocknet. Einmal wöchentlich muss auch gedüngt werden.

Familie
Gesneriaceae
(Gesneriengewächse)

Aussehen
rosettenartig

Wuchshöhe
8–10 cm

Durchmesser
15–20 cm

Blütezeit
ganzjährig

Standort
indirektes Licht

Gießen
mittelmäßig

Pflege
leicht

Saintpaulia eignen sich für bunte und fröhliche Kompositionen.

Groß genug geworden, kommen die kleinen Pflanzen schließlich in Einzeltöpfe und sind anschließend wie große Pflanzen zu behandeln. Man kann die Stecklinge zur Bewurzelung auch in ein Glas mit Wasser stellen, wobei das Blatt die Wasseroberfläche nur leicht berühren sollte. An einem leicht schattigen und warmen Ort bilden sich dann innerhalb von zwei bis drei Wochen die ersten Wurzeln.

Gefahren und Vorsichtsmaßnahmen: Die Blätter von Saintpaulia leiden vor allem unter direkter Sonneneinstrahlung und unter zu wenig Wasser. Durch die Sonnenstrahlen verbleicht ihre Farbe und es bilden sich strohgelbe Flecken und gelbe Ränder. Wird jedoch zu wenig oder überhaupt nicht gegossen, dann werden die Blätter gelb und verwelken. Usambaraveilchen sind auch anfällig gegenüber Blattläusen, Wollläusen und Weichhautmilben. Gegen diese Schädlinge helfen nur spezielle systemische Pestizide, die direkt am Substrat anzuwenden sind, da Sprays die Blätter schädigen könnten.

Arten und Sorten: *Saintpaulia confusa* (syn. *Saintpaulia diplotricha*) entwickelt ca. 4 cm lange, filzige, dunkelgrün gefärbte, fast kreisrunde Blätter mit gezähnten Rändern und ca. 8 cm langen Stielen. Die Blütenstiele werden bis zu 10 cm lang und tragen je bis zu vier hellviolette Blüten mit dunkelvioletten Rändern. *Saintpaulia grotei* zählt zu den halbhängenden Arten und eignet sich besonders für Ampeln. Die langgestielten Blätter sind rund, leuchtend grün, mit kurzen samtigen Haaren bedeckt und mit einem gesägten Rand versehen. Die Pflanze entwickelt kleine blaumalvenfarbene Blüten mit violetten Rändern in Gruppen von zwei bis vier Stück. Von der wohl bekanntesten Art *Saintpaulia ionantha* (Bild oben und unten) stammen die meisten Hybriden und im Handel erhältlichen Sorten ab. Sie wird 8 bis 10 cm hoch sowie 15 bis 20 cm breit und bildet eine Rosette aus fleischigen, herzförmigen, bis zu 8 cm langen Blättern mit ca. 7 cm langen Stielen. Die Blätter selbst sind samtig dunkelgrün mit einer rötlich schimmernden Unterseite. Es bilden sich zwar das ganze Jahr über Blüten, die Hauptblütezeit ist zwischen Juni und Oktober. Die in Gruppen von zwei bis acht Stück zusammenstehenden Blüten bestehen aus einem einfachen Ring von blauvioletten Blütenblättern, in dessen Zentrum goldgelbe Staubgefäße sitzen. Die Hybriden dieser Art sind je nach Form oder Größe in zahlreiche Gruppen unterteilt: „Ballet" umfasst leicht zu kultivierende Sorten mit ovalen dunkelgrünen Blättern, die ca. 30 cm breite Rosetten bilden. Die Blüten verfügen über gekrauste Lappen. „Ballet Anna" zeigt einfache lachsrote oder anilinrote Blüten mit gekräuselten Rändern. Die Blüten von „Ballet Eva" sind hingegen halbgefüllt und wunderschön blauviolett gefärbt. Zur Gruppe „Fairy" gehören zierliche Zwergsorten, deren Blätter und Blüten zwar kleiner sind, aber dieselben Farben und Formen aufweisen. „Jet Trail" zeigt halbhängenden Wuchs und entwickelt gefüllte, sternförmige Blüten, die sich zu blauen bis lavendelfarbenen Trauben vereinen. „Little Delight" bildet eine höchstens 15 cm breite Blattrosette und verfügt über gefüllte weiße Blüten mit einem purpurroten Schlund. Die Vertreter der Gruppe „Rhapsodie" umfassen bekannte und leicht zu kultivierende Sorten mit bis zu 30 cm breiten, rundlichen und dunkelgrün gefärbten Blättern sowie rosa bis blau und purpurrot gefärbten Blüten.

Bogenhanf, Sansevierie Sansevieria

Die Sorte „Hahnii"

Die Gattung Sansevieria umfasst rund 60 Arten, die aus Afrika und Asien stammen und in zwei große Gruppen unterteilt werden: hochwüchsige Pflanzen mit aufrechten, lanzettlichen Blättern und Pflanzen mit niederem, rosettenartigem Wuchs. Beide Gruppen weisen dicke, steife Blätter auf, die sich von einem großen Wurzelstock aus entwickeln, der nur knapp unterhalb der Erde verläuft. Manche Sorten bilden im Sommer Blüten, die eher unscheinbar und kurzlebig sind, aber stark duften, andere entwickeln an den Blütenständen dekorative Hochblätter. Sansevierien stellen anspruchslose Zimmerpflanzen dar, die sich leicht vermehren lassen, sehr anpassungsfähig sind und vor allem wegen der dekorativen Wirkung ihrer gestreiften oder gescheckten Blätter sehr geschätzt werden.

Familie
Agavaceae
(Agaven-
gewächse)

Aussehen
aufrechte
steife Blätter

Wuchshöhe
15–120 cm

Durchmesser
20–40 cm

Blütezeit
Frühling–
Sommer

Standort
indirektes Licht

Gießen
selten

Pflege
leicht

Pflege: Sobald der Wurzelballen der Pflanze über den Topfrand hinauswächst, muss sie im **März** oder **April** in einen größeren Behälter umgepflanzt werden. Dazu benötigt man gute Erde und legt zuvor eine Schicht Tonscherben auf die Topfbasis, damit das Gießwasser gut abrinnen kann. Sonst genügt es, die oberste Schicht Erde auszutauschen. Im **Sommer** können die Temperaturen für Sansevieria ruhig bis zu 29 °C steigen, ohne dass es der Pflanze schadet. Sie bevorzugt viel Licht, verträgt aber keine pralle Sonne. Es gibt auch einige Arten, die den Schatten bevorzugen. Im Allgemeinen genügt es, Sansevieria erst dann zu gießen, wenn die Erde schon fast völlig ausgetrocknet ist. Dies tritt üblicherweise etwa alle zwei Wochen ein. Nur wenn es sehr heiß ist, muss öfters gegossen werden. Zusätzlich sollte die Pflanze alle drei bis vier Wochen mit Flüssigdünger gedüngt werden. Zwischen **Oktober** und **März** benötigt Sansevieria eine Temperatur von 13 bis 18 °C, möglichst viel Licht und mäßiges Gießen nur einmal monatlich.

Vermehrung: Sansevierien-Arten, die aufrecht wachsen und eine Höhe von mindestens 15 cm erreichen oder zumindest eine 5 cm hohe Rosette bilden, lassen sich problemlos durch Teilung vermehren. Dies geschieht am besten im Frühling vor Beginn der Wachstumsphase und dient zugleich dazu, die Pflanze etwas auszulichten und dabei zu verjüngen. Zuerst wird der Wurzelballen aus dem Topf gezogen und dann von Erde befreit. Bei hohen, aufrecht wachsenden Arten zerschneidet man den Wurzelstock in zwei bis drei Teile, wobei jeder über einige Blätter und Wurzeln verfügen muss. Bei Rosettenpflanzen sind die Rhizome so zu teilen, dass an jedem Stück eine Rosette verbleibt. Die Schnittflächen werden anschließend mit Schwefelpulver behandelt und die einzelnen Teile in Erde eingesetzt, wie sie für ausgewachsene Pflanzen geeignet ist.

Sansevieria
trifasciata

Die Varietät „Laurentii"

Die Pflanzen benötigen dann eine Temperatur von ca. 21 °C, bis sie ihre Wurzeln ausgebildet haben. Man kann von Sansevierien im Sommer auch Blattstecklinge abschneiden und sie mit einer scharfen Schere in 5 cm breite Blattstücke zerschneiden. Danach sollte etwa eine Woche gewartet werden, bis die Schnitte vernarbt sind. Erst dann können die einzelnen Blattteile in ihrer ursprünglichen Wuchsrichtung in feuchte Erde eingesetzt werden. Bei einer Temperatur von 21 °C bilden sich rasch Wurzeln. Mit dieser Methode lassen sich bei *Sansevieria trifasciata* allerdings nur einfarbig grüne Pflanzen ohne Panaschierung heranzüchten.

Gefahren und Vorsichtsmaßnahmen: Übermäßiges Gießen führt bei Sansevieria rasch zur Fäulnisbildung an den Wurzeln. Dies äußert sich zuerst in braunen Flecken an der Blattspreite und Schimmelbildung an der Basis der Blätter. Die Pflanze muss in diesem Fall aus dem Topf genommen und die faulen Stellen müssen entfernt werden, wobei auch sämtliche betroffenen Blätter wegzuschneiden und die Schnittflächen mit einem schwefelhaltigen Fungizid zu behandeln sind. Erst nachdem die Schnittstellen trocken sind, kann man die Pflanze wieder einsetzen und eingießen. Zu wenig Licht führt dazu, dass sich die Zeichnung bei panaschierten Blättern nur schwach ausbildet oder die Blätter einfarbig grün bleiben. Die Pflanze ist dann an einen helleren Ort zu stellen. Bei einem Befall durch Wollläuse zeigen sich weiße „Wattebällchen" auf den Blättern, während Blattläuse als hellbraune „Pusteln" auf den Blättern zu erkennen sind. Beide Arten sind mit einem in denaturierten Alkohol getauchten Tuch oder Pinsel wegzuwischen oder mit einem systemischen Insektizid zu bekämpfen.

Arten und Sorten: *Sansevieria cylindrica*, eine rhizombildende Art mit aufrechtem Wuchs, entwickelt steife, fast zylindrische dunkelgrüne Blätter, die ca. 2,5 cm breit sowie bis zu 1 m lang werden können und von einer schmalen Furche in der Mitte durchzogen sind. Im Frühling und Sommer bilden sich rosafarbene Blüten. *Sansevieria grandis* ist eine ungewöhnliche Art, sie zählt nämlich zu den epiphytischen Arten und bildet breite Rosetten aus grünen, ovalen, 10 bis 15 cm breiten und 20 bis 25 cm langen Blättern mit dunkelgrünen Streifen und einem roten Rand. An der Basis der Rosette älterer Pflanzen bilden sich hängende Ausläufer mit Blattrosetten, weshalb sich diese Pflanze vor allem als Ampelpflanze eignet. *Sansevieria liberica* zeigt bis zu 60 cm lange, steife und aufrecht wachsende, schwertförmige Blätter, die von breiten weißen Streifen durchzogen sind und rote Ränder aufweisen. Im Frühjahr und Sommer bilden sich dichte Trauben aus weißen Blüten in Form langer Ähren. *Sansevieria scabrifolia* entwickelt schmale, ca. 15 cm hohe Rosetten aus graugrünen Blättern. *Sansevieria trifasciata* verfügt über schöne, leicht spiralig gedrehte marmorierte Blätter mit graugrüner Zeichnung und zwei hellgrünen breiten Streifen an den Rändern. Oftmals bringt sie im Frühling und Sommer aufrechte Blütenstände aus kleinen, klebrigen weißgrünen Blüten hervor, die stark duften. Die Blätter der häufigsten Sorte „Laurentii" werden in der freien Natur bis zu 1,2 m lang. Als Topfpflanze erreichen sie aber nur eine Wuchshöhe von 30 bis 45 cm. Entlang ihrer Ränder verlaufen zwei goldgelbe Längsstreifen. Bei „Hahnii" handelt es sich um eine kleine und kompakte Sorte mit spiralig angeordneten dunkelgrünen Blättern mit hellgrünen Querstreifen. „Golden Hahnii" ist eine Zwergsorte, die entlang der Blattränder goldgelbe Streifen aufweist.

Judenbart Saxifraga stolonifera

Der Judenbart zählt zur Familie der Steinbrechgewächse und stammt aus China und Japan. Die Pflanze wächst in einer Art Rosette, mit lang gestielten, rundlichen bis nierenförmigen Blättern. Sie sind an der Oberseite grün mit silbrigen Adern, an der Unterseite rosa-violett. An den dünnen Trieben bilden sich häufig zahlreiche Ausläuferpflanzen. Im Frühjahr und Frühsommer bilden sich zarte weiße Blütenrispen an dünnen, aufrechten Stängeln. Eines der Kronblätter ist jeweils größer als die anderen vier. Saxifraga stolonifera ist nicht ganz winterhart und wird daher hauptsächlich als Zimmerpflanze kultiviert. Die Pflanzen erreichen unblühend eine Höhe von bis zu 20 cm, blühend bis zu 50 cm. Aufgrund ihrer langen Ausläufer werden die Pflanzen oft in Ampeln gesetzt und in ein helles Ost- oder Westfenster gehängt. Die Pflanze kann mit ihren Ausläufern auch als Bodendecker in Wintergärten mit Grundbeeten eingesetzt werden.

Pflege: Der Judenbart benötigt viel Licht und Luft, da sonst die attraktiven Blätter rasch die Farbe verlieren. Direkte Sonneneinstrahlung sollte jedoch vermieden werden. Im Sommer kann man die Pflanze auch ins Freie stellen. Im Winter sollte die grüne Art relativ kühl stehen (5 bis 10 °C), während die buntblättrige Sorte ,,Tricolor'' mehr Wärme braucht (mindestens 15 °C). Gegossen wird mäßig, aber dafür regelmäßig. Der Judenbart darf nicht zu nass stehen, aber auch nicht austrocknen. Im Winter kann das Gießen bei der grünen Art sehr eingeschränkt werden. Dafür braucht die wärmer stehende Sorte ,,Tricolor'' auch im Winter regelmäßige Wassergaben. Gedüngt wird im Frühjahr und Sommer etwa alle acht bis zehn Tage mit Flüssigdünger. An heißen Tagen kann die Pflanze von Zeit zu Zeit besprüht werden. Die beste Zeit zum Umtopfen ist das frühe Frühjahr. Gelbe und welke Blätter sollten regelmäßig entfernt werden.

Vermehrung: Die zahlreichen Ausläuferpflänzchen eignen sich hervorragend für eine sehr unkomplizierte Vermehrung. Oft sind sie schon bewurzelt und brauchen dann nur abgenommen und eingesetzt zu werden. Idealerweise topft man gleich mehrere zusammen ein, damit die neue Pflanze schön buschig wird. Man kann auch einen Trieb mit wurzellosen Ablegern zu einem zweiten Topf mit Erde führen und dort festklammern. Nach dem Anwachsen trennt man ihn dann von der Mutterpflanze.

Gefahren und Vorsichtsmaßnahmen: Saxifraga stolonifera ist eine sehr leicht zu haltende Pflanze, deren Kultur bei richtiger Pflege und richtigem Standort kaum Probleme bereitet. Nässe und Trockenheit sind in jedem Fall zu vermeiden. Ist der Standort zu warm, können Blattläuse und Spinnmilben auftreten (Letztere vor allem, wenn die Wintertemperaturen zu hoch sind und die Luft zu trocken ist). Ist die Luftfeuchtigkeit zu gering, können die Jungpflanzen an den Ranken vertrocknen.

Familie	Saxifragaceae (Steinbrechgewächse)
Aussehen	staudenartig
Wuchshöhe	10–50 cm
Durchmesser	30–50 cm
Blütezeit	Mai–März
Standort	hell
Gießen	mittelmäßig
Pflege	leicht

Arten und Sorten: Beim Judenbart existiert nur die Art *Saxifraga stolonifera*. Allerdings gibt es zwei Sorten: die oben beschriebene grünblättrige Art und die Sorte *Tricolor* (Dreifarbiger Judenbart). Diese besitzt etwas kleinere, tief eingeschnittene grüne Blätter mit einem zuerst hellrosa, sich aber später weiß verfärbenden Rand. Oft bilden sich auf den Blättern auch unregelmäßige weiße oder rote Flecken. Tricolor bleibt etwas kleiner als die grüne Sorte (bis zu 30 cm hoch) und braucht wärmere Temperaturen.

Strahlenaralie Schefflera

Die Gattung Schefflera zählt ungefähr 900 immergrüne, mehrjährige Pflanzen mit strauchiger, baumartiger oder kletternder Wuchsform, von denen einige wegen ihrer schönen, symmetrisch wachsenden Blätter als Zimmerpflanzen kultiviert werden. Diese Pflanzen stammen aus Polynesien und Indonesien, wo sie beträchtliche Wuchshöhen erreichen. Als Zimmerpflanzen werden sie hingegen höchstens 2 m groß, sofern die Wurzeln ausreichend Platz haben, sich zu entfalten. Sie bevorzugen helle, sonnengeschützte Standorte und vertragen auch kühle Temperaturen recht gut, dürfen aber keiner Zugluft ausgesetzt sein.

Familie
Araliaceae
(Araliengewächse)

Aussehen
strauchig

Wuchshöhe
bis 200 cm

Durchmesser
bis 100 cm

Blütezeit
Sommer
(selten im Topf)

Standort
indirektes Licht

Gießen
reichlich

Pflege
mittelschwer

Einige Arten von Schefflera arboricola, wie hier im Bild, zeigen weiß-cremefarben gescheckte Blätter.

Pflege: Junge Strahlenaralien sind jedes Jahr zu **Frühlingsbeginn** umzutopfen, bis die endgültige Topfgröße von 15 bis 20 cm erreicht wird. Danach genügt es, etwa alle zwei Jahre die oberste Schicht der Topferde auszutauschen. Will man groß gewachsene Pflanzen erhalten, so muss die Topfgröße jährlich erhöht werden. Im Sommer bevorzugt Schefflera Temperaturen um 24 °C. Sie benötigt jetzt reichlich Licht, aber kein direktes Sonnenlicht, und viel Wasser. Wenn es sehr heiß ist, muss etwa zwei- bis dreimal wöchentlich gegossen werden, und es empfiehlt sich, die Blätter regelmäßig am Morgen oder Abend zu besprühen. Von **April** bis **Oktober** ist alle zwei bis drei Wochen zu düngen. Im **Herbst** und **Winter** benötigt Schefflera eine Temperatur von rund 13 °C sowie einen hellen, aber sonnengeschützten Ort. Es reicht jetzt, sie mäßig zu gießen, sodass die Erde immer leicht feucht bleibt, und etwa einmal die Woche zu sprühen.

Vermehrung: Schefflera lässt sich zu Beginn des Frühlings durch **Aussaat** vermehren. Die Töpfe kommen dann in einen Vermehrungskasten, wobei das Substrat stets feucht gehalten werden muss. Um zu verhindern, dass sich darin stickige Luft und zu viel Feuchtigkeit bildet, sollte man den Kasten täglich rund eine Stunde lang öffnen. Sobald die Pflänzchen ausreichend groß sind, können sie schließlich eingetopft werden. Es ist auch möglich, zur Vermehrung von Schefflera im Frühjahr **Blattstecklinge** knapp unterhalb eines Knotens abzuschneiden. Sie benötigen zur Bewurzelung eine Temperatur von 18 bis 24 °C. Hoch gewachsene Exemplare eignen sich auch zum **Abmoosen**.

Gefahren und Vorsichtsmaßnahmen: Es empfiehlt sich, die Blätter von Schefflera stets zu beobachten. Sollten sie zu welken beginnen oder herabhängen, gibt es drei Gründe dafür: zu tiefe Temperaturen, zu häufiges oder zu seltenes Gießen und unzureichende Düngung. Wollläuse und braune Blattläuse lassen sich mit einem in denaturierten Alkohol eingetauchten Pinsel entfernen. Grüne Blattläuse, die die Pflanze im Sommer befallen können, bekämpft man mit einem Insektizid auf Pyrethrumbasis.

Arten und Sorten: *Schefflera actinophylla* (syn. *Brassaia actinophylla*) bildet einen Einzelstamm, an dem langstielige, handförmig zusammengesetzte Blätter aus drei bis fünf glänzenden ovalen und olivgrün gefärbten Blattsegmenten stehen. Sie bildet bei Topfpflanzen allerdings sehr selten lange Blütenstände mit dunkelroten Blüten, aus denen sich purpurrote Früchte entwickeln. Diese Art wächst langsam und erreicht als Zimmerpflanze nur dann eine Höhe von etwa 2 m, wenn sie über einen sehr großen Topf verfügt. *Schefflera arboricola* (syn. *Heptapleurum arboricola*) entwickelt erst im oberen Bereich einen verzweigten Hauptstamm. Die handförmig zusammengesetzten Blätter bestehen aus mindestens sieben dicken und ledrigen Blättchen, die radiär am Ende eines langen Blattstieles sitzen. Die Sorte „Variegata" zeigt gelb gefleckte Blättchen. „Hyata" weist hingegen hellgrüne, zugespitzte Blättchen auf. „Geisha Girl" zeigt dagegen dunkelgrüne Blättchen mit abgerundeten Enden.

Weihnachtskaktus · Schlumbergera

Die Gattung Schlumbergera setzt sich aus nur wenigen sukkulenten Arten zusammen, die in den tropischen Wäldern des brasilianischen Berglandes beheimatet sind. Dort wachsen sie als epiphytische Kakteen auf Bäumen und eignen sich daher vor allem als Ampelpflanzen, wo sie zur Blütezeit die ganze Pracht ihrer unzähligen endständigen Blüten uneingeschränkt zur Geltung bringen können. Als Zimmerpflanze blüht Schlumbergera im Allgemeinen im späten Winter, kann jedoch durch gärtnerische Kniffe auch dazu gebracht werden, bereits um Weihnachten ihre Blütenpracht zu entwickeln.

Pflege: Alle zwei bis drei Jahre im **Frühling** sollte Schlumbergera unmittelbar nach der Blütezeit umgetopft werden. Dazu verwendet man kalkfreie Erde, die zuvor mit etwas Torf vermischt wird, oder man bereitet eine Mischung aus zwei Teilen Torf, einem Teil gut verrottetem Laubhumus und einem Teil grobem Sand zu. In den neuen Topf kommen zuvor noch einige Tonscherben als Drainage. Bei Ampeln empfiehlt es sich, die Gefäße mit Sphagnum auszukleiden. Größere Töpfe sind nur dann nötig, wenn die Wurzeln den Topf schon vollständig ausfüllen, wobei für eine Pflanze mit einem Durchmesser von 30 cm ein 13- bis 15-cm-Topf ausreicht. Von **Frühlingsbeginn** bis in den **Spätsommer** wachsen die Pflanzen sehr stark. Sie benötigen nun regelmäßige Wassergaben mit kalkfreiem Wasser, am besten Regenwasser oder abgekochtes Wasser mit einigen Tropfen Essig. Dabei ist Staunässe unbedingt zu vermeiden. Zwischen Juni und September empfiehlt es sich, die Pflanze einmal im Monat mit kaliumhaltigem Dünger zu düngen. Die Idealtemperatur liegt jetzt bei rund 16 bis 18 °C. Sollte es heißer werden, so stellt man die Pflanze ins Freie an einen leicht schattigen Ort und achtet dann darauf, dass sie nicht durch Schnecken geschädigt wird. Durch regelmäßiges Besprühen der Blätter mit Regenwasser im Abstand von einigen Tagen wird für die entsprechende Luftfeuchtigkeit gesorgt. Im **Herbst** ist es nötig, diesen „Blattkaktus" wieder ins Haus zu stellen. Die Blütezeit im **Winter** erfordert eine nicht allzu hohe Temperatur, die aber über 13 °C liegen muss. Der Standort sollte leicht sonnig sein, aber nicht direkt an der Sonne liegen. Der Weihnachtskaktus muss nun weiterhin bis zum **Winterende** sorgfältig gegossen werden, sodass die Erde stets leicht feucht ist. Ab dem Zeitpunkt, wo sich die ersten Blütenknospen zeigen, ist bis zum Ende des Jahres alle zwei Wochen zu düngen.

Familie	Cactaceae (Kakteen)
Aussehen	hängend
Wuchshöhe	30 cm
Durchmesser	30 cm
Blütezeit	Winter
Standort	indirektes Licht
Gießen	mittelmäßig
Pflege	leicht

Eine wunderschöne Schlumbergera russelliana

Schlumbergera rhipsalis *wirkt zur Blütezeit sehr dekorativ.*

Vermehrung: Im März und April kann man von den gegliederten Sprossen **Stecklinge** abnehmen, wobei diese zumindest aus zwei Gliedern bestehen sollten. Die Schnittfläche muss dann einige Stunden trocknen, ehe die Stecklinge in Erde für ausgewachsene Pflanzen eingesetzt werden. Sie benötigen nun Schatten und eine Temperatur von 18 bis 21 °C. Sind die neuen Pflanzen ausreichend groß, so kommen sie in Einzeltöpfe und werden danach wie große Pflanzen behandelt. Man kann gleichzeitig auch mehrere Stecklinge am Rande eines großen Topfes einsetzen und dann sofort wie ausgewachsene Pflanzen behandeln. Darüber hinaus gibt es aber auch die Möglichkeit, Schlumbergera auf die Stämme anderer Kakteen aufzupfropfen, um auf diese Weise hübsche Hochstämmchen zu erzielen.

Gefahren und Vorsichtsmaßnahmen: Der Weihnachtskaktus reagiert sehr empfindlich auf Fehler beim Gießen. Einerseits schadet ihm zu viel Wasser, andererseits beginnen bei Flüssigkeitsmangel die Sprosse zu vertrocknen. Zugluft und zu tiefe Temperaturen schwächen das Wachstum. Wollläuse lassen sich mit einem Pinsel entfernen, der zuvor in denaturierten Alkohol eingetaucht wurde. Man sollte aber wegen eines möglichen Befalls der Wurzeln auch ein flüssiges Insektizid mit systemischer Wirkung anwenden.

Arten und Sorten: *Schlumbergera russelliana* ist eine rund 30 cm hohe Art, deren Sprosse aus länglichen Gliedern mit nicht gezähnten Rändern bestehen. Ihre Blüten sind dunkelrosa gefärbt. Gemeinsam mit *Schlumbergera truncata* bildet sie den Ursprung von zahlreichen bekannten Hybriden, wie *Schlumbergera x buckleyi* (syn. *Schlumbergera x bridgesii*), deren Glieder über rundliche Einbuchtungen entlang der gerundeten Ränder verfügen. Sie bringt anilinrote Blüten hervor. Die Glieder von *Schlumbergera truncata* (syn. *Zygocactus truncatus*) zeigen an den Rändern Einbuchtungen und Spitzen, die an den Enden besonders ausgeprägt sind. Diese Art erreicht Höhen und Durchmesser von ca. 30 cm und bildet zur Weihnachtszeit an den Triebenden rosa oder dunkelrot gefärbte Blüten. Von ihr stammen zahlreiche Zimmerhybriden ab. Die Hybride ,,Golden Charm'' entwickelt gelbe Blüten und wurde erstmals in Dänemark gezüchtet. In Belgien und in Holland ist hingegen die Sorte ,,Westland'' stark verbreitet, die orangerote oder rote Blüten aufweist. Darüber hinaus gibt es zwei Hybriden, die weiße Blüten besitzen: ,,White Christmas'' und ,,Wintermärchen''.

Efeutute Scindapsus

Die Zimmerpflanzen der Gattung Scindapsus sind sehr leicht zu kultivieren und werden wegen ihrer Unempfindlichkeit und Eleganz geschätzt. Scindapsus umfasst 25 Arten und Sorten immergrüner Kletterpflanzen, von denen einige früher der Gattung Epipremnum zugerechnet wurden und auch heute noch unter diesem Namen bekannt sind und gehandelt werden. Sie erreichen Wuchshöhen von ca. 1,5 m, sofern sie von klein an über einen Moosstab als Kletterhilfe verfügen. Die Pflanzen sind in der Lage, Luftwurzeln zu bilden und eignen sich hervorragend für Ampeln, wo sich ihre Triebe frei entfalten können. Die ledrigen, herzförmigen und glänzenden Blätter sind dunkelgrün gefärbt und häufig weiß, gelb oder silbrig gefleckt.

Pflege: Jedes Jahr im **März** oder **April** ist Scindapsus umzutopfen, wobei als Pflanzgefäß stets ein größerer Topf verwendet werden muss, sofern es die Wurzelmasse erfordert. Bei älteren Exemplaren reicht es aus, die oberste Schicht der Erde auszutauschen. Als Substrat ist eine leicht saure Erde zu verwenden, die aus zwei Teilen Torf und einem Teil feinem Sand besteht. Man kann dafür aber auch eine Mischung aus gleichen Teilen Laubhumus, Torf und feinem Sand zubereiten. Als Drainage eignen sich einige Tonscherben an der Basis des Topfes. Falls man die Pflanze hochklettern lassen will, muss für die entsprechende Stütze (Moosstab usw.) gesorgt werden. Im **Sommer** können die Temperaturen für Scindapsus bis auf 27 °C ansteigen. Die Pflanze benötigt zudem einen hellen Standort, damit sich die Zeichnung der Blätter gut entwickeln kann. Direkte Sonnenbestrahlung ist zu vermeiden. Die Pflanze braucht zwar reichlich Wasser, wobei die Erde zwischen zwei Wassergaben immer erwas austrocknen muss. Sollte es sehr heiß sein, so muss Scindapsus bis zu dreimal wöchentlich gegossen werden und ebenso häufig sind dann auch die Blätter mit lauwarmem Wasser zu besprühen. Alle vier bis fünf Wochen empfiehlt es sich, die Pflanze zu düngen (die halbe empfohlene Dosis). Durch regelmäßiges Kürzen der Triebspitzen wird ein buschiges und kompaktes Wachstum gefördert. Im **Herbst** und **Winter** benötigt Scindapsus eine Temperatur von 13 bis 18 °C sowie gutes indirektes Licht. Es genügt jetzt, die Pflanze sporadisch zu gießen und zu besprühen, um den Blättern die nötige Feuchtigkeit zu liefern und sie vom Staub zu befreien.

Familie
Araceae
(Aronstabgewächse)

Aussehen
kletternd,
hängend

Wuchshöhe
120–150 cm

Durchmesser
30 cm

Blütezeit
Sommer
(im Topf selten)

Standort
indirektes Licht

Gießen
reichlich

Pflege
leicht

Die schön gezeichneten Blätter von Scindapsus pictus

Vermehrung: Im März und April kann man von den Enden der Triebe 15 bis 20 cm lange **Stecklinge** abschneiden. Die Schnittfläche muss mit einem Bewurzelungshormon behandelt werden, ehe der Steckling in Erde für ausgewachsene Pflanzen eingepflanzt wird. Die Stecklinge selbst benötigen nun einen hellen, aber leicht schattigen Standort, wobei die Erde stets leicht feucht zu halten ist. Scindapsus lässt sich aber auch beim Umtopfen durch **Teilung** vermehren. Mit einem scharfen Messer wird dabei der Wurzelballen zwischen den entsprechenden Trieben getrennt und die Teile werden anschließend einzeln in 7- bis 8-cm-Töpfe mit für diese Pflanzen geeigneter Erde eingesetzt.

Gefahren und Vorsichtsmaßnahmen: Kälte, Zugluft oder zu viel Wasser verursachen braune Flecken auf den Blättern, die schließlich gelb werden und abfallen. In diesem Fall sind die betroffenen Blätter zu entfernen. Die Pflanze selbst benötigt anschließend einen wärmeren Ort, wobei die Erde zuerst austrocknen muss, ehe wieder gegossen werden kann. Wenn die Blätter ihre Zeichnung verlieren und völlig grün werden, mangelt es der Pflanze an Licht. Die Rote Spinne tritt meist dann auf, wenn die Luft zu trocken ist. Hier hilft ein spezielles milbentötendes Mittel oder ein regelmäßiges Besprühen der Blätter mit lauwarmem Wasser.

Arten und Sorten: *Scindapsus aureus* (syn. *Epipremnum aureum*) ist eine Kletterpflanze, die dank ihrer fleischigen Luftwurzeln an den Ästen von Bäumen emporwachsen kann. Sie stammt aus den Wäldern der Salomonen-Inseln und erreicht in der Natur Wuchshöhen von bis zu 6 m. Als Zimmerpflanze wird sie jedoch höchstens 1,2 bis 1,5 m hoch. Sie bildet als Topfpflanze selten sehr kleine Blüten in Form eines Blütenkolbens aus, der von farbigen Hochblättern umgeben ist. Die Sorte „Marble Queen" verfügt über breite, weiß marmorierte und auch gänzlich weiße Blätter. „Tricolor" zeigt Blätter mit grünem Grund und einer intensiven hellgrünen, hellgelben oder cremeweißen Marmorierung. „Wilcoxii" zeigt goldgelb gezeichnete Blätter. *Scindapsus pictus* „Argyraeus" (syn. *Epipremnum pictum* „Argyraeum") ist eine sehr

schöne Kletterpflanze mit 1,8 bis 2,4 m langen Trieben, die im Jugendstadium grün und im Alter rötlich braun sind. Die spitzen, herzförmigen, anfänglich mattgrünen Blätter verfärben sich später leicht bläulich und verfügen über eine silberweiße Zeichnung und Blattränder. *Scindapsus siamense* stammt aus Thailand und zählt zu den eher selten kultivierten Arten. Sie verfügt über dünne, herzförmige, spitze mattgrüne Blätter mit schöner silbergrauer und hellgrüner Zeichnung. Als Topfpflanze erreicht sie Höhen von ca. 1 m, blüht aber selten.

Scindapsus aureus *kann mit entsprechender Stütze auch als Kletterpflanze kultiviert werden.*

Kreuzkraut, Cinerarie Senecio

Die Gattung Senecio umfasst beinahe 1000 Arten, die sich untereinander in Form und Merkmalen stark unterscheiden. Darunter gibt es einjährige, zweijährige und mehrjährige krautige Arten, Kletterpflanzen oder Sträucher sowie kleine Bäume und auch Sukkulenten. Sie sind weltweit verbreitet und in den unterschiedlichsten Habitaten anzutreffen. Einige anspruchslose Senecio-Arten lassen sich im Garten kultivieren, während andere, eher empfindliche sich als Zimmerpflanzen eignen. Aufgrund ihrer äußeren Merkmale und Ansprüche werden sie in drei Hauptgruppen unterteilt.

Pflege: Die krautigen und strauchig wachsenden Arten blühen zwischen **Dezember** und **Juni**. Man sollte sie deshalb in der Zeit zwischen Weihnachten und Mai kaufen, wenn sich ihre Blüten öffnen. Sie benötigen dann einen kühlen Platz von 10 bis 16 °C sowie genügend Licht, aber keine direkte Sonneneinstrahlung. Man muss die Pflanze ausreichend gießen und es empfiehlt sich, sie auf einen mit feuchtem Kies gefüllten Untersetzer zu stellen, um für die notwendige Feuchtigkeit zu sorgen. Etwa alle 10 Tage muss gedüngt werden. Die sukkulenten Arten sind zwischen **März** und **April** umzutopfen, wobei eine Mischung aus zwei Teilen Erde und einem Teil grobem Sand zu verwenden ist. Sie bevorzugen einen sehr hellen und sonnigen Standort mit Temperaturen von rund 18 °C. Diese Arten benötigen viel Wasser, wobei jedoch zwischen zwei Wassergaben die Erdoberfläche immer austrocknen muss. Man braucht weder zu sprühen noch zu düngen. Die kletternden Arten werden im **Frühjahr** in eine Mischung aus drei Teilen Erde und einem Teil Sand umgetopft. Als Kletterhilfe für die Triebe eignen sich Holzstäbe oder Gitter. Man kann aber die Pflanze auch frei hängend wachsen lassen. Es empfiehlt sich, die Triebenden zu kürzen, um einen buschigen Wuchs zu erhalten. Im Übrigen gelten dieselben Regeln wie für die Pflege sukkulenter Pflanzen. Im **Herbst** behandelt man die krautigen und strauchigen Arten, vor allem die Cinerarien, üblicherweise wie einjährige Pflanzen, obwohl sie mehrjährig sind, und entsorgt sie nach der Blüte. Die sukkulenten Arten benötigen im **Winter** eine Temperatur von 10 bis 16 °C, auch wenn sie Kälte bis zu 5 °C überstehen, sowie einen sehr hellen und sonnigen Standort. Man braucht nur mäßig zu gießen, sodass die Erde nie völlig austrocknet. Bei Temperaturen unter 10 °C ist das Gießen ganz einzustellen. Einzig an schönen sonnigen Tagen kann man gelegentlich etwas Wasser verabreichen. Die Kletterarten vertragen im Winter keine Kälte und bevorzugen einen möglichst sonnigen Standort mit Temperaturen von 10 bis 13 °C. Zwischen **Oktober** und **März** sollte die Erde ziemlich trocken gehalten werden, weshalb nur so viel zu gießen ist, dass sie nicht ganz austrocknet.

Vermehrung: Die sukkulenten Arten lassen sich durch ca. 8 bis 10 cm lange **Stecklinge** vermehren, die man im Juni und Juli von den Trieben schneidet. Man entfernt dann die untersten Blätter, lässt den Schnitt einige Tage vernarben und pflanzt die Stecklinge dann in 8-cm-Töpfe in eine Mischung aus zwei Teilen Erde und einem Teil grobem Sand. Bei Arten, die Ableger bilden, kann man auch die Seitentriebe abnehmen oder die gesamte Pflanze in mehrere Teile teilen. Diese werden dann mitsamt den verbleibenden Wurzeln einzeln eingepflanzt. Die beste Zeit dafür ist Frühling und Sommer, die Zeit des Umtopfens. Die Kletterarten vermehrt man mit **Kopfstecklingen**, die im Frühling oder zu Beginn des Sommers von den Triebenden abgeschnitten werden. Zu diesem Zweck trennt man sie knapp unterhalb eines Knotens ab und entfernt dann die untersten Blätter. Ehe man dann die einzelnen Stecklinge in eine Mischung aus Sand und Torf (1:1) einsetzt, sollten die Schnittflächen mit Bewurzelungshormon behandelt werden. Anschließend kommen die Gefäße für rund sechs Wochen an einen warmen, leicht feuchten und schattigen Ort, bis sich die Wurzeln gebildet haben.

Familie	Compositae (Korbblütler)
Aussehen	buschig, hängend
Wuchshöhe	25–60 cm
Durchmesser	25–30 cm
Blütezeit	Dezember–Juni
Standort	pralle Sonne
Gießen	mittelmäßig
Pflege	leicht

Cinerarien blühen zwischen Dezember und Juni und werden nach der Blüte zumeist weggeworfen, obwohl es sich um mehrjährige Pflanzen handelt.

Gefahren und Vorsichtsmaßnahmen: Krautige und strauchige Senecio-Arten leiden einerseits unter kalter Zugluft und andererseits unter zu wenig Wasser, wobei die Blätter gelb werden und welken. Zu viel Hitze, direkte Sonne sowie niedrige Temperaturen unter 10 °C verkürzen die Blütezeit. Wollläuse und grüne Blattläuse bekämpft man mit einem systemischen Insektizid auf Pyrethrumbasis. Die Unterseite der Blätter sind der bevorzugte Angriffspunkt der Weißen Fliege, die nur schwer zu entfernen ist. Hier hilft meist nur ein Insektizid auf Pyrethrumbasis, wobei Behandlung mindestens viermal im Abstand von je vier Tagen zu wiederholen ist. Die Larven der Minierfliege fressen zwischen Unter- und Oberhaut der Blätter Gänge und sind damit leicht zu entdecken. In diesem Fall empfiehlt es sich, mit einer dünnen Nadel tief in diese Minen hineinzustechen, dann die betroffenen Blätter zu entfernen und zusätzlich ein Insektizid mit systemischer Wirkung aufzusprühen.

Arten und Sorten: *Senecio articulatus* (syn. *Kleinia articulata*) ist eine sukkulente Art aus Südafrika. Sie wird 30 bis 60 cm groß, entwickelt dicke fleischige, aufrechte Triebe, die an der Basis stark verzweigt sind und aus blauen oder graugrünen, bereiften Sprossen bestehen. Die Blätter sind klein und lanzettlich und bestehen aus drei bis fünf tiefen Lappen. Als Topfpflanze bildet sie nur selten ihre gelblich weißen Blüten. Von *Senecio cruentus* (syn. *Cineraria cruenta*) stammen die berühmtesten Cinerarien-Hybriden ab. Es handelt sich dabei um eine mehrjährige Pflanze mit aufrechtem Wuchs, die bis zu 60 cm groß wird und weiche, samtartige Triebe und Blätter besitzt. Die Blätter sind dreieckig oder oval, dunkelgrün und unterseits rötlich schimmernd. Die purpurroten Blüten ähneln denen einer Margerite und weisen einen Durchmesser von 2,5 bis 8 cm auf. Die ursprüngliche Art ist nur mehr selten zu finden, weil im Handel zumeist ihre Hybriden, *Senecio x hybridus* oder *Pericallis x hybrida* oder *Cineraria hybrida*, angeboten werden. Sie werden 25 bis 60 cm groß und verfügen über herzförmige oder fast dreieckige, leicht behaarte dunkelgrüne Blätter mit gezähnten Rändern. Die intensiv rosafarbenen, blauen oder purpurroten Blütenkörbchen zeigen häufig einen weißen Streifen an der Basis der Zungenblüten. Sie bilden kuppelförmige, bis zu 25 cm breite Doldentrauben und blühen von Dezember bis Juni. *Senecio macroglossus*, eine immergrüne Kletterpflanze, entwickelt efeuartige Blätter, die fleischig, dreieckig und spitz zulaufend sind. Die kleinen Blüten zeigen sich bei Topfpflanzen nur selten. Die Sorte ,,Variegatus'' bildet zart purpurrot gefärbte Triebe sowie leuchtend grüne, cremegelb gefleckte Blätter. *Senecio mikanioides* ist eine immergrüne Kletterpflanze von beachtlicher Größe. Ihre efeuähnlichen Blätter zeigen fünf bis sieben spitze dunkelgrüne Lappen, während die Blattstiele und Triebe heller sind. Sie bildet selten ihre winzigen gelben und duftenden Blüten aus, die sich zu Trauben vereinen.

Die Hybriden der Cinerarie („Spring Flory") entwickeln kuppelförmige Dolden von Blüten.

Gloxinie   Sinningia

Zu der Gattung Sinningia zählt man mittlerweile auch Arten, die früher mit den Gattungsnamen Gloxinia und Rechsteineria bezeichnet wurden. Es handelt sich dabei um mehrjährige, Laub wechselnde oder immergrüne Knollenpflanzen aus den Regenwäldern Mittel- und Südamerikas. Sie erzielen mit ihren schönen Blättern und den großen, lebhaft gefärbten, samtigen Blüten eine außergewöhnliche Wirkung. Im Handel finden sich vor allem zahlreiche Hybriden, die als „Gloxinien" bezeichnet werden und die von einigen der rund 40 Arten abstammen, die zur Gattung Sinningia gehören.

Pflege: Zu Frühlingsbeginn werden die noch ruhenden Knollen der Gloxinie vollständig in gute Torferde eingesetzt. Die Erde ist anschließend ziemlich trocken und bei einer Temperatur von ca. 19 bis 24 °C zu halten, bis sich die ersten Blätter bilden. Dann muss die Pflanze ins Wasser gestellt werden, bis es aufgesaugt ist. Anschließend die Pflanze abtropfen lassen. Im Sommer bilden sich schließlich die ersten Blütenknospen. Nun ist die Pflanze jede Woche zu düngen, bis ihre Blüten abfallen. Sie benötigt in dieser Zeit viel Licht, aber keine direkte Sonnenbestrahlung und eine Temperatur von ca. 18 bis 21 °C, die ruhig auch bis 24 °C ansteigen kann. Nach der Blüte, Ende September, muss die Erde dann völlig austrocknen. Danach werden die Knollen herausgenommen und bis zum folgenden Frühling bei rund 7 °C an einem vor Feuchtigkeit geschützten Ort aufbewahrt. Man kann die Knollen aber auch im Topf belassen, wobei sie dann bis März trocken gelagert werden müssen. Danach kann ihr Wachstum durch Gießen und höhere Temperaturen wieder von neuem angeregt werden.

Vermehrung: Gloxinien lassen sich zu Frühlingsbeginn durch Teilung ihrer Knollen vermehren, wobei jeder Teil über zumindest ein Auge verfügen muss. Im Sommer können auch Blattstecklinge zur Vermehrung herangezogen werden. Dabei wird mit einer scharfen Klinge die Mittelrippe der Blattunterseite mehrfach quer eingeschnitten und das Blatt dann flach auf eine Mischung aus Torf und Sand gelegt. Zur Befestigung im Erdreich dienen Klammern oder ein gebogener Draht. Anschließend kommt der Topf an einen schattigen Ort mit einer Temperatur von ca. 21 °C. Die Erde ist dann solange feucht zu halten, bis sich im Bereich des Einschnittes kleine Pflänzchen bilden, die später zu pikieren sind.

Familie
Gesneriaceae
(Gesneriengewächse)

Aussehen
rosettenartig

Wuchshöhe
5–25 cm

Durchmesser
25–30 cm

Blütezeit
Sommer

Standort
indirektes Licht

Gießen
mittelmäßig

Pflege
schwierig

Sinningia regina entwickelt typische hängende Glockenblüten.

Die Blüten von Sinningia speciosa *wachsen aufrecht und stehen inmitten einer anmutigen Blattrosette.*

Gefahren und Vorsichtsmaßnahmen: Die Gloxinie verträgt während der Ruhephase weder Frost noch Feuchtigkeit. Auch Kälte während der Wachstumsphase schadet, wobei dann sowohl die Knolle als auch die Blätter zu faulen beginnen. Die Gloxinie darf im hellen Licht nicht besprüht werden, da sich sonst Brandflecken an den Blättern bilden. Grüne Blattläuse befallen die Gloxinie am häufigsten. Sie sind rechtzeitig mit einem Insektizid auf Pyrethrumbasis oder einem Präparat mit systemischer Wirkung zu bekämpfen.

Arten: *Sinningia pusilla* ist die am meisten verbreitete Miniaturgloxinie und zugleich die Stammform vieler Zwerghybriden. Sie erreicht eine Maximalhöhe von 5 cm und bildet, wenn sie in Gruppen kultiviert wird, einen ungewöhnlichen Anblick von kleinen bräunlich grünen Blattrosetten und kleinen lilarosafarbenen Röhrenblüten. *Sinningia regina* wird rund 23 cm groß und entwickelt metallisch grüne Blätter mit ausgeprägten weißen Adern. Ihre hängenden, glockenförmigen Blüten sind weißviolett mit einem violettpurpurroten Innenrand der Blütenblätter. *Sinningia speciosa* war früher als *Gloxinia speciosa* bekannt: Deshalb tragen auch ihre Hybriden den Namen „Gloxinie". Sie bildet 20 bis 25 cm hohe Blattrosetten mit einem Durchmesser von ca. 30 cm. Die Pflanze verfügt über keinen Stamm, die Blätter sind dunkelgrün, oben filzig weiß und unten purpurrot gefärbt. Von Mai bis August bilden sich 5 bis 10 cm lange, trompetenförmige, samtig violette oder purpurrote Blüten. Die Hybriden entwickeln Blüten in den unterschiedlichsten Farben: Rosa, Violett, Purpurrot oder Schneeweiß.

Zimmerlinde Sparmannia

Die Zimmerlinde ist ein immergrüner Strauch, der sehr üppig wächst und daher stetige aufmerksame Pflege benötigt.

Die Zimmerlinde ist ein immergrüner Strauch, der auch die Größe eines kleinen Baumes erreichen kann und dekorative Blätter sowie zierliche weiße Blüten aufweist. Die Gattung umfasst sieben Arten, die alle aus den Tropen Afrikas und Madagaskars stammen. Die einzige als Zimmerpflanze kultivierte Art ist *Sparmannia africana*.

Pflege: Jedes Jahr im Frühling ist die Pflanze in eine sehr nährstoffreiche Erde umzutopfen. Sobald die Wurzeln keinen Platz mehr finden, benötigen sie einen größeren Topf. *Sparmannia africana* wächst äußerst rasch, weshalb man eventuell mehr als einmal im Jahr umtopfen muss. Um der Pflanze eine buschige Wuchsform zu verleihen, sind die Triebenden der jungen Pflanzen ebenso zu kürzen wie die Stämme und Äste älterer Bäume nach der Blüte. Die Blüten sind sehr kurzlebig und sollten auch im verwelkten Zustand noch einige Wochen an der Pflanze verbleiben. Erst nach dem Ende der Blütezeit werden sie dann mit Stiel abgeschnitten. Im **Sommer** bevorzugt Sparmannia einen kühlen, stets hellen und luftigen Standort mit Temperaturen von 16 bis 18 °C und darf dabei nicht zu lange in der direkten Sonne stehen. Es ist reichlich zu gießen und die Erde ist stets feucht zu halten. Sobald sich im Frühling die ersten Blütenknospen zeigen, benötigt Sparmannia bis in den Herbst hinein etwa alle 10 bis 15 Tage etwas Flüssigdünger und alle paar Tage ein Besprühen der Blätter. Im **Herbst** und **Winter** bevorzugt sie Temperaturen von 7 bis 10 °C, ausreichend Frischluft und mäßiges Gießen, sodass die Erde nicht gänzlich austrocknet.

Vermehrung: Im März oder April werden von den Trieben rund 10 bis 15 cm lange Stecklinge abgeschnitten und dann mit Bewurzelungshormon behandelt. Anschließend kommen sie in eine feuchte Mischung aus gleichen Teilen Torf und Sand. Sie benötigen nun eine Temperatur von 16 bis 18 °C und Halbschatten, bis sich die Wurzeln gebildet haben. Danach wird jedes Pflänzchen einzeln in einen 8-cm-Topf eingesetzt und wie eine erwachsene Pflanze behandelt. Sie wachsen nun rasch, weshalb es bereits innerhalb der ersten Monate nötig sein kann, ein- bis zweimal umzutopfen.

Gefahren und Vorsichtsmaßnahmen: Bei Lichtmangel verfärben sich die Blätter der Zimmerlinde braun und verlieren ihre Vitalität. Die Pflanze blüht nicht und schießt unförmig in die Höhe. Wollläuse bestreicht man mit einem in denaturierten Alkohol getauchten Pinsel oder verwendet ein systemisches Insektizid.

Arten und Sorten: *Sparmannia africana* kann 5 bis 6 m hoch werden. Als Topfpflanze erreicht sie jedoch selten mehr als 2 m Höhe. Die großen, herzförmigen hellgrünen Blätter sind mit kleinen, weichen Haaren bedeckt. Sie werden 15 bis 20 cm lang und sitzen auf einem ebenso langen Stiel. Die weißen, leicht duftenden Blüten bilden 4 cm breite Dolden, die von langen Stielen getragen werden. Typisch für diese Blüten sind die büschelartig herausragenden goldgelben Staubgefäße mit ihren purpurroten Pollensäcken. Zu Beginn des Frühlings kommt es zur ersten Blüte, wobei sich diese bei entsprechender Pflege auch über den Großteil des Jahres hinziehen kann. Die Varietät „Flore Pleno" zeigt schöne Blütenstände mit gefüllten Blüten, blüht jedoch nicht so reichlich. „Variegata" ist eine Sorte mit weiß gefleckten Blättern.

Familie
Tiliaceae (Lindengewächse)

Aussehen
strauchartig

Wuchshöhe
200 cm

Durchmesser
100 cm

Blütezeit
Ende Frühling, Anfang Sommer

Standort
indirektes Licht

Gießen
reichlich

Pflege
schwierig

Einblatt, Blattfahne Spathiphyllum

Familie Araceae (Aronstab- gewächse)	
Aussehen buschige Staude	
Wuchshöhe 30–60 cm	
Durchmesser 30 cm	
Blütezeit Frühling– Sommer	
Standort Halbschatten	
Gießen reichlich	
Pflege mittelschwer	

Die Gattung Spathiphyllum umfasst rund 36 rhizombildende, mehrjährige Arten, die in den Wäldern Indonesiens und Südamerikas beheimatet sind. Üblicherweise findet man als Kulturpflanze nur *Spathiphyllum wallisii*, dessen Blütenstände aus je einem schneeweißen Hüllblatt bestehen, das einen zylindrischen cremeweißen Blütenkolben umgibt.

Pflege: Jedes Jahr im Frühling wird Spathiphyllum in gute Torferde umgetopft, wobei stets ein größerer Topf zu verwenden ist. Es empfiehlt sich, zuvor an die Topfbasis eine Drainageschicht aus Tonscherben einzulegen. Bei Pflanzen, die bereits die endgültige Topfgröße erreicht haben, ist jährlich die oberste Erdschicht (rund 2,5 cm) durch frisches Substrat zu ersetzen. Im **Sommer** können die Temperaturen zwischen 18 und 32 °C liegen, wobei 27 °C die Idealtemperatur darstellt. Die Pflanze bevorzugt einen Platz im Halbschatten, da direkte Sonneneinstrahlung ihre Blätter verbrennt. Es muss reichlich gegossen und die Blätter sollten bei sehr hohen Temperaturen einmal am Tag besprüht werden. Die Pflanze sollte das ganze Jahr über auf einem mit nassem Kies gefüllten Untersetzer stehen. Von **Frühling** bis **Herbst** ist etwa alle zwei bis drei Wochen zu düngen. Im **Winter** benötigt Spathiphyllum Temperaturen von 16 bis 18 °C, frische Luft und so viel Licht wie möglich, verträgt aber keine direkte Sonne. Spathiphyllum reagiert sehr empfindlich auf Zugluft, Rauch und schlechte Luft. Es genügt jetzt, mäßig zu gießen und regelmäßig zu besprühen, um so für die nötige Luftfeuchtigkeit zu sorgen.

Vermehrung: Beim Umtopfen der Pflanze besteht gleichzeitig die Möglichkeit der Vermehrung durch **Teilung des Wurzelstockes**. Dabei muss jeder Teil über mindestens zwei bis drei Blätter verfügen. Diese Teile kommen dann in Einzeltöpfe und werden bei 21 °C im Schatten stets feucht gehalten, bis sich die Wurzeln bilden. Danach behandelt man sie wie reife Pflanzen.

Gefahren und Vorsichtsmaßnahmen: Bei Wassermangel beginnen die Blätter von Spathiphyllum zu welken. In diesem Fall sollte man die Pflanze samt Topf für einige Zeit in lauwarmes Wasser eintauchen. Wollläuse entfernt man am besten mit einem in denaturierten Alkohol getauchten Pinsel.

Arten und Sorten: *Spathiphyllum wallisii* (Bild) stammt aus Venezuela sowie Kolumbien und ist eine rhizombildende, immergrüne, mehrjährige Pflanze mit langstieligen leuchtend grünen Blättern. Die sehr haltbaren Blütenstände erscheinen im Spätfrühling und Sommer an 20 bis 25 cm langen Schäften, die sich aus dem Zentrum der Pflanze erheben. Jeder Blütenstand besteht aus einem cremeweißen ca. 5 cm langen Blütenkolben, der sich an der Basis eines ovalen, 8 bis 10 cm breiten Hüllblattes entwickelt. Dieses ist anfänglich schneeweiß und verfärbt sich später hellgrün. Die Hybride „Mauna Loa" ist etwas größer als die gewöhnliche Art und erreicht eine Wuchshöhe von 60 cm. Ihre Blätter sind 20 bis 25 cm lang und stehen an ebenso langen Stielen. Im Mai bilden sie zahlreiche Blütenkolben, die von je einem 10 bis 15 cm langen Hüllblatt umgeben sind, das sich an der Spitze eines 40 bis 50 cm langen Blütenschaftes entwickelt.

Kranzschlinge, Madagaskarjasmin Stephanotis

Stephanotis floribunda ist eine zarte und sehr attraktive tropische Kletterpflanze mit angenehm duftenden weißen, wachsartigen Blüten. Im Gewächshaus erreicht sie Höhen bis zu 3 m, lässt sich aber auch als Zimmerpflanze kultivieren und benötigt dann ein Spalier oder zumindest einen kreisförmig gebogenen Draht als Stütze. Da die Pflanze über keine Ranken verfügt, müssen ihre Sprosse am Rankgitter sorgfältig befestigt werden.

Pflege: Falls es das Wachstum der Pflanze erfordert, ist Stephanotis jährlich im **Frühling** in einen etwas größeren Topf mit guter Erde umzusetzen. Bei älteren Exemplaren genügt es dann, die oberste Schicht des Substrats auszutauschen. Während dieses Vorgangs wird zugleich eine entsprechende Stütze im Erdreich verankert, wobei das ein Rundbogen aus Draht oder eine bemooste Stütze sein kann. Die Pflanze benötigt viel Licht, keine direkte Sonne und einen luftigen Standort. Die Temperaturen müssen konstant um 21 °C liegen und sollten auf keinen Fall starken Schwankungen unterliegen. Den **Sommer** über ist alle drei Wochen zu düngen und für schwache, aber stetige Feuchtigkeit des Substrats mit möglichst kalkfreiem Wasser zu sorgen. Stephanotis benötigt auch ausreichende Luftfeuchtigkeit, vor allem dann, wenn es sehr heiß ist. Zu diesem Zweck sollte man die Blätter regelmäßig besprühen, wobei jedoch die Blüten nicht benetzt werden dürfen. Im **Herbst**, nach Beendigung der Blüte, empfiehlt es sich, die zu langen Triebe der Pflanze zu kürzen. Anschließend besprüht man die Schnittfläche mit kaltem Wasser, um so den Fluss der austretenden Milch zu stoppen. Von **Oktober** bis **März** bevorzugt Stephanotis Temperaturen von 13 bis 16 °C sowie einen sehr hellen, aber nicht sonnigen Standort. Die Erde braucht jetzt nur leicht feucht gehalten zu werden.

Vermehrung: Im Frühling oder zu Beginn des Sommers kann man zur Vermehrung von den Enden der Seitentriebe **Stecklinge** abschneiden. Der Schnitt erfolgt dabei stets knapp unterhalb eines Knotens. Der dabei austretende Milchsaft lässt sich durch Wasser rasch stoppen. Anschließend werden die untersten Blätter entfernt und die Schnittfläche wird mit Bewurzelungshormon behandelt, bevor die Stecklinge in einer Mischung aus Erde und feinem Sand im Verhältnis 3 : 1 eingesetzt werden. Die Stecklingsbehälter kommen dann in einen Vermehrungskasten, wo die Pflanzen im Schatten bei 21 °C gleichmäßig feucht gehalten werden. Im Verlauf von ca. 8 bis 10 Wochen bilden sich Wurzeln und neue Triebe.

Gefahren und Vorsichtsmaßnahmen: Starke Temperaturschwankungen, zu wenig oder zu viel Wasser, aber auch ein zu hoher Kalkgehalt des Gießwassers bzw. der Erde sind die häufigsten Ursachen dafür, dass die Blätter von Stephanotis gelb werden und abfallen. Bei einem Befall durch die Rote Spinne – der an feinen Spinnfäden an der Blattunterseite erkennbar ist – muss sofort ein entsprechendes Akarizid verwendet werden.

Arten: *Stephanotis floribunda* (syn. *Stephanotis jasminoides*), die einzige als Zimmerpflanze kultivierte Art dieser Gattung, stammt aus Madagaskar. Ihre Blätter sind ledrig, oval, rund 8 cm lang, dunkelgrün gefärbt und mit einer etwas helleren Mittelrippe versehen. Sie wachsen paarweise gegenständig an den langen Trieben. Zwischen Mai und Oktober entspringen den Blattachseln weiße, wachsartige, intensiv duftende Blüten in Form lockerer Dolden.

Familie
Malvaceae
(Seidenpflanzengewächse)

Aussehen
kletternd

Wuchshöhe
150–300 cm

Durchmesser
150 cm

Blütezeit
Sommer

Standort
indirektes Licht

Gießen
reichlich

Pflege
leicht

Drehfrucht Streptocarpus

Familie
Malvaceae
Gesneriaceae
(Gesnerien-
gewächse)

Aussehen
rosettenartig

Wuchshöhe
25–30 cm

Durchmesser
20–25 cm

Blütezeit
Frühling–Herbst

Standort
indirektes Licht

Gießen
reichlich

Pflege
mittelschwer

Die Gattung Streptocarpus umfasst rund 130 ein- und mehrjährige Arten mit zumeist zierlichem Aussehen. Sie stammen aus den Wäldern Ost- und Südafrikas sowie aus Madagaskar und einigen Gebieten Asiens. Diese Pflanzen sind auch unter dem Namen Drehfrucht bekannt und werden hauptsächlich wegen ihrer zierlichen Blüten kultiviert, deren Farben von Rosa über Rot und Purpurrot bis zu Blau reichen. In seiner Heimat wächst Streptocarpus in dichten Gruppen an feuchten Standorten entlang von Wasserläufen. Als Zimmerpflanzen sind bei uns vor allem die Hybriden von *Streptocarpus rexii* sehr verbreitet.

Pflege: Das Umtopfen von Streptocarpus erfolgt jährlich im März oder April, um dadurch die Pflanze zu kräftigen und um vor der Blüte ein entsprechendes Wachstum anzuregen. Dazu benötigt man eine gute Torferde oder eine mit Torf vermischte Blumenerde. Im Frühling und im Sommer bevorzugen diese Arten Temperaturen von 18 bis 21 °C und einen kühlen, jedoch vor Zugluft geschützten, hellen Standort, der nicht der prallen Sonne ausgesetzt sein darf. Zwischen den reichlichen Wassergaben sollte man die Erde stets austrocknen lassen, etwa alle drei Wochen sollten die Pflanzen mit der Hälfte der empfohlenen Dosis gedüngt werden. Vor allem wenn es sehr heiß ist, braucht Streptocarpus eine entsprechende Luftfeuchtigkeit. Zu diesem Zweck stellt man die Pflanze auf einen mit feuchtem Kies gefüllten Untersetzer und besprüht die Blätter täglich am frühen Morgen. Im Herbst und im Winter benötigt sie eine Mindesttemperatur von 16 °C sowie viel Licht, aber keine direkte Sonne. Der Raum muss luftig, darf aber nicht zugig sein. Es ist weiterhin regelmäßig zu gießen, aber nur an wärmeren Tagen zu sprühen.

Streptocarpus benötigt reichlich Wasser und einen luftigen Standort.

Vermehrung: Die Vermehrung von Streptocarpus erfolgt im Frühling oder am Beginn
des Sommers durch **Teilung** besonders gut
entwickelter Pflanzen. Man kann aber
auch aus **Stecklingen** Jungpflanzen heranziehen. Dazu benötigt man ein Blatt und
schneidet es in zwei bis drei Teile, die dann
einzeln mit der Basis voran in eine sehr
feuchte Mischung aus zwei Teilen Sand
und einem Teil Torf ca. 1 cm tief eingesetzt
werden. Diese Blattstecklinge kommen
dann in einen Vermehrungskasten, wo
sie feucht und lichtgeschützt bei 18 °C zu
halten sind. Innerhalb von etwa sechs
Wochen entwickeln sich dann an der Basis
der Stecklinge die ersten winzigen Pflänzchen. Ab einer Höhe von 5 bis 8 cm können
sie schließlich pikiert werden.

Gefahren und Vorsichtsmaßnahmen: Es ist bei Streptocarpus unbedingt darauf zu
achten, dass bei hoher Luftfeuchtigkeit entsprechend gelüftet wird, weil sich sonst
Grauschimmel (Botrytis) an den Blättern ansiedelt. In diesem Fall sind die betroffenen Teile wegzuschneiden und ein Fungizid ist aufzusprühen. Bei einem Befall durch
grüne Blattläuse hilft die rechtzeitige Anwendung eines Insektizids auf Pyrethrumbasis, da sonst die Blätter verkümmern. Abgeblühte Blüten sollen sofort entfernt
werden, weil dadurch die Blütezeit der Pflanze verlängert wird.

Arten und Sorten: *Streptocarpus dunnii* bildet ein einziges riesiges, bis zu 90 cm
langes Blatt, über dem sich im Sommer ein bis zu 30 cm langer Schaft mit zierlichen
hängenden Blüten erhebt. Von Streptocarpus gibt es zahlreiche Arten, Hybriden
und Sorten. *Streptocarpus rexii*, von der die meisten Zimmer-Hybriden abstammen,
entwickelt Rosetten aus runzeligen, filzigen und bandförmigen Blättern, die kräftig
grün gefärbt sind. Sie wird 25 bis 30 cm hoch und blüht im Mai/Juni. Noch bekannter
als die Ausgangspflanze sind jedoch die Hybriden und Sorten, die unter dem Namen
Streptocarpus x hybridus angeboten werden. Sie entwickeln unterschiedlich
gefärbte glockenförmige Blüten, die sich von Mai bis Oktober in den obersten
Blattachseln bilden. ,,Mexican White" zeigt weiße Blüten mit gelben Zentren.
,,Diana" zeigt purpurrote Blüten mit weißer Mitte.

*Die vielen Hybriden und
Sorten von Streptocarpus
sind wegen ihrer glocken-
förmigen, unterschiedlich
gefärbten Blüten beliebt.*

Tillandsie, Luftnelke Tillandsia

Familie
Bromeliaceae
(Ananas-
gewächse)

Aussehen
rosettenartig
bis fadenför-
mig

Wuchshöhe
10–15 cm

Durchmesser
5–8 cm

Blütezeit
Sommer

Standort
indirektes Licht

Gießen
mittelmäßig

Pflege
leicht

Die mehr als 400 Arten umfassende Gattung Tillandsia (Luftpflanzen) stammt hauptsächlich aus Mittel- und Südamerika von Mexiko bis Argentinien und zählt zu den epiphytischen Pflanzen. Tillandsien werden als Zimmerpflanzen aus diesem Grund zumeist auf einem Stück Holz oder Kork festgeklebt und nicht in einem Topf wachsend kultiviert. Es gibt jedoch auch einige Arten, die im Topf wachsen, dann aber eine gute Drainage benötigen. Diese wirklich außergewöhnlichen Gewächse erzielen als Zimmerpflanzen eine beachtlich dekorative Wirkung. Ihre Lebensdauer liegt bei einigen Jahren, wobei sie sehr leicht zu halten sind. Während ihre Blüten schnell verblühen, verbleiben die lebhaft gefärbten Hochblätter der Blütenstände noch einige Wochen lang unverändert.

Pflege: Im Frühling und im Sommer bevorzugen Tillandsien eine Temperatur zwischen 20 und 27 °C sowie einen vor direkter Sonneneinstrahlung geschützten Standort. Ihre Blätter müssen regelmäßig mit Regenwasser besprüht werden, wobei dies an sehr heißen Tagen auch zweimal täglich erforderlich sein kann. Alle drei bis vier Wochen ist dem Sprühwasser etwas Flüssigdünger beizumengen. Einige Arten bilden zarte Rosetten, deren Trichter stets mit Wasser gefüllt bleiben muss und nie austrocknen darf. Es empfiehlt sich, das Wasser des Trichters einmal monatlich auszutauschen. Sollte es im Zimmer sehr heiß werden, so kann man die Pflanze ins Freie stellen. Tillandsia blüht gegen Ende des Sommers oder im Herbst, wobei die Rosette nach der Blüte wie bei allen Bromelien langsam abstirbt, ein Vorgang, der bis zu einem Jahr dauern kann. Ist dies eingetreten, so können Pflanzen, die bereits Kindel an ihrer Basis gebildet haben, geteilt werden. Tillandsia lindeniana und Tillandsia cyanea lassen sich auch im Topf in einer Mischung aus Sand und Torf kultivieren. Sie sind nur dann umzutopfen, wenn man ihre Kindel teilen will. Im Herbst und im Winter darf die Temperatur für Tillandsien nie unter 10 bis 15 °C fallen und die Pflanze benötigt in dieser Zeit einen luftigen, vor direktem Licht geschützten Standort, verträgt aber weder kalte Zugluft noch Frost. Es empfiehlt sich, sie auch weiterhin jeden Morgen zu besprühen.

Vermehrung: Im Frühling lassen sich Arten, die eine Rosette entwickeln, nach deren Absterben durch Teilung vermehren. Dabei entfernt man die möglichst schon bewurzelten Seitentriebe (Kindel) vorsichtig und befestigt diese dann auf einer neuen Unterlage. Anschließend werden sie mit Wasser besprüht und an einem schattigen Ort aufgehängt. Tillandsia lindeniana und Tillandsia cyanea vermehrt man im

Tillandsia cyanea

Frühling – falls im Topf kultiviert – durch Kindel, die man in Erde für ausgewachsene Pflanzen einpflanzt. Auch *Tillandsia usneoides*, das Louisiana-Moos, wird durch **Teilung** vermehrt. Zu diesem Zweck entfernt man ein Büschel ihrer flechtenartigen Blätter und befestigt es mit einem mit Kunststoff überzogenen Draht an einem Stück Rinde oder Kork. Auf die Unterlage kommt danach noch etwas Sphagnum, damit sich die Wurzeln besser verankern können. Die Pflanze muss anschließend nur noch feucht gehalten werden.

Gefahren und Vorsichtsmaßnahmen:
Tillandsien erweisen sich gegenüber Krankheiten als sehr widerstandsfähig. Falls sie kränklich wirken oder ihre Blätter zu welken beginnen, sind meistens zu kalte Temperaturen

Die fleischigen, schmalen Blätter von Tillandsia bulbosa *entwickeln sich von einer zwiebelartigen Basis aus nach allen Richtungen.*

oder Zugluft dafür verantwortlich. Braune und brüchige Blätter weisen hingegen darauf hin, dass die Pflanze zu lange in der Sonne stand oder zu wenig Feuchtigkeit erhielt. Bei einem Befall durch Wollläuse sind die befallenen Bereiche mit einem in denaturierten Alkohol getauchten Pinsel zu säubern.

Arten: *Tillandsia argentea* entwickelt eine kleine kompakte Rosette, die 15 bis 20 cm hoch wird und aus zahlreichen sehr feinen und schuppigen sowie silbergrauen Blättern besteht. Im Sommer hebt sich aus ihrer Mitte ein Blütenstand, der die Blätter überragt. Er entwickelt die Form einer umgedrehten Ähre und besteht aus roten, schuppigen Hochblättern und purpurroten Blüten. *Tillandsia brachycaulos* bildet eine 13 bis 15 cm hohe, symmetrische Rosette aus steifen, gebogenen, unten schuppigen grünen Blättern, die sich knapp vor der Blüte leuchtend rot verfärben. Im Sommer erscheint ein Blütenstand aus weichen Hochblättern und purpurroten Blüten. *Tillandsia bulbosa* verfügt über eine kompakte und zwiebelartige Basis, deren fleischige, schmale und dünn auslaufende Blätter im unteren Bereich eng miteinander verbunden sind. Diese können bis zu 15 cm lang werden und stehen oberhalb der zwiebelartigen Basis radial und gekrümmt in alle Richtungen. Die 5 bis 6 cm langen purpurroten Blüten verfügen über weiße Spitzen und bilden im Sommer ährenförmige Blütenstände. *Tillandsia cyanea* zeigt dunkelgrüne, bis zu 40 cm lange und 2,5 cm breite Blätter. Ihre blauvioletten Blüten sitzen in Form einer Ähre am Ende eines 5 bis 8 cm langen Blütenschaftes. *Tillandsia ionantha* bildet eine stammlose, 8 bis 10 cm hohe Rosette aus zahlreichen schwertförmigen, ledrigen und gebogenen Blättern, die einander überlappen und von winzigen Schuppen bedeckt sind. Die inneren Blätter verfärben sich vor der Blüte rot. Im Sommer entwickeln sich lange, ährenförmige Blütenstände mit ca. 6 cm langen purpurrot-violetten Blüten mit hervorstehenden gelben Staubblättern. *Tillandsia lindeniana* (syn. *Tillandsia lindenii*) entwickelt eine kompakte Rosette aus ca. 40 cm langen und 1,5 cm breiten Blättern. Der dünne, etwa 30 cm lange Blütenschaft trägt eine zarte Ähre von blauen Blüten mit weißem Schlund, die von korallenroten Hochblättern umgeben sind. *Tillandsia usneoides* bildet eine hängende, flechtenartige Masse von langen, fadenförmigen Stängeln, auf denen graue, schuppige, ca. 5 cm lange Blätter sitzen. Im Sommer zeigen sich winzige, leuchtend gelbgrüne Blüten, die aus drei Blütenblättern bestehen, ein Ereignis, das bei Zimmerpflanzen allerdings selten eintritt.

Dreimasterblume, Tradeskantie

Tradescantia

Familie	Commeli-naceae (Commelinen-gewächse)
Aussehen	hängend
Wuchshöhe	30 cm
Durchmesser	30 cm
Blütezeit	Sommer
Standort	indirektes Licht
Gießen	mittelmäßig
Pflege	leicht

Tradescantia eignet sich besonders als Ampelpflanze und bedarf keiner besonderen Pflege.

Die Gattung Tradescantia stammt aus den Subtropen Mittel- und Südamerikas und umfasst zahlreiche mehrjährige, immergrüne Arten mit kriechenden oder hängend wachsenden Trieben, die mit kleinen, spitz endenden Blättern bedeckt sind. Es handelt sich dabei um überaus leicht zu kultivierende Gewächse, die sich hervorragend als Ampelpflanzen eignen. Viele Arten und Sorten bilden endständige Dolden von kleinen Blüten aus, die über drei weiß bis rosa gefärbte Blütenblätter verfügen.

Pflege: Um gut zu gedeihen, benötigt die Tradeskantie hervorragend drainierte Topferde oder mit Sphagnum ausgekleidete Ampeln. *Tradescantia sillamontana* und *Tradescantia navicularis* verlangen ein Substrat, das zum Zwecke einer besseren Drainage etwa zu einem Drittel mit grobem Sand vermischt ist. Im **Frühling** und **Sommer** bevorzugen Tradescantia einen Platz im Freien, man kann sie aber auch im Haus bis zu Raumtemperaturen von 27 °C halten. Es empfiehlt sich für buschiges Wachstum, die Triebenden zu kürzen und die verwelkten oder trockenen Blätter an der Basis hängender Triebe stets zu entfernen. Bei gefleckten Sorten sollte ein Teil der neuen Triebe ganz entfernt werden, um so die Entwicklung der Pflanze zu fördern. Die untersten Blätter der Triebe fallen mit der Zeit ab und lassen die Pflanze dadurch kümmerlich erscheinen. Daher sollten immer wieder Stecklinge abgeschnitten werden, um daraus neue vitale Pflanzen heranzuziehen. Die Tradescantia benötigt einen gut gelüfteten Standort mit viel Licht, aber ohne direkte Sonneneinstrahlung. Die Erde sollte stets feucht bleiben und ist zwischen **April** und **September** alle zwei Wochen mit der Hälfte der empfohlenen Dosis zu düngen. Es darf keinesfalls übersehen werden, dass die Arten *Tradescantia sillamontana* und *Tradescantia navicularis* nur mäßig zu gießen sind. Hin und wieder wird es bei großer Hitze auch notwendig sein, die Blätter am frühen Morgen, aber nicht in der Sonne zu besprühen. Im **Herbst** und im **Winter** benötigt die Tradeskantie eine Temperatur von ca. 14 °C, die keinesfalls unter 10 °C sinken darf. Sie bevorzugt jetzt einen gut gelüfteten, aber zugluftfreien Standort, und beim Gießen muss darauf geachtet werden, dass die Erde nur leicht befeuchtet wird und zwischen den einzelnen Wassergaben stets austrocknen kann. An wärmeren und sonnigen Tagen ist die Pflanze auch zu besprühen.

Vermehrung: Zur Vermehrung der Tradeskantie werden von den Enden der Triebe ca. 8 bis 13 cm lange **Stecklinge** knapp unterhalb eines Knotens abgeschnitten und die untersten Blätter entfernt. Diese kommen nun zu dritt oder zu viert in 8-cm-Töpfe in eine Mischung aus zwei Teilen Erde und einem Teil feinen Sand. Anschließend sind sie bei einer Temperatur von 21 °C feucht und im leichten Schatten zu halten. Sobald sie zu wachsen beginnen, können sie gruppenweise in einen größeren Topf umgesetzt und danach wie große Pflanzen behandelt werden. Man kann die Stecklinge aber auch in einem Glas mit Wasser bewurzeln lassen. Das darauf folgende Eintopfen ist aber relativ heikel und muss mit großer Umsicht geschehen, damit die empfindlichen Wurzeln nicht beschädigt werden.

Tradescantia zebrina *„Quadricolor"* mit ihren typischen vierfarbigen Blättern. Die Blätter der Tradeskantien können gefleckt, gestreift oder schattiert sein.

Gefahren und Vorsichtsmaßnahmen: Bei Tradescantia spielt richtiges Licht eine entscheidende Rolle. Zu wenig Licht verlangsamt das Wachstum, die Triebe bleiben dünn und die Blätter werden schlaff. Bei den gefleckten Sorten bildet sich an den Blättern keine Zeichnung aus und die Art *Tradescantia sillamontana* geht bei Lichtmangel sogar ein. Direktes Sonnenlicht ist jedoch ebenso schädlich, weil die Blätter dadurch leicht verbrennen. Dem Gießen kommt eine gleichfalls wichtige Bedeutung zu. Bei Wassermangel welken die Blätter, rollen sich ein und werden zuletzt gelb. Die Tradeskantien benötigen viel Wasser, vor allem in der Wachstumsphase, wobei Staunässe im Untersetzer vermieden werden muss. Mit Winterbeginn sind die Wassergaben allmählich einzuschränken.

Arten und Sorten: *Tradescantia blossfeldiana* (syn. *Tradescantia cerinthoides*) entwickelt schmale längliche Blätter mit dunkelgrüner Oberseite und purpurroter Unterseite. Im ausgewachsenen Stadium bildet sie von März bis April endständige Dolden von 1 cm langen, weißen, purpurrot-rosa gepunkteten Blüten. *Tradescantia fluminensis* (syn. *Tradescantia albiflora*) stammt aus Brasilien und Argentinien. Diese klassische Tradeskantie zeigt hängende, fleischige, knotige und verzweigte Triebe, die 30 cm und länger werden. Ihre sitzenden, spitz zulaufenden, 5 bis 10 cm langen Blätter sind dunkel- oder blaugrün gefärbt und an der Unterseite purpurrot. Im Frühling und Sommer bilden sich an den Enden der hängenden Triebe Dolden von kleinen weißen, sternförmigen Blüten. Eine der beliebtesten Sorten, ,,Variegata'', entwickelt hellgrüne Blätter, die unregelmäßig weiß-rosa gestreift sind. *Tradescantia navicularis* (syn. *Callisia navicularis*) unterscheidet sich von den anderen Tradescantia-Arten. Sie stammt aus Mexiko und Peru und ist eine sukkulente Pflanze mit kriechenden, bis zu 30 cm langen Trieben. Auf diesen sitzen eng gepackt dickfleischige mattgrüne Blätter mit rötlich schimmernder Unterseite. Im Sommer bilden sich kleine Trugdolden aus hellpurpurroten oder intensiv rosa gefärbten Blüten. *Tradescantia sillamontana* zeigt ovale dunkelgrüne Blätter mit einer purpurrot-rosa gefärbten und weiß behaarten Unterseite. Sie unterscheidet sich von den anderen Arten dadurch, dass sie zunächst bis zu 40 cm aufrecht wächst und erst dann hängende Triebe entwickelt. Im Sommer erscheinen ihre intensiv rosa gefärbten Blüten.

Vriesee, Flammendes Schwert Vriesea

Familie
Bromeliaceae
(Ananas-
gewächse)

Aussehen
rosettenartig

Wuchshöhe
50–60 cm

Durchmesser
50–60 cm

Blütezeit
Frühling–
Herbst

Standort
pralle Sonne,
indirektes Licht

Gießen
reichlich

Pflege
leicht

Die umfangreiche Bromelien-
gattung Vriesea umfasst an
die 200 Arten, von denen
einige wegen ihrer schönen
Blätter und ihrer farbenfrohen,
prächtigen Blütenstände als
Zimmerpflanzen sehr beliebt
sind. Sie verdanken ihre Schönheit vor allem den lebhaft
gefärbten Hochblättern der
Blütenstände, während die
Blüten selbst nur unscheinbar
und kurzlebig sind.

Pflege: Die Rosette der Mutterpflanze stirbt wie bei allen
Bromelien nach der Blüte ab,
entwickelt aber an der Basis
gleichzeitig Seitentriebe (Kindel). Lässt man diese ungestört im Topf wachsen, so
entwickeln sie sich in zwei bis
drei Jahren zu reifen Pflanzen.
Setzt man die Kindel einzeln

in Töpfe, dann benötigt man dafür kalkfreie, mit grobem Sand vermischte Torferde
(4:1). Gänzlich verwelkte Rosetten müssen ungefähr 2,5 bis 5 cm oberhalb der Basis
abgeschnitten werden. Im **Frühling** und **Sommer** können die Temperaturen für
Vriesea bis 27 °C ansteigen, die Pflanze bevorzugt einen hellen Standort und sollte
einige Stunden am Tag in der Sonne stehen, und zwar am Morgen und am Abend.
Es ist jetzt wichtig, reichlich zu gießen und den Trichter in der Rosettenmitte stets

mit Wasser gefüllt zu halten, wobei
dieses aber monatlich ausgewechselt
werden sollte. Zum Gießen darf nur
Regenwasser oder abgekochtes
Wasser, dem man zuvor einige Tropfen
Essig beimengt, verwendet werden.
Alle drei bis vier Wochen empfiehlt
es sich außerdem, etwas verdünnten
Flüssigdünger in den Trichter zu tropfen. Im **Herbst** wird der abgeblühte
Blütenstand an der Basis abgeschnitten, sobald er vertrocknet ist. Die Temperatur darf im **Winter** nie unter 13 °C
fallen und die Pflanze benötigt jetzt
einen hellen, vor Sonne und Zugluft
geschützten, luftigen Standort, wobei
die Erde stets leicht feucht zu halten
ist und die Rosette mit Wasser gefüllt
bleiben muss.

Vermehrung: Im März oder April werden die ca. 15 cm langen **Kindel**, welche sich mittlerweile entwickelt haben, mitsamt ihren Wurzeln von der Mutterrosette abgetrennt und dann einzeln in kalkfreie Erde in 8-cm-Töpfe eingesetzt. Diese kommen dann in einen Vermehrungskasten, wo sie feucht und bei einer Temperatur von 24 bis 27 °C gehalten werden. Sie benötigen nun einen hellen, aber vor direkter Sonne geschützten Standort, an dem sie nach vier bis sechs Wochen weitere Wurzeln bilden. Danach werden sie wie reife Pflanzen behandelt, wobei sie nach einem Jahr 13-cm-Töpfe benötigen.

Gefahren und Vorsichtsmaßnahmen: Beginnen die Blätter von Vriesea vor der Blüte zu verbleichen und zu verkümmern, so muss die Pflanze mehr gegossen werden, dabei darf sich jedoch keine Staunässe bilden, da sonst die Wurzeln zu faulen beginnen. Die Pflanze verträgt auch keine Zugluft oder Kälte. Wollläuse lassen sich mit einem in denaturierten Alkohol getränkten Tuch oder einer kleinen Bürste entfernen. Man darf für Vriesea auf keinen Fall Insektizide auf Malathionbasis verwenden, da dieses im Mitteltrichter gespeichert wird und die Entwicklung der Blätter beeinträchtigt.

Arten: *Vriesea fenestralis* stammt aus Brasilien und entwickelt gebogene, ca. 45 cm lange und 5 cm breite, leuchtend gelbgrüne Blätter mit zahlreichen dunkelgrünen Adern. Hin und wieder ist deren Unterseite rot oder purpurrot gefleckt. Der Blütenstand erreicht eine Länge von 45 cm und besteht aus rund 20 leuchtend grünen Hochblättern mit dunkelpurpurroten Flecken. Die röhrenförmigen, rund 6 cm langen und schwefelgelb gefärbten Blüten können sich sowohl im Frühling als auch im Sommer oder Herbst bilden. *Vriesea splendens* ist in Venezuela beheimatet und kann eine Wuchshöhe von bis zu 60 cm erreichen. Ihre blaugrünen, 4 bis 5 cm breiten Blätter werden von breiten, dunklen Querstreifen durchzogen und weisen graue Unterseiten auf. Auf einem bis zu 60 cm hohen Blütenschaft erhebt sich ein schwertförmiger, bis zu 30 cm langer Blütenstand, der aus eng anliegenden leuchtend roten Hochblättern besteht. Zwischen diesen sprießen dann im Spätsommer bzw. im Frühling oder auch im Herbst ca. 5 cm lange leuchtend gelbe Blüten.

Die Pflanzen der Gattung Vriesea beeindrucken vor allem durch ihre schönen Blätter und auffallend gefärbten Blütenstände, was man an den auf dieser Doppelseite abgebildeten Arten deutlich erkennen kann.

Palmlilie Yucca

Familie Agavaceae (Agavengewächse)	Die Gattung Yucca umfasst rund 40 Arten, die in Mittelamerika und auf den Westindischen Inseln beheimatet sind. In freier Natur erreichen sie eine Wuchshöhe von 12 m, weshalb nur einige langsam wachsende Arten als Zimmerpflanzen kultiviert werden können. Palmlilien entwickeln typische dicke, verholzte Stämme, an deren Enden eine oder mehrere Rosetten von schwertförmigen Blättern stehen. Im Freien wachsend, erheben sich zur Blütezeit aus der Mitte dieser Rosetten bis zu 60 cm lange Blütenstände mit zahlreichen glockenförmigen weißen Blüten.

Familie
Agavaceae
(Agaven-
gewächse)

Aussehen
palmenartig

Wuchshöhe
90–180 cm

Durchmesser
60–70 cm

Blütezeit
Sommer
(selten im Topf)

Standort
pralle Sonne

Gießen
selten

Pflege
leicht

Pflege: Die Palmlilie muss jedes Jahr im **Frühjahr** in einen etwas größeren Topf umgetopft werden. Ab einer Topfgröße von 35 bis 40 cm genügt es dann, einmal jährlich die oberste Erdschicht durch neues, nährstoffreiches Substrat auszutauschen. Zwischen **April** und **Oktober** sollte nur mäßig gegossen und dabei Staunässe vermieden werden. Alle vier Wochen empfiehlt es sich, dem Gießwasser etwas Flüssigdünger beizumengen. Yucca bevorzugt möglichst einen hellen, auch prallsonnigen Standort, weshalb man sie im Sommer ruhig ins Freie stellen kann. An sehr heißen Tagen empfiehlt es sich, die Pflanze am Morgen, wenn sie noch im Schatten steht, zu besprühen. Im **Herbst** und im **Winter** bevorzugt sie Temperaturen von 10 °C, verträgt aber auch Abkühlung bis 7 °C. Man gönnt der Pflanze in dieser Jahreszeit eine Ruhephase und gießt sie nur wenig, denn in ihrem natürlichen Habitat treten stets Trockenperioden auf. Zwischen November und März ist Düngung nicht mehr nötig.

Vermehrung: Im Februar oder März kann man Yucca durch Aussaat ihrer **Samen** vermehren, wobei man diese ca. 0,5 cm tief in eine gut gemischte feuchte Erde drückt, die aus zwei Teilen Pflanzenerde und einem Teil grobem Sand besteht. Die Töpfe kommen dann in einen Vermehrungskasten, in dem sie feucht und bei 21 °C gehalten werden. Nach erfolgter Keimung benötigen die Pflänzchen einen helleren Standort und können dann ab einer Größe von 5 bis 8 cm, d. h. nach rund drei Monaten, einzeln in 13-cm-Töpfe mit üblicher Erde sowie einigen Tonscherben als Drainage eingesetzt werden. Zu groß gewordene oder unförmig gewachsene Exemplare können ebenfalls zur Vermehrung herangezogen werden, indem man im Frühling oder Sommer ihre Stämme in mehrere Teile schneidet. Zu diesem Zweck nimmt man die Pflanze aus dem Topf, legt den Stamm auf eine stabile, flache Unterlage und teilt ihn mit einer Säge in längere, mindestens 10 cm lange Stücke. Anschließend werden die Schnittflächen mit Bewurzelungshormon behandelt und die Segmente dann in eine Mischung aus Ton und grobem Sand (1:1) eingesetzt, und zwar so tief, dass sie nicht umfallen können. Die Töpfe werden nun mit einer Plastikabdeckung zugedeckt und geschützt vor direktem Sonnenlicht bei einer Temperatur von 24 bis 27 °C gehalten. Dabei ist stets auf den richtigen Feuchtigkeitsgehalt der Erde zu achten. Nach drei Wochen, sobald sich die ersten Triebe entwickelt haben, nimmt man die Abdeckung ab und die neuen Pflänzchen werden einzeln, paarweise oder zu dritt in größere Töpfe umgesetzt.

Gefahren und Vorsichtsmaßnahmen: Bei Lichtmangel beginnen die untersten Blätter von Yucca ihre Farbe zu verlieren. Zu viel Wasser lässt die Blätter hingegen verwelken und verkümmern. Bei einem Befall durch Grauschimmel (Botrytis) bilden sich auf diesen graue Flecken. In diesem Fall empfiehlt es sich, die betroffenen Teile zu entfernen und ein Fungizid zu sprühen. Wollläuse erkennt man als wollige Kügelchen, während Schildläuse als braune Schuppen an den Blattunterseiten und am Stamm zu erkennen sind.

Yucca ramificata

Yucca aloifolia *entwickelt formschöne Rosetten von spitzen und gesägten Blättern, aus denen sich im Sommer schöne Blütenstände erheben.*

Beide Schädlingsarten können mit einem weichen, mit denaturiertem Alkohol getränkten Tuch entfernt werden. Man kann aber auch ein spezielles Insektizid mit systemischer Wirkung anwenden.

Arten und Sorten: Die Heimat von *Yucca aloifolia* liegt im Süden der Vereinigten Staaten, in Mexiko und auf den Westindischen Inseln. Sie zeigt dunkelgrüne, dicke, starre und spitze Blätter mit leicht gesägten Rändern, die am Ende des Stammes eine Rosette bilden. Dieser kann 0,9 bis 1,2 m hoch werden und bildet bisweilen am Fuß Nebenrosetten. Es gibt zahlreiche Sorten dieser Art: „Marginata" verfügt über grellgrüne Blätter mit cremeweißen Rändern und ist besonders beliebt, weil sie sehr langsam wächst. Gelegentlich entwickeln sich im Sommer hohe Blütenstände mit dichten weißgelben und bisweilen rosa schimmernden Blüten. Die Rosetten von *Yucca elephantipes* (syn. *Yucca guatemalensis*), einer Art, die aus Mexiko und Guatemala stammt, stehen an gekappten Stämmen seitlich und bei unversehrten Pflanzen an der Spitze eines verholzten Stammes. Ihre glänzend grünen, spitzen Blätter sind im Jugendstadium eher starr und aufrecht und neigen im Alter dazu, sich nach unten zu biegen. In ihrem natürlichen Habitat erreicht diese Pflanze eine Höhe von 12 m, wird aber im Haus nicht höher als 0,9 bis 1,8 m. Bisweilen bildet sie am Ende des Sommers Blütenstände aus duftenden, elfenbeinfarbenen Blüten. *Yucca texanum* stammt aus dem Süden der USA und ist eine sehr teure und gesuchte Art, die auch in ihrer Heimat nur noch sehr selten vorkommt. Sie entwickelt eine elegante Rosette aus dünnen graublauen, 60 cm langen Blättern, die mit langen, starken Haaren bedeckt sind. Sie entwickelt im Sommer cremeweiße Blüten, wobei dies aber bei Zimmerpflanzen nur sehr selten vorkommt.

Zamioculcas

Familie
Araceae
(Aronstab-
gewächse)

Aussehen
aufrecht

Wuchshöhe
50–80 cm

Durchmesser
30–60 cm

Blütezeit
unbedeutende
Blüten

Standort
hell

Gießen
regelmäßig

Pflege
leicht

Diese sehr attraktive, aus Ostafrika stammende Pflanze wird noch nicht allzu lange in unseren Breiten kultiviert, hat aber bereits große Beliebtheit erlangt. Sie besitzt noch keinen deutschen Namen und zählt zur Familie der Aronstabgewächse (Araceae). Aus einem horizontal wachsenden knollenartigen Rhizom entwickelt die Pflanze 40 bis 60 cm lange Blätter, die in 5 bis 12 Blattfiedern geteilt sind. Die Stiele dieser Blattfiedern sind am Grund stark verdickt und dienen der Pflanze als Wasserspeicher, wobei bei Trockenheit ein Teil des gefiederten Blattes als Verdunstungsschutz abgeworfen werden kann. Der Stiel bleibt dann als Wasserspeicher zurück. Die Blütenstände tragen nur ein kleines Hochblatt und sind unauffällig.

Pflege: Zamioculcas braucht als Pflanze aus dem tropischen Afrika viel Wärme und Licht. Sie wächst umso schneller und bekommt umso hellere Blätter, je heller der Standort ist. Direkte Sonne sollte aber nach Möglichkeit vermieden werden. Steht die Pflanze im Schatten, wächst sie zwar etwas langsamer, bekommt aber dafür Blätter mit einem sehr kräftigen dunklen Grün. Als Temperatur reicht normale Zimmertemperatur, wobei im Winter 15 °C ausreichen. Der Standort sollte luftig sein, trockene Luft ist zu vermeiden. Zamioculcas ist sehr anpassungsfähig, was die Bewässerung betrifft. Die Pflanze sollte gleichmäßig feucht und nur im **Winter** etwas trockener gehalten werden. Nach der winterlichen Ruhezeit zeigt sie sich im **Frühjahr** bald wieder in ihrer vollen Schönheit. Bei zu großer Trockenheit werden die Oberteile der Blätter abgeworfen. Wird Zamioculcas insgesamt sehr trocken gehalten, benötigt sie nach Gießbeginn im **Frühjahr** relativ lange, um wieder üppiges Laub zu bilden. Von **April bis September** wird mit Blumendünger gegossen, etwa alle 2 Jahre wird im **Frühjahr oder Sommer** umgepflanzt. Als Erde eignet sich Universalblumenerde oder Palmenerde. Beim Umtopfen sollte so lange gewartet werden, bis Zamioculcas bereits sehr kräftige Wurzeln gebildet hat und den Topf zu sprengen versucht. Die Pflanze kann bei guter Pflege bis zu 1,50 m hoch werden.

Vermehrung: Zamioculcas lässt sich relativ leicht durch **Teilung** oder durch ihre Fiederblätter vermehren. Die einfachste Methode ist die **Teilung** der Pflanze beim Umtopfen. Man kann aber auch ein Fiederblatt abtrennen und wie einen **Steckling** bei ca. 20 °C bewurzeln lassen. Auch abgefallene Blätter können an der Basis Knöllchen bilden, die sich ebenfalls zur Bewurzelung eignen. Unterschiedliche Grünschattierungen und Wuchshöhen kann man dadurch erreichen, indem man für die neu bewurzelten Jungpflanzen unterschiedliche Lichtverhältnisse schafft.

Gefahren und Vorsichtsmaßnahmen:
Zamioculcas ist zwar sehr leicht zu halten, verträgt allerdings keine Staunässe. Bei zu häufigem Gießen werden die Blätter gelb bis braun. Ansonsten ist die Pflanze sehr widerstandsfähig und aus bisherigen Erfahrungen kaum krankheitsanfällig.

Arten und Sorten: Die einzige Art dieser monotypischen Gattung ist *Zamioculcas zamiifolia* (umgangssprachlich Kartonpapier-Palme).

Zimmerkalla Zantedeschia

Familie	Araceae (Aronstabgewächse)
Aussehen	krautige Staude
Wuchshöhe	45–90 cm
Durchmesser	70–90 cm
Blütezeit	Herbst oder Frühling
Standort	indirektes Licht
Gießen	reichlich
Pflege	schwierig

Die Gattung Zantedeschia umfasst sechs Arten, die aus den tropischen Sümpfen Südafrikas stammen. Es handelt sich dabei um außerordentlich schön blühende Pflanzen, die nach der Blüte in eine Ruhephase eintreten. Aus diesem Grund ist es nötig, die Zimmerkalla nach einigen Monaten der Erholung durch Gießen und Düngen zu erneutem Wachstum anzuregen. Die Kalla entwickelt keinen Stamm, sondern langstielige, große gesägte Blätter und sehr elegante Blütenstände auf hohen Schäften sowie fleischige Rhizome, die knapp unterhalb der Erdoberfläche verlaufen.

Pflege: Die bekannteste und als Zimmerpflanze am häufigsten kultivierte Art ist *Zantedeschia aethiopica*. Sie blüht schon im frühesten Frühling und muss deshalb bereits Ende **August** oder Anfang **September** umgetopft werden, während andere Kalla-Arten erst im **Februar** umzutopfen sind. Dazu benötigt man gute nährstoffreiche Erde, die mit etwas Torf vermischt wird, wobei bei kleineren Rhizomen 15- bis 20 cm-Töpfe genügen. Zwischen **Februar** und **Mai** bevorzugt *Zantedeschia aethiopica* eine Temperatur von 13 bis 16 °C, verträgt aber auch Temperaturen um 10 °C. Alle Kalla-Arten benötigen außerdem einen sehr hellen, aber sonnengeschützten Standort. Zu Beginn des Wachstums genügt es, nur mäßig zu gießen. Im Laufe der Blattentwicklung müssen die Wassergaben dann allmählich gesteigert werden. Danach sollte man reichlich gießen, um das Substrat ordentlich feucht zu halten. Mit dem Ende der Blüte benötigt die Zimmerkalla dann allmählich weniger Wasser, es genügt, wenn die Erde nur mehr leicht feucht bleibt. Vom ersten Auftreten der Blütenknospen bis zum Ende der Blüte sollte dem Gießwasser etwa alle zwei Wochen etwas Flüssigdünger hinzugefügt und die Pflanze sporadisch mit kalkfreiem Wasser besprüht werden. Im **Herbst** und im **Winter** bevorzugt *Zantedeschia aethiopica* Temperaturen von 10 °C, übersteht aber auch 5 °C. Die anderen Arten ziehen Temperaturen von rund 13 °C vor, wobei diese gegen Winterende mit Beginn der neuen Wachstumsperiode auf rund 16 °C zu erhöhen sind. *Zantedeschia aethiopica* benötigt in dieser Zeit ein stets leicht feuchtes Substrat, wobei die Wassergaben allmählich zu erhöhen sind, sobald die Pflanze wieder zu wachsen beginnt. Während der Blüte ist reichlich zu gießen und einmal wöchentlich zu düngen. Die anderen Kalla-Arten sind von Oktober bis Februar stets leicht feucht zu halten, danach wird ihr Wachstum allmählich durch vermehrtes Gießen wieder angeregt.

Die zart getönten Hüllblätter der Blütenstände von Zantedeschia rehmannii

Vermehrung: Während des Umtopfens können zur Vermehrung die im Bereich des Mutterstocks wachsenden **Jungpflanzen** samt **Rhizomen** sorgfältig entnommen bzw. abgetrennt werden. Anschließend werden die Schnittflächen mit einem Fungizidpulver behandelt, um dann ein bis zwei Tage lang zu trocknen. Danach kommen die Pflänzchen in 8- bis 10-cm-Töpfe mit Erde, wie sie für erwachsene Pflanzen geeignet ist. Ab einer entsprechenden Größe kann man die Jungpflanzen in größere Töpfe umsetzen und anschließend wie reife Pflanzen behandeln. Darüber hinaus besteht auch die Möglichkeit einer Vermehrung von Kalla durch ihre **Samen**. Diese Methode erweist sich aber vor allem für Laien als sehr kompliziert.

Gefahren und Vorsichtsmaßnahmen: Während der Ruhephase ist bei Zantedeschia unbedingt auf die richtigen Raumtemperaturen zu achten. Sind sie zu tief, treiben die Pflanzen kaum wieder aus. Hält man die Pflanze allzu trocken, verzögert sich ebenfalls der Beginn des neuen Wachstums. Darüber hinaus verlieren die Blätter ihre Farbe und verleihen dadurch der Pflanze ein eher kümmerliches Aussehen. Wollläuse können mit einem in denaturierten Alkohol getauchten Tuch abgewischt werden, während die Rote Spinne, die häufig bei zu trockener Luft auftritt, mit spezifischen Akariziden und einer Anhebung der Luftfeuchtigkeit zu bekämpfen ist.

Als tropische Pflanze benötigt die Zimmerkalla reichlich Wasser, um ihre überaus eleganten Blütenstände in voller Pracht zu entfalten.

Arten und Sorten: *Zantedeschia aethiopica*, die bekannteste Art, entwickelt dunkelgrüne pfeilförmige, ca. 45 cm lange und 25 cm breite Blätter mit langen fleischigen Stielen. Zwischen Winterende und Frühlingsbeginn bilden sich die Blütenstände, deren goldgelbe Blütenkolben von je einem großen cremeweißen, 15 bis 25 cm langen Hüllblatt, der Spatha, umgeben sind. Zu den schönsten Sorten dieser Art zählt die kompakte und blühfreudige „Childsiana", während die Blüten von „Green Goddess" durch hellgrün gemaserte Hüllblätter gekennzeichnet sind. *Zantedeschia albomaculata* bildet dichte Bestände von pfeilförmigen, bis zu 45 cm langen, leuchtend grünen Blättern mit durchscheinenden silberweißen Flecken. Ihre Blütenstände bilden sich im Sommer und bestehen aus einem fast röhrenförmigen, weiß bis cremegelb gefärbten Hüllblatt mit rotem Schlund, das einen weißen Blütenkolben umgibt. *Zantedeschia elliottiana* zeigt von Mai bis Juni spektakuläre Blüten mit einer goldgelben Spatha und einem gelben Blütenkolben. Sie entwickelt grüne, herzförmige, weiß gefleckte, 60 bis 90 cm lange Blätter. *Zantedeschia rehmannii* wird bis zu 60 cm groß und verfügt über grüne, meist weiß gesprenkelte, schlanke und pfeilförmige Blätter, die 25 bis 30 cm lang werden. Die 10 bis 13 cm großen, trichterförmigen Blütenstände öffnen sich im Allgemeinen zwischen April und Juni. Die Farbe der Hüllblätter variiert dabei von Zartrosa bis Weinrot, während die Blütenkolben stets cremeweiß gefärbt sind. Auf Neuseeland wurden von Kalla in letzter Zeit neue, kleinere Hybriden von 30 bis 45 cm Höhe und mit harmonischem Wuchs gezüchtet, die sich hervorragend als Zimmerpflanzen eignen. Die Blütenstände dieser Sorten zeigen eine große Bandbreite von Farben, die von Rot über Rosa, Orange, Gelb, Purpurrot bis Braun reichen, wobei die Hüllblätter ähnlich gefärbt sind.

Glossar

Acidophil
Pflanzen, die saure Böden bevorzugen; d. h. solche mit einem pH-Wert unter 7.

Agamisch
Vegetative oder auch ungeschlechtliche Vermehrung ohne vorhergehende Befruchtung.

Ähre
Verlängerter Blütenstand mit sitzenden Blüten an einer Hauptachse (z. B. Getreide).

Alkalisch (basisch)
Vorwiegend kalkhaltiger Boden, reich an basischen Substanzen (pH-Wert zw. 7 und 14).

Andrözeum
Gesamtheit der männlichen Blütenorgane (Staubgefäße) einer Pflanze.

Anthere
Staubbeutel der Blütenpflanzen, in dem sich die Pollen bilden.

Art
Grundkategorie bei der Systematisierung von Pflanzen und Tieren. Sie umfasst Individuen, die einen Großteil morphologischer Merkmale gemeinsam haben und sich miteinander kreuzen lassen. Die Art selbst kann ebenfalls unterteilt sein in Unterarten, Varietäten und Formen.

Ausläufer
Waagrechte, ober- oder unterirdisch wachsende, meist dünne und verlängerte Seitensprosse (z. B. Erdbeere, Märzveilchen). Ausläufer können auch zur vegetativen Vermehrung verwendet werden.

Beere
Fleischige, einen oder mehrere Samen enthaltende Frucht (z. B. Tomate).

Blattachsel
Winkel zwischen dem Blatt bzw. Blattstiel und Spross am Blattansatz.

Blattscheide
Unterer, erweiterter Teil des Blattes oder dessen Stiels, der den Stamm mehr oder weniger umgeben kann.

Blattspindel (Rhachis)
Unverzweigte oder verzweigte Achse, an der in regelmäßiger Anordnung mehrere Nebenblättchen oder Fiedern ansetzen.

Blütenblatt (Kronblatt)
Meist auffällig gefärbte Teile der Blüte, deren Gesamtheit die Blütenkrone bildet.

Blütenkelch
Der aus grünen, oft miteinander verwachsenen Blättern (Kelchblätter) bestehende äußerste Kreis der Blütenhülle.

Blütenkrone
Innere, meist kräftig gefärbte, von einem äußeren grünen Kelch umgebene Blütenblätter einer Blüte.

Blütenstand
Zwei bis viele Blüten, die sich gemeinsam auf einer einzigen Achse befinden.

Braktee (Hochblatt)
Umgewandeltes Blatt mit unterschiedlicher Färbung und Form, das häufig eine Schutzfunktion ausübt, umgibt häufig einen Blütenstand.

Brutzwiebel
Kleine Zwiebel, die sich im Allgemeinen aus der Mutterpflanze im Boden entwickelt und Ursprung einer neuen Pflanze ist. Eignet sich auch zur ungeschlechtlichen Vermehrung.

Cultivar
Gärtnerisch kultivierte Varietät einer Art, die es als wild wachsende Pflanze nicht gibt.

Dolde
Schirmförmiger Blütenstand, bei dem alle Blütenstiele am selben Punkt der Hauptachse entspringen.

Doldentraube
Blütenstand, bei dem die Blütenstiele in verschiedener Höhe an der Hauptachse ansetzen, die Blüten selbst sich aber alle auf einer Höhe befinden.

Einfruchtig
Pflanze, die nur einmal in ihrem Leben blüht, Früchte bildet und dann abstirbt.

Eingeschlechtig
Blüten, die entweder nur Staubblätter oder nur Stempel aufweisen.

Einhäusig
Männliche und weibliche Blüten entwickeln sich getrennt, aber auf der gleichen Pflanze.

Einjährig
Pflanze, deren vegetativer Zyklus nur ein Jahr dauert.

Endemisch
Art, die nur in einem begrenzten Gebiet vorkommt.

Epiphyt
Pflanze, die nicht im Boden wurzelt, sondern im Allgemeinen auf Stämmen und Ästen anderer Pflanzen wächst.

Exokarp
Überzug einer Frucht, z. B. Haut mit feiner Behaarung bei Aprikosen.

Familie
Gruppe von Pflanzengattungen, die eine Reihe von Merkmalen gemeinsam haben. Der Name der Familie wird üblicherweise vom Namen einer repräsentativen Gattung hergeleitet, welchem die Endung -aceae angehängt wird, z. B. Rosaceae, Rosengewächse.

Filament (Staubfaden)
Unterer zumeist fadenförmiger Teil des Staubgefäßes, auf dem der Staubbeutel sitzt.

Fruchtknoten
Unterer, vergrößerter Teil des Stempels, der die Samenanlagen enthält.

Gattung
Gruppe von Arten mit gemeinsamen Merkmalen.

Griffel
Teil des Blütenstempels, dessen Scheitel die Narbe trägt.

Gynäzeum (Gynäkeion)
Gesamtheit der weiblichen Blütenorgane einer Pflanze.

Habitat
Natürlicher Lebensraum, in welchem Individuen einer Art leben.

Habitus
Äußeres Erscheinungsbild, Wuchsform einer Pflanze (z. B. aufrecht, kriechend, kletternd).

Halbstrauch
Mehrjährige, von der Basis an verzweigte Pflanze von eher geringer Größe, deren junge Triebe krautig sind, während die Basis verholzt ist (z. B. Lavendel).

Handförmig (palmat)
Zusammengesetztes Blatt, dessen Blättchen in der Form eines Fächers bzw. wie die Finger einer Hand rund um einen gemeinsamen Punkt angeordnet sind (z. B. Rosskastanienblatt).

Hülse (Hülsenfrucht)
Trockene Schließfrucht, die sich entlang zweier Längslinien öffnet (Bohne).

Hyalin
Durchsichtig oder farblos.

Immergrün
Pflanze, deren Blätter auch während der Winterzeit nicht abfallen und mehrere Jahre erhalten bleiben, wobei schrittweise junge Blätter nachwachsen, sodass die Pflanze nie kahl wird.

Kapsel
Trockene Schließfrucht, die sich im reifen Zustand in zwei Klappen teilt, in denen sich die Samen befinden (z. B. Mohn).

Karyopse
Trockene Schließfrucht, deren Fruchtwand mit der Samenschale verwachsen ist (z. B. Mais).

Kätzchen
Blütenstand in Form einer mehr oder weniger kompakten Ähre; im Allgemeinen hängend und meist eingeschlechtig, z. B. Weide, Hasel.

Kletterpflanze
Pflanzen mit länglichen, hoch wachsenden Trieben, die sich mit verschiedenen Mitteln, wie z. B. Ranken, Saugnäpfen usw. an anderen Pflanzen, Mauern oder Kletterhilfen Halt verschaffen.

Klon
Durch ungeschlechtliche Vermehrung entstandene erbgleiche Individuen einer Art.

Knolle

Verdickter, fleischiger Wurzelstock oder Spross, der als Speicherorgan dient.

Kreuzung

Befruchtungsvorgang zwischen Individuen zweier verschiedener Arten einer Gattung oder seltener zweier verschiedener Gattungen. Diese kann auf natürliche Weise oder durch den Menschen erfolgen.

Lanzettlich

Mehr oder weniger lanzenförmig ausgebildetes Blatt.

Mehrjährig

Krautige Pflanze, die wenige bis viele Jahre überdauert und im Winter üblicherweise eine Ruheperiode durchläuft. Sie entwickelt jährlich wieder neue Blätter aus einer Zwiebel, einer Knolle, einem Rhizom oder einem kräftigen Wurzelapparat.

Narbe

Jener Teil des Blütenstempels, der bei der Bestäubung die Pollen aufnimmt.

Perennierend

Krautige oder holzige Pflanze, die mehr als zwei Jahre lebt.

Perianth (Blütenhülle)

Umgewandelte Blätter, welche Kelch und Krone der Blüte bilden und die inneren Blütenteile umgeben und schützen.

Perigonium

Blütenhülle aus gleichartigen, meist auffällig gefärbten Blättern. Diese kann, je nach Art, eine auffällige Krone sein (z. B. Tulpe) oder wie ein Kelch (z. B. Binse) aussehen.

Pfropfen

Einen Sprosspfeil einer erwünschten Sorte auf den Spross einer unerwünschten Sorte zur Veredelung aufsetzen.

Pollen

Der in den Staubbeuteln erzeugte Blütenstaub, der üblicherweise aus gelborange gefärbten Körnchen besteht.

Rhizom

Unterirdischer Wurzelstock, meist als Nährstoffreserve verdickt. Oft auch geeignet für vegetative Vermehrung durch Teilung.

Rispe

Blütenstand in Form einer verzweigten Traube.

Rosette

Radial um einen gemeinsamen Mittelpunkt angeordnete Blätter, die sich meist in Bodennähe befinden.

Ruheperiode

Im natürlichen Wachstumsablauf einer Pflanze vorgesehene Vegetationspause.

Samenanlage

Fortpflanzungsorgan mit Embryosack, in dem sich die weiblichen Eizellen entwickeln. Nach der Befruchtung reifen die Samenanlagen zu Samen heran.

Schaft

Langer, blattloser Blütenstiel bestimmter Pflanzen, die deutlich abgesetzte Blüten oder Blütenstände tragen.

Schattenliebend

Pflanze, die schattige und kühle Standorte vorzieht; z. B. im Unterholz.

Schließfrucht

Frucht, die sich im reifen Zustand nicht von selbst öffnet.

Schlingpflanze

Pflanze, die in die Höhe wächst, indem sie sich an einer vorhandenen Stütze emporwindet (z. B. Winde).

Schössling

Junger, im Allgemeinen sehr kräftiger Trieb, der sich am Fuße von verholzten Pflanzen entwickelt. Mit diesem Begriff wird auch ein kräftiger junger Trieb bezeichnet, der sich auf einem Stamm oder Ast entwickelt.

Schote

Längliche Kapselfrucht aus zwei miteinander verwachsenen Fruchtblättern und mehreren Samen an einer Mittelwand.

Selbstbestäubung

Bestäubung einer Blüte durch den von ihr selbst hervorgebrachten Blütenstaub.

Sepalen

Kelchblätter der Blüte.

Sitzend
Organ ohne Stiel, das direkt auf der Unterlage aufsitzt. Blätter und Blüten ohne Stiel sind sitzend.

Spadix (Blütenkolben)
Unverzweigter, ährenförmiger Blütenstand der Araceae mit fleischig verdickter Achse, an der dicht gedrängt die einzelnen Blüten stehen (z. B. Kalla).

Spatha
Breites, scheidenähnliches Hochblatt, das eine Spadix (Blütenkolben) umhüllt und zugleich schützt; typisch für die Familie der Araceae (z. B. Kalla).

Springfrucht
Frucht, die sich im reifen Zustand ruckartig öffnet, um die Samen freizusetzen.

Staubblatt
Männliches Blütenorgan, das den Blütenstaub bildet und aus Staubfaden und Staubbeutel besteht.

Steinfrucht
Fleischige Schließfrucht, die im Allgemeinen einen einzigen Samen enthält, der von einer holzigen Hülle umgeben ist.

Stempel
Weiblicher Teil der Blüte, welcher aus Frucht-knoten, Griffel und Narbe besteht und für die Befruchtung absolut notwendig ist.

Stiel
Stengel, der eine Blüte, einen Blütenstand oder eine Frucht trägt.

Sukkulenten
Pflanzen, die Wasser in Zweigen oder Blättern speichern können (auch als „Fettpflanzen" bekannt).

Traube
Verlängerter Blütenstand mit gestielten Blüten an einer gemeinsamen Achse.

Varietät
Untergruppe einer Art, die sich durch ein oder mehrere sekundäre Merkmale von dieser unter-scheidet.

Welken
Aus Mangel an Wasser oder Dünger auftreten-des Phänomen, bei dem Sprosse oder die Blät-ter ihre Konsistenz und Form verändern.

Wirtel
Um einen gemeinsamen Knoten stern- oder büschelförmig angeordnete Blüten oder Blätter.

Wurzelhals
Bereich zwischen dem Stamm und dem Wurzel-apparat.

Zungenblüte
Am Rand des Blütenkorbes von Korbblütlern auftretende Einzelblüten, bei welchen mehrere Kronblätter zu einer langen, zungenförmigen Krone verwachsen sind.

Zweihäusig
Pflanzen, deren männliche und weibliche Blüten auf verschiedenen Individuen auftreten.

Zweijährig
Meist krautige Pflanzen, deren Lebenszyklus nur zwei Jahre umfasst. Im ersten Jahr ent-wickeln sich oberirdisch nur die Blätter, im zweiten blüht sie, bildet Früchte und Samen und stirbt dann ab.

Zwiebel
Speicherorgan aus verdickten umgewandelten Blättern, welches sich meist unter der Erde entwickelt und zur ungeschlechtlichen Vermeh-rung verwendet werden kann.

Zwiebelpflanze
Pflanze, die zur Speicherung von Nährstoffen eine Zwiebel ausbildet.

Zwittrig
Pflanzen, deren Blüten sowohl männliche als auch weibliche Geschlechtsorgane aufweisen. Die meisten kultivierten Arten entwickeln Zwitterblüten.

Register

Einteilung in Familien

A

Agavengewächse
(Agavaceae)   73, 108,
122, 187, 212
Akanthusgewächse
(Acanthaceae)   66, 80,
112, 139
Amaryllisgewächse
(Amaryllidaceae)   99,
144
Ananasgewächse
(Bromeliaceae)   56, 62,
161, 163, 206, 210
Araliengewächse
(Araliaceae) 68, 132, 133,
141, 191
Aronstabgewächse
(Araceae)   64, 83, 120,
157, 176, 195, 202, 214,
216

B

Begoniengewächse
(Begoniaceae)   78

C

Commelinengewächse
(Commelinaceae)   108

D

Dickblattgewächse
(Crassulaceae) 110, 124,
148, 150

E

Enziangewächse
(Gentianaceae)   131

F

Farngewächse
(Polypodiaceae)   171

G

Gesneriengewächse
(Gesneriaceae)   55, 58,
105, 185, 199

H

Heidekrautgewächse
(Ericaceae)   182

K

Kakteen (Cactaceae)   67,
126, 128, 152, 165, 181, 193
Knöterichgewächse
(Polygonaceae)   159
Korbblütler
(Compositae)   197

L

Liliengewächse
(Liliaceae)   92
Lindengewächse
(Tiliaceae)   201
Lippenblütler
(Labiatae)   103

M

Malvengewächse
(Malvaceae)   143
Marantengewächse
(Marantaceae)   154
Maulbeergewächse
(Moraceae)   135
Mittagsblumengewächse
(Mesembryanthema-
ceae)   107
Myrsinengewächse
(Myrsinaceae)   71

N

Nachtschattengewächse
(Solanaceae)   81, 82

O

Orchideengewächse
(Orchidaceae)   88, 118,
167, 174

P

Palmfarngewächse
(Cycadaceae)   113
Palmengewächse
(Palmae)   90, 179
Pfeffergewächse
(Piperaceae)   172
Pfeilwurzgewächse
(Marantaceae)   85
Primelgewächse
(Primulaceae)   115

R

Rachenblütler
(Scrophulariaceae)   87
Rautengewächse
(Rutaceae)   95, 97

S

Schiefblattgewächse
(Begoniaceae)   74
Schwarzmundgewächse
(Melastomata-
ceae)   156
Seidenpflanzengewächse
(Malvaceae)   146, 203
Steinbrechgewächse
(Saxifragaceae)   189
Storchschnabelgewächse
(Geraniaceae)   169

W

Weinrebengewächse
(Vitaceae)   93, 184
Wolfsmilchgewächse
(Euphorbiaceae)   101,
129

Deutsches Artenverzeichnis

A

Aloe   60
Alokasie   59
Alpenrose   182
Alpenveilchen   115
Amaryllis   144
Ananas   62
Angelikabaum,
Japanischer   68
Aralie   60

B

Baumfreund   176
Begonie   74
Bergpalme   90
Bitterblatt   131
Blattfahne   202
Blattkaktus   128
Blaues Lieschen   131
Bogenhanf   187
Browallie   81
Brunfelsie   82
Buckelkaktus   165
Buntnessel   103
Buntwurz   83

C

Cattleya   88
Cinerarie   197
Clivie   99
Conophyten   107
Crossandra   112
Cymbidie   118

D

Dickblatt   110
Dieffenbachie   120
Drachenbaum   122
Drachenlilie   122
Drehfrucht   196
Dreimasterblume   208

E

Echeverie   124
Efeu   141
Efeuaralie   132
Efeutute   195
Eibisch   143
Einblatt   202
Elefantenohr-
Kalanchoe   150

F

Feigenbaum   135
Fensterblatt   157
Fittonie   139
Flamingoblume   64
Flammendes
Schwert   210
Flaschenbaum   73
Frauenschuh   167

G

Glanzkölbchen   66
Gloxinie   199
Grünlilie   92
Gummibaum   135

J

Judenbart   189

K

Kahnorchidee   118
Kalanchoe   148
Känguruwein   93
Kapwein   184
Keulenlilie   108
Klimme   93
Kolumnee   105
Korbmarante   85
Königsbegonie   78
Kranzschlinge   203
Kreuzkraut   197
Kroton   101

L

Lanzenrosette   56
Lebende Steine   107
Lieschen, Blaues   123
Luftnelke   206

M

Madagaskarjasmin   203
Mammillarie   152
Marante   154
Medinille   156
Mühlenbeckie   159

N
Neoregelie 161
Nestrosette 163
Nidularie 163

O
Orange 97
Osterkaktus 181

P
Palmfarn 113
Palmlilie 212
Pantoffelblume 87
Peitschenkaktus 67
Pelargonie 169
Pellefarn 171
Peperomie 172
Pfeilwurz 154
Philodendron 176

R
Rhododendron 182
Ritterstern 144

S
Schmetterlingsorchidee 174
Saintpaulie 185
Sansevierie 187
Schamblume 58
Schiefteller 55
Schlangenkaktus 67
Schönmalve 54
Seeigelkaktus 126
Spitzblume 71
Spornbüchschen 80
Steckenpalme 179
Steine, Lebende 95
Strahlenaralie 191
Sumachwein 184

T
Tillandsie 206
Tradeskantie 208

U
Usambaraveilchen 185

V
Vriesee 210

W
Wachsblume 146
Warzenkaktus 152
Weihnachtskaktus 193
Wolfsmilch 129
Wunderstrauch 101

Z
Zimmeraralie 133
Zimmerhopfen 80
Zimmerkalla 216
Zimmerlinde 201
Zitrone 95
Zwergpfeffer 172

Wissenschaftliches Artenverzeichnis

A
Abutilon 54
Achimenes 55
Aechmea 56
Aeschynanthus 58
Alocasia 59
Aloe 60
Ananas 62
Anthurium 64
Aphelandra 66
Aporocactus 67
Aralia 68
Ardisia 71

B
Beaucarnea 73
Begonia 74
Begonia rex 78
Beloperone 80
Browallia 81
Brunfelsia 82

C
Caladium 83
Calathea 85
Calceolaria 87
Cattleya 88
Chamaedorea 90
Chlorophytum 92
Cissus 93
Citrus limon 95
Citrus sinensis 97
Clivia 99
Codiaeum 101
Coleus 103

Columnea 105
Conophytum 107
Cordyline 108
Crassula 110
Crossandra 112
Cycas revoluta 113
Cyclamen 115
Cymbidium 118

D
Dieffenbachia 120
Dracaena 122

E
Echeveria 124
Echinopsis 126
Epiphyllum 128
Euphorbia 129
Exacum 131

F
Fatshedera 132
Fatsia 133
Ficus 135
Fittonia 139

H
Hedera 141
Hibiscus 143
Hippeastrum 144
Hoya 146

K
Kalanchoe 148
Kalanchoe beharensis 150

M
Mammillaria 152
Maranta 154
Medinilla 156
Monstera 157
Muehlenbeckia
    complexa 159

N
Neoregelia 161
Nidularium 163
Notocactus 165

P
Paphiopedilum 167
Pellargonium 169
Pellaea 171
Peperomia 172
Phalaenopsis 174
Philodendron 176

R
Rhapis excelsa 179
Rhipsalidopsis 181
Rhododendron 182
Rhoicissus 184

S
Saintpaulia 185
Sansevieria 187
Saxifraga stolonifera 189
Schefflera 191
Schlumbergera 193
Scindapsus 195
Senecio 197
Sinningia 199

Sparmannia 201
Spathiphyllum 202
Stephanotis 203
Streptocarpus 196

T
Tillandsia 206
Tradescantia 208

V
Vriesea 210

Y
Yucca 212

Z
Zamioculcas 214
Zantedeschia 216

Erstveröffentlichung 2000 unter dem Titel
,,Piante d'Appartamento''
© 1997 Istituto Geografico De Agostini S.p.A.
© 2011 De Agostini Libri S.p.A.

Genehmigte Lizenzausgabe
Neuer Kaiser Verlag GmbH
Fränkisch-Crumbach 2012
www.neuer-kaiser-verlag.de

ISBN (13) 978-3-8468-0006-5
ISBN (10)   3-8468-0006-6

Übersetzung: Mag. Walter Wurzer
Fachlich redigiert: Mag. Klaus Kugi
Layout, Satz und Umschlaggestaltung:
design cat GmbH

Bildnachweis:
Alle Fotos dieses Bandes stammen vom Centro
Iconografico dell' Istituto Geografico De Agostini,
mit Ausnahme der Fotos auf folgenden Seiten:
Shutterstock: Olga A. 51/Julie Boro 4/Steve Bower
Cover Front/mates 42/Marco Rochter 49/Margit
221/Sven Schermer 2–3/StockLite 45/ Vaclav Volrab
52–53/Natthawat Wongrat 20